成渝地区
双城经济圈一体化
发展研究报告 2023—2024年

RESEARCH REPORT ON THE INTEGRATED DEVELOPMENT OF THE CHENGDU-CHONGQING ECONOMIC CIRCLE 2023-2024

重庆市综合经济研究院
四川省经济和社会发展研究院
四川省县域经济研究中心 著

中国经济出版社
CHINA ECONOMIC PUBLISHING HOUSE
·北京·

图书在版编目（CIP）数据

成渝地区双城经济圈一体化发展研究报告. 2023—2024 年 / 重庆市综合经济研究院，四川省经济和社会发展研究院，四川省县域经济研究中心著. -- 北京 ：中国经济出版社，2025. 4. -- ISBN 978-7-5136-8135-3

Ⅰ. F299.277.11；F127.719

中国国家版本馆 CIP 数据核字第 202570QK27 号

策划编辑　姜　静
责任编辑　郑　潇
责任印制　李　伟
封面设计　任燕飞工作室

出版发行　中国经济出版社
印 刷 者　北京富泰印刷有限责任公司
经 销 者　各地新华书店
开　　本　787mm × 1092mm　1/16
印　　张　18.75
字　　数　320 千字
版　　次　2025 年 4 月第 1 版
印　　次　2025 年 4 月第 1 次
定　　价　198.00 元
广告经营许可证　京西工商广字第 8179 号

中国经济出版社　**网址** http://epc.sinopec.com/epc/　**社址** 北京市东城区安定门外大街 58 号　**邮编** 100011
本版图书如存在印装质量问题，请与本社销售中心联系调换（联系电话：010-57512564）

课题组成员名单

课题顾问

易小光　重庆市综合经济研究院原院长、研究员

总报告:《成渝地区双城经济圈一体化发展研究(2023—2024年)》课题组

课题组组长

丁　瑶　重庆市综合经济研究院院长、研究员

课题组副组长

邓兰燕　重庆市综合经济研究院副院长、研究员

技术负责人

李　林　重庆市综合经济研究院推动成渝地区双城经济圈建设研究中心副处长、研究员

课题组成员

曹　亮　重庆市综合经济研究院推动成渝地区双城经济圈建设研究中心处长

苏　凡　重庆市综合经济研究院推动成渝地区双城经济圈建设研究中心副处长、高级工程师

汪　婧　重庆市综合经济研究院推动成渝地区双城经济圈建设研究中心城市与区域发展研究室主任、副研究员

贾静涛　重庆市综合经济研究院推动成渝地区双城经济圈建设研究中心GIS空间规划研究与应用实验室主任、副研究员

王志军　重庆市综合经济研究院推动成渝地区双城经济圈建设研究中心GIS空间规划研究与应用实验室副主任、助理研究员

夏梁颖　重庆市综合经济研究院推动成渝地区双城经济圈建设研究中心宏观经济大数据分析实验室副主任、助理研究员

邱　婧　重庆市综合经济研究院推动成渝地区双城经济圈建设研究中心城市与区域发展研究室副主任、助理研究员

郑秋霞　重庆市综合经济研究院推动成渝地区双城经济圈建设研究中心城市与区域发展研究室助理研究员

分报告一：《重庆市推动成渝地区双城经济圈一体化发展研究（2023—2024 年）》课题组

课题组组长

丁　瑶　重庆市综合经济研究院院长、研究员

课题组副组长

邓兰燕　重庆市综合经济研究院副院长、研究员

技术负责人

李　林　重庆市综合经济研究院推动成渝地区双城经济圈建设研究中心副处长、研究员

课题组成员

曹　亮　重庆市综合经济研究院推动成渝地区双城经济圈建设研究中心处长

苏　凡　重庆市综合经济研究院推动成渝地区双城经济圈建设研究中心副处长、高级工程师

汪　婧　重庆市综合经济研究院推动成渝地区双城经济圈建设研究中心城市与区域发展研究室主任、副研究员

贾静涛　重庆市综合经济研究院推动成渝地区双城经济圈建设研究中心GIS 空间规划研究与应用实验室主任、副研究员

王志军　重庆市综合经济研究院推动成渝地区双城经济圈建设研究中心GIS 空间规划研究与应用实验室副主任、助理研究员

夏梁颖　重庆市综合经济研究院推动成渝地区双城经济圈建设研究中心宏观经济大数据分析实验室副主任、助理研究员

邱　婧　重庆市综合经济研究院推动成渝地区双城经济圈建设研究中心城市与区域发展研究室副主任、助理研究员

郑秋霞　重庆市综合经济研究院推动成渝地区双城经济圈建设研究中心城市与区域发展研究室助理研究员

分报告二：《四川省推动成渝地区双城经济圈一体化发展研究（2023—2024年）》课题组

课题组组长

罗飞龙　四川省发展和改革委员会二级巡视员、四川省经济和社会发展研究院（省节能低碳中心）党委书记、院长（主任）（兼）

课题组副组长

程　旭　四川省经济和社会发展研究院处长、高级经济师

课题组成员

杨春健　四川省经济和社会发展研究院副院长、正高级经济师

龙枚梅　四川省经济和社会发展研究院副院长、高级经济师

崔绍宇　四川省经济和社会发展研究院副院长、高级经济师

蒋玉麒　四川省经济和社会发展研究院主任、高级经济师

张玫晓　四川省经济和社会发展研究院所长、 高级经济师

佘赛男　四川省经济和社会发展研究院副所长、高级经济师

指数报告：《成渝地区双城经济圈一体化发展指数研究（2023—2024年）》课题组

课题组组长

丁　瑶　重庆市综合经济研究院院长、研究员

课题组副组长

邓兰燕　重庆市综合经济研究院副院长、研究员

曹　亮　重庆市综合经济研究院推动成渝地区双城经济圈建设研究中心处长

技术负责人

李　林　重庆市综合经济研究院推动成渝地区双城经济圈建设研究中心副处长、研究员

夏梁颖　重庆市综合经济研究院推动成渝地区双城经济圈建设研究中心宏观经济大数据分析实验室副主任、助理研究员

课题组成员

（一）重庆市综合经济研究院

苏　凡　重庆市综合经济研究院推动成渝地区双城经济圈建设研究中心副处长、高级工程师

贾静涛　重庆市综合经济研究院推动成渝地区双城经济圈建设研究中心GIS 空间规划研究与应用实验室主任、副研究员

汪　婧　重庆市综合经济研究院推动成渝地区双城经济圈建设研究中心城市与区域发展研究室主任、副研究员

王志军　重庆市综合经济研究院推动成渝地区双城经济圈建设研究中心GIS 空间规划研究与应用实验室副主任、助理研究员

邱　婧　重庆市综合经济研究院推动成渝地区双城经济圈建设研究中心城市与区域发展研究室副主任、助理研究员

郑秋霞　重庆市综合经济研究院推动成渝地区双城经济圈建设研究中心城市与区域发展研究室助理研究员

（二）四川省经济和社会发展研究院

罗飞龙　四川省发展和改革委员会二级巡视员、四川省经济和社会发展研究院（省节能低碳中心）党委书记、院长（主任）（兼）

杨春健　四川省经济和社会发展研究院副院长、正高级经济师

蒋玉麒　四川省经济和社会发展研究院主任、高级经济师

张玫晓　四川省经济和社会发展研究院所长、高级经济师

程　旭　四川省经济和社会发展研究院处长、高级经济师

崔绍宇　四川省经济和社会发展研究院副院长、高级经济师

李太后　四川省经济和社会发展研究院主任、高级经济师

佘赛男　四川省经济和社会发展研究院副所长、高级经济师

（三）四川省县域经济研究中心

蔡益恒　四川省县域经济研究中心主任

曾洪萍　四川省县域经济研究中心副主任

张缤月　四川省县域经济研究中心副所长

徐靖丞　四川省县域经济研究中心经济师

刘丽鹃　四川省县域经济研究中心高级工程师

刘宏业　四川省县域经济研究中心经济师

齐一帆　四川省县域经济研究中心经济师

何明俊　四川省县域经济研究中心经济师

高频报告：《2024年成渝地区双城经济圈一体化发展高频大数据报告》课题组

课题组组长

丁　瑶　重庆市综合经济研究院院长、研究员

课题组副组长

邓兰燕　重庆市综合经济研究院副院长、研究员

曹　亮　重庆市综合经济研究院推动成渝地区双城经济圈建设研究中心处长

课题组成员

（一）重庆市综合经济研究院

李　林　重庆市综合经济研究院推动成渝地区双城经济圈建设研究中心副处长、研究员

夏梁颖　重庆市综合经济研究院推动成渝地区双城经济圈建设研究中心宏观经济大数据分析实验室副主任、助理研究员

汪　婧　重庆市综合经济研究院推动成渝地区双城经济圈建设研究中心城市与区域发展研究室主任、副研究员

贾静涛　重庆市综合经济研究院推动成渝地区双城经济圈建设研究中心GIS空间规划研究与应用实验室主任、副研究员

王志军　重庆市综合经济研究院推动成渝地区双城经济圈建设研究中心GIS空间规划研究与应用实验室副主任、助理研究员

邱　婧　重庆市综合经济研究院推动成渝地区双城经济圈建设研究中心城市与区域发展研究室副主任、助理研究员

郑秋霞　重庆市综合经济研究院推动成渝地区双城经济圈建设研究中心城市与区域发展研究室助理研究员

（二）中国联合网络通信有限公司重庆市分公司

金　涛　中国联合网络通信有限公司重庆市分公司副总经理

蒋冬冬　中国联合网络通信有限公司重庆市分公司政要客户服务中心总经理

张　宇　中国联合网络通信有限公司重庆市分公司政要客户服务中心副总经理

袁青松　联通（重庆）产业互联网有限公司总经理

董其梦　联通（重庆）产业互联网有限公司副总经理

周亚东　联通（重庆）产业互联网有限公司副总经理

（三）联通数字科技有限公司数据智能事业部

宋雨伦　联通数字科技有限公司数据智能事业部总经理

姜南冰　联通数字科技有限公司数据智能事业部副总经理

李振军　联通数字科技有限公司数据智能事业部副总经理

李大中　联通数字科技有限公司数据智能事业部技术研发部总经理

康晓宇　联通数字科技有限公司数据智能事业部数字政府产品部总经理

崔　博　联通数字科技有限公司数据智能事业部数字政府产品部产品总监

PREFACE 序

推动成渝地区双城经济圈建设，是习近平总书记、党中央作出的重大战略决策。习近平总书记对成渝地区双城经济圈建设高度重视、寄予厚望，从战略和全局高度对双城经济圈建设进行系统部署，提出的一系列新理念新思路新举措，为我们在新征程推进双城经济圈建设提供了科学指引和根本遵循。

推动成渝地区双城经济圈建设战略实施近 5 年来，川渝两地坚决贯彻习近平总书记关于推动成渝地区双城经济圈建设的重要指示精神，聚焦“两中心两地”战略定位，全面加强战略协同和工作协调，推动战略共识不断深化、重大项目加快建设、重大改革持续推进、重大政策深入实施、重大平台优化提升。在打造高质量发展重要增长极和新的动力源上精准发力，在落实国家重大战略上积极作为，在推进以人为核心的新型城镇化上探索新路，以重点突破带动总体推进，跑出成渝地区双城经济圈建设新速度，积极支撑区域发展、整体跃升加速度，成渝地区双城经济圈建设势头良好、亮点纷呈。

2023 年，面对国际环境不利影响持续扩大、外需下滑和内需不足碰头等新情况新问题，川渝两地紧扣“一体化”和“高质量”两个关键词，围绕“两中心两地”战略定位整体谋划、协同推进，成渝地区双城经济圈建设形成厚积成势、蓄力跃升的良好发展态势。这一年，成渝地区双城经济圈地区生产总值突破 8 万亿元，达到 8.2 万亿元，继 2021 年突破 7 万亿元后，再上一个万亿元台阶，占全国、西部地区的比重分别为 6.5%、30.4%，分别比上年提高 0.1 个、0.3 个百分点，区域位势能级稳步提升，成渝地区双城经济圈建设在全国大局中的地位作用日益提升。

作为川渝两地推动成渝地区双城经济圈建设的重要智库机构，重庆市综合经济研究院、四川省经济和社会发展研究院第三次携手，迭代升级推出双城经济圈一体化研究 3.0 版本——《成渝地区双城经济圈一体化发展研究报告 2023—2024 年》。整个研究内容为“1+2+2+1”体系，即 1 个总报告:《成渝地区双城经济圈一体化发展研究（2023—2024 年）》；2 个分报告：《重庆市推动成渝地区双城经济圈一体化发展研究（2023—2024 年）》《四川省推动成渝地区双城经济圈一体化发展研究（2023—2024 年）》；2 个分析报告：《成渝地区双城经济圈一体化发展指数研究（2023—2024 年）》《2024 年成渝地区双城经济圈一体化发展高频大数据报告》；1 个大事记：成渝地区双城经济圈大事记（2023 年）。

本书的出版凝聚了各方面的心血。全书由重庆市综合经济研究院原院长易小光研究员担任总顾问，重庆市综合经济研究院院长丁瑶研究员以及四川省发展和改革委员会二级巡视员、四川省经济和社会发展研究院（省节能低碳中心）党委书记、院长（主任）（兼）罗飞龙统筹规划和总体协调，重庆市综合经济研究院副院长邓兰燕研究员具体牵头开展相应工作。重庆市综合经济研究院推动成渝地区双城经济圈建设研究中心曹亮、李林、苏凡、汪婧、贾静涛、王志军、夏梁颖、郑秋霞、邱婧，四川省经济和社会发展研究院程旭、杨春健、龙枚梅、崔绍宇、蒋玉麒、张玫晓、佘赛男分别承担具体研究任务，四川省县域经济研究中心、中国联合网络通信有限公司重庆市分公司、联通数字科技有限公司数据智能事业部相关同志分别参与了“指数报告”“高频报告”的研究工作，邓兰燕负责书稿的初步统稿，易小光、丁瑶负责对全书进行修改和定稿。各位研究人员凝心聚力进行了高水平的创作，中国经济出版社编审人员齐心协力进行了高效率审读编校，再次谨致谢忱。

期待本书能为加快推动成渝地区双城经济圈一体化发展提供有益帮助，同时也能为从事成渝地区双城经济圈建设和区域经济工作的研究者、政策制定者及实践探索者提供良好的借鉴。让我们共同努力，各尽所能，为推动成渝地区双城经济圈建设走深走实贡献力量！

编　者

2024 年 12 月

CONTENTS 目录

总报告

成渝地区双城经济圈一体化发展研究（2023—2024年）

2020 年 1 月 3 日，习近平总书记主持召开中央财经委员会第六次会议，作出推动成渝地区双城经济圈建设的重大战略部署。2020 年 10 月 16 日，中央政治局会议审议通过《成渝地区双城经济圈建设规划纲要》并于次月正式印发。2022 年 10 月，党的二十大把成渝地区双城经济圈建设作为区域重大战略写入报告。2023 年 7 月，习近平总书记视察四川时强调，要坚持“川渝一盘棋”，加强成渝区域协同发展。2024 年 4 月，习近平总书记来重庆视察，赋予重庆奋力打造新时代西部大开发重要战略支点、内陆开放综合枢纽“两大定位”，并在新时代推动西部大开发座谈会上指出，重庆、四川两地要紧密合作，不断提升发展能级，共同唱好新时代西部“双城记”。习近平总书记从战略和全局高度对成渝地区双城经济圈建设进行了系统部署，提出一系列新理念新思路新举措，为川渝两地协同推进双城经济圈建设提供了科学指引和根本遵循。

推动双城经济圈建设战略实施以来，川渝两地坚决贯彻习近平总书记关于双城经济圈建设的重要指示精神，聚焦“两中心两地”战略定位，全面加强战略协同和工作协调，推动战略共识不断深化、重大项目加快建设、重大改革持续推进、重大政策深入实施、重大平台优化提升，双城经济圈建设势头良好、亮点纷呈。2024 年是新中国成立 75 周年、西部大开发战略实施 25 周年，是《成渝地区双城经济圈建设规划纲要》实施的第五年，也是实现“十四五”规划目标任务的关键一年。川渝两地必须进一步加强全方位合作，紧扣“一体化”和“高质量”两个关键词，不断提高双城经济圈的经济辐射力和发展带动力，以高质量发展的实际成效为全面推进强国建设、民族复兴伟业作出川渝贡献。

一、2023 年成渝地区双城经济圈建设发展情况

（一）综合经济实力快速提升

川渝两地认真落实党中央、国务院决策部署，牢固树立“一盘棋”思想和一体化发展理念，推动区域合作不断取得新成效、新突破，成渝地区正加快成长为继长三角地区、珠三角地区、京津冀地区之后的我国经济增长“第四极”。

1. 经济能级持续提高

自推动成渝地区双城经济圈建设以来，成渝地区致力打造带动全国高质量发展的重要增长极和新的动力源，多措并举提升经济能级和综合实力，努力在全国高质量发展版图中争先进位。一是地区生产总值迈上新台阶。2023 年，成渝地区双城经济圈经济运行呈现回升向好发展态势，全年地区生产总值达 8.2 万亿元，继 2021 年突破 7 万亿元后，再上一个万亿元台阶；占全国、西部地区的比重分别为 6.5%、30.4%，分别比上年提高 0.1 个、0.3 个百分点，区域位势能级稳步提升（见图 1–1）。二是追赶上升势头更加明显。2023 年，成渝地区双城经济圈经济增速比大湾区（不含港澳）、京津冀、长三角分别高 1.2 个、1.0 个、0.4 个百分点，地区生产总值分别相当于大湾区（不含港澳）、京津冀、长三角的 74.4%、78.5%、26.9%，分别比上年提高 0.3 个、1.1 个、0.3 个百分点，与东部地区三大城市群差距持续缩小。三是产业结构升级成效显著。2023 年，成渝地区双城经济圈三次产业结构由 2022 年的 8.4∶37.5∶54.1 调整为 8.0∶36.9∶55.1。工业经济稳定增长，工业增加值增长 5.6%，增速高于全国 1 个百分点，高质量发展工业“底盘”不断夯实。现代服务业较快发展，租赁和商务服务业，信息传输、软件和信息技术服务业增加值分别增长 9.8%、7.7%，支撑成渝地区双城经济圈服务业增加值增速高于全国 1 个百分点，服务业经济社会发展的主引擎地位和作用更加坚实稳固。

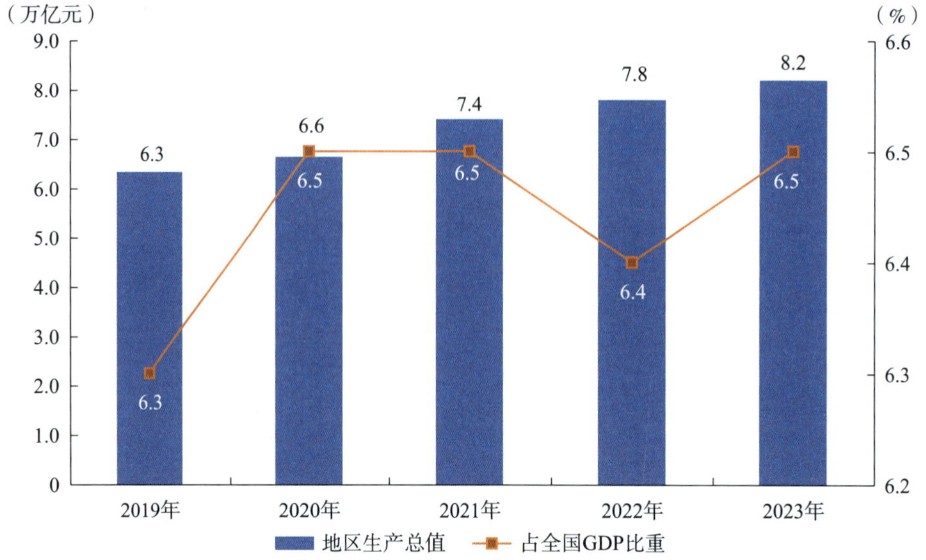

图 1-1　2019—2023 年成渝地区双城经济圈地区生产总值及占全国 GDP 比重

2. 内需潜能加快释放

随着成渝地区双城经济圈经济发展水平全面提升，川渝投资消费需求持续扩大，创新动能持续增强，为两地坚定实施扩大内需战略、着力推动高质量发展奠定了坚实基础。一是投资成效显著提升。2023 年，成渝地区双城经济圈固定资产投资（不含农户）增长 3.4%，高于全国 0.4 个百分点；实施川渝合作共建重大项目 248 个，总投资额 3.25 万亿元，投资规模较 2022 年增长 60%，成渝地区双城经济圈建设的有效投资关键作用持续发挥（见图 1-2）。二是消费市场蓬勃发展。2023 年，成渝地区双城经济圈实现社会消费品零售总额 3.45 万亿元，较上年增长 8.9%，高于全国平均水平 1.7 个百分点；占全国的比重为 7.97%，较 2022 年提高近 1 个百分点，消费需求总量持续扩大。新业态新商业模式蓬勃发展，限额以上企业通过互联网实现的商品零售额增长 9.5%。三是创新发展蹄疾步稳。成渝地区双城经济圈着力以科技创新引领新质生产力发展，2023 年，两地建成“一带一路”联合实验室 3 个、国际科技合作基地 109 个、引才引智基地 108 个，川渝两地科技创新国际影响力稳步提升。

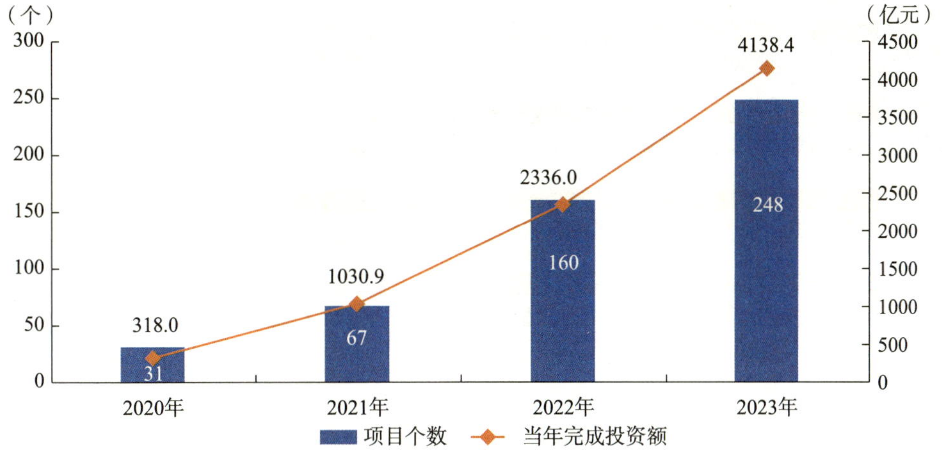

图 1-2　2020—2023 年成渝地区双城经济圈合作共建重大项目个数和投资总额

3. 要素集聚能力持续提升

随着成渝地区双城经济圈经济能级不断提升，要素集聚和资源配置能力持续增强，对周边城市的辐射带动效应日益凸显。一是人口集聚效应进一步增强。在交通促进、产业发展等因素拉动下，人口向成渝地区双城经济圈流动和集聚的趋势进一步加强。2023 年，成渝地区双城经济圈常住人口约为 9853.58 万人，较 2019 年增加 253.6 万人，占全国人口比重为 7.0%，较 2019 年提高 0.1 个百分点。二是资金吸引力进一步提高。川渝两地加快共建西部金融中心，成渝地区双城经济圈金融资源配置能力和辐射影响力进一步增强。2023 年，成渝地区双城经济圈实现金融机构人民币各项存款余额 16.03 万亿元，较 2022 年提高 10.0%；实现金融机构人民币各项贷款余额 15.0 万亿元，较 2022 年提高 14.0%（见图 1-3）。三是物流资源集聚水平快速提升。国家综合货运枢纽补链强链城市（群）建设加快，运能利用效率、运输服务质量、运营机制可持续发展能力等显著提升。2023 年，川渝两地社会物流总费用达到 1.29 万亿元，同比增长 4.1%。国际物流通道建设取得重大成效，中欧班列（成渝）开行超 5300 列，西部陆海新通道铁海联运班列开行突破 9000 列。

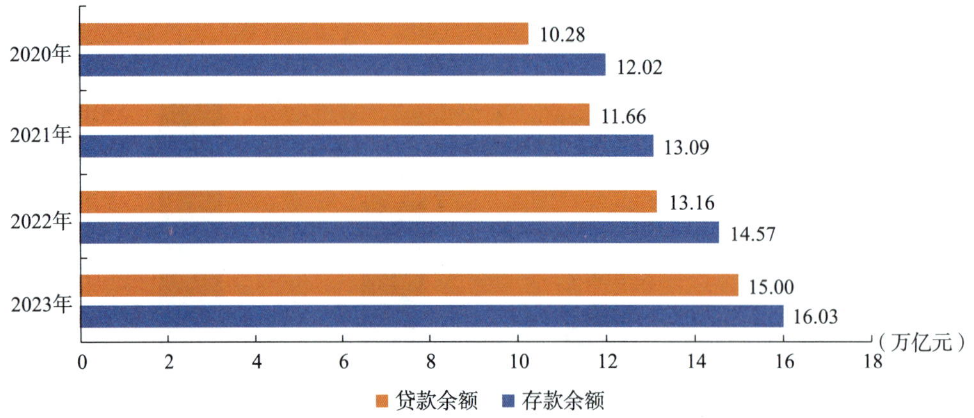

图 1-3　2020—2023 年成渝地区双城经济圈金融机构人民币存贷款余额情况

（二）区域发展新格局向纵深推进

坚持以发挥优势、彰显特色、协同发展为导向，持续深化双核联动联建，不断加强双圈互动，促进两翼协同，区域一体化和高质量发展的势头越发强劲。

1. 双核联动联建成效显著

聚焦“五个互联互通”“五个共建”，加快完善重庆成都双核联动联建机制，全面落实“1+5”合作协议，首批 22 个合作事项落地见效，新签署住房公积金、检验检测等 7 份合作协议。2023 年，双核地区生产总值 4.58 万亿元，占成渝地区双城经济圈的 55%。一是重庆主城都市区极核引领成势见效。以建成高质量发展高品质生活新范例为统领，大力推动中心城区强核提能级、主城新区扩容提品质，梯次推动主城新区与中心城区功能互补和同城化发展，切实增强国家中心城市国际影响力和区域带动力。2023 年，重庆主城都市区（含垫江）地区生产总值达 2.37 万亿元，同比增长 6.0%。二是成都公园城市品牌影响力不断扩大。以建成践行新发展理念的公园城市示范区为统领，加快超大城市转型发展，疏解中心城区非核心功能，发挥城市新区引领带动作用，开展郊区新城综合交通提升行动，城市经济承载和辐射带动功能、创新资源集聚和转化功能、改革集成和开放门户功能、人口吸纳和综合服务功能进一步强化。2023 年，成都地区生产总值达 2.21 万亿元，同比增长 6.0%。

2. 双圈互动发展加速成势

推进重庆都市圈和成都都市圈扩容提质、相向发展，带动周边市地和区县加快发展，联动水平不断提升。一是重庆都市圈建设取得重大突破。梯次推动重庆中心城区与渝西地区融合发展，轨道交通江跳线开通运营，璧铜线全线贯通，两江新区至长寿快速通道开工建设，促进璧山、江津、长寿率先与中心城区实现同城化。创新建立广安市融入重庆都市圈建设工作机制，加快打造川渝合作示范区。2023 年，重庆都市圈地区生产总值达 2.52 万亿元，同比增长 6.1%。二是成都都市圈建设深入推进。成长期三年行动计划启动实施，促进基础设施同网、公共服务资源共享、政务事项通办、开放门户共建。成德眉资同城化发展深入推进，成资 S3 线全线贯通、轨道上的都市圈加快打造，跨市公交线路增至 15 条。深化跨区域产业建圈强链，跨市域协作配套企业增至 1551 家，成都都市圈地区生产总值达 2.78 万亿元，占全省比重 46.3%、同比提高 0.1 个百分点。

2023 年，重庆主城都市区、成都以及重庆都市圈、成都都市圈主要指标见表 1–1。

表 1–1　2023 年重庆主城都市区、成都以及重庆都市圈、成都都市圈主要指标

主要指标	重庆主城都市区	成都	重庆都市圈	成都都市圈
常住人口（万人）	2177.98	2140.3	2500.58	3006.4
城镇人口（万人）	1732.71	1722.9	1849.83	2180.7
城镇化率（%）	80.39	80.5	75.9	72.54
地区生产总值（亿元）	23688.94	22074.72	25201.45	27845.34
第一产业增加值（亿元）	1147.90	594.86	1395.68	1338.50
第二产业增加值（亿元）	9173.85	6370.87	9634	8772.66
第三产业增加值（亿元）	12798.30	15108.99	13602.88	17734.18

3. 两翼协同发展步伐加快

以川南渝西融合发展试验区、万达开统筹发展示范区为引领，深入推动川渝毗邻地区合作平台建设，辐射带动成渝地区双城经济圈南北两翼跨越发展。一是“南翼”川南渝西一体化高质量发展。“江津（珞璜）· 合江”成渝地区双城经济圈首批产业合作示范园加快建设，推动江津、泸州、宜宾等地实现产业配套合作，合作企业达 195 家。联合成立成渝地区双城经济圈绿色产业技术创新联盟、泸永江技术经纪人创新联盟，发布技术需求 145 项、成果 250 余项，培养泸永江技术经纪人 179 人。围绕物流、产业加强协同联动，开行川—渝—泸外贸直航快班，为企业平均节约物流成本 10% 左右；重庆—泸州—宜

宾“水水中转”穿梭巴士开行密度同比增长 30% 以上。二是“北翼”川渝东北地区聚集发展态势加快形成。万达开出台全国首个跨区域非法集资举报奖励制度，实现企业开办、迁移、变更和经营范围核准等标准统一。千能实业、川环科技、长安跨越等万达开三地 30 余家企业实现互链配套，合作产值突破 15 亿元。成立明月山绿色发展示范带医保联盟，建立异地就医直接结算协同发展、医保基金联合监管、医保参保合作等 7 个方面的工作机制，医保稽核区域协调联动经验入选全国典型案例。

（三）现代基础设施网络提速建设

一体化的综合交通网、多元化的能源保障网、可持续的水利安全网以及高能级数字底座进一步完善，以重庆、成都为中心的成渝地区双城经济圈枢纽集群正加快形成。

1. 一体化综合交通运输体系加快完善

公铁水空四网联通、东南西北四向可达的综合交通体系持续健全，成渝实现 1 小时可达，中国交通“第四极”加快建设。一是国际航空门户枢纽建设成效明显。“市内双枢纽协同、成渝四大机场联动”世界级机场群加快建设，重庆新机场获批，江北机场 T3B 航站楼建成、第四跑道提速建设，天府国际机场与双流国际机场实现“两场一体”高质量运营，万州机场 T2 航站楼、黔江机场 T2 航站楼正式启用，成渝地区双城经济圈干支结合的航空网络逐步完善。二是轨道上的都市圈加快建成。建成达万铁路、襄渝铁路、兰渝铁路、渝遂铁路、成渝高铁、成渝铁路等 6 条铁路通道，成渝中线高铁、渝西高铁、成达万高铁和渝昆高铁等 4 条高铁提速推进，重庆和成都 2023 年城市轨道运营里程分别突破 500 千米、600 千米。三是高速公路网络体系进一步完善。川渝省际间建成及在建高速公路通道达到 21 条，建成永川至泸州、大足至内江、合川至安岳、梁平至开江等高速公路。部分高速公路繁忙路段扩能改造加快推动，干线公路与城市道路衔接性显著提升。四是长江上游航运枢纽建设提速。基本建成“一干两支”国家高等级航道体系。实施长江、渠江、嘉陵江、涪江航道畅通工程，长江干线朝涪、涪丰 4.5 米水深航道整治有序推进，新田港二期工程加快建设。嘉陵江利泽航运枢纽、涪江双江航电枢纽等重大工程关键性节点目标已经完成，岷江犍为航电枢纽建成投运。

2. 能源水利互济共保水平不断提升

川渝“源网荷储”一体式能源网络加快构建，统一协调、空间均衡的“引蓄调”水资源配置体系逐步形成，川渝能源水利共商共建共享、互助互保互利水平不断提升。一是区域电力一体供给取得突破。实施川渝电网一体化建设方案，川渝 1000 千伏特高压交流工程重庆段全线贯通，疆电入渝工程顺利推进，川渝一体化电力调峰辅助服务市场启动建设，新开工建设丰都栗子湾抽水蓄能电站、华能两江燃机、甘孜州南部光伏发电、凉山州风电基地等清洁发电项目。二是油气保障水平不断提升。川渝天然气产能基地加速实施，西南百亿立方米储气库群相国寺储气库投用，铜锣峡、黄草峡、老翁场、牟家坪等储气库加快建设。中航油西南战略储运基地项目即将建成投产。川气东送二线项目落地开建，天然气管网威永线、永江线、江南线互联互通项目建成投用。三是新型能源设施跨越式发展。“成渝电走廊”建设提质增效，路域乘用车充换电、城市充换电一体化设施加快建设，部分高速公路服务区实现充电桩全覆盖。重庆、宜宾入选工业和信息化部首批新能源汽车换电模式应用试点。成渝“氢走廊”建设提速，累计投运氢燃料电池汽车 800 辆左右，建成 15 座加氢站。四是重大水利工程加快实施。渝西水资源配置工程加快建设，重庆中部水资源配置工程、涪江右岸引水和四川沱江团结水库、向家坝灌区一期等项目加快推进。建成毗河供水一期、武引二期灌区工程，编制完成引大济岷、毗河供水二期可研报告和长征渠引水工程规划。藻渡水库、向阳水库、跳蹬水库开工建设，李家岩水库工程顺利推进，黄沙水库等完成下闸蓄水阶段验收。

3. 新型基础设施建设高位推进

成渝国家数字经济创新发展试验区建设持续推进，加快促进数字基础设施互联互通，数字经济底座更加牢固。一是数字基础设施不断完善。川渝加速推动千兆光纤网络覆盖城乡，重庆乡镇 5G 网络达到率 100%，四川省累计建成 5G 基站超 15 万个。全国一体化算力网络成渝国家枢纽节点建设扎实推进，重庆算力超过 1000P，成都智算中心获批建设首批国家新一代人工智能公共算力开放创新平台。二是工业互联网发展基础继续夯实。工业互联网标识解析顶级节点（重庆）功能迅速增强，已经接入 10 个省（区、市）46 个二级节点，是目前全国二级节点城市覆盖最多的顶级节点，累计标识解析量超 230 亿次，覆盖超 2.2 万家企业。工业互联网标识解析国家顶级节点（重庆）和成都托管与灾备节点形成“一顶一备”格局，东方电气、四川长虹入选国家级跨行业、跨领域工业互联网平台。

（四）现代产业体系加速形成

川渝两地强化产业协同，合力建设世界级现代产业集群，相互赋能培育新质生产力，高效分工、错位发展、有序竞争、相互融合的现代产业体系不断完善，区域产业国际竞争力持续提升。

1. 世界级先进制造业产业集群持续壮大

川渝两省市共育产业链群、共建协同平台，制造业能级不断跃升，具有川渝特色的优势产业集群领先地位持续巩固。一是制造业全国位势持续提升。2023 年，川渝两地工业增加值达到 2.50 万亿元，占全国比重由上年的 6.11% 提升到 6.27%（见图 1-4）。成渝地区双城经济圈重庆部分、四川部分分别实现规模以上（以下简称规上）工业企业营业收入 2.63 万亿元、4.46 万亿元，分别同比增长 1.5%、0.7%。二是万亿级产业集群上量提质。两地协同举办第二届成渝地区双城经济圈全球投资推介会，共同发布“双城双百”产业投资机会清单，汽车、电子信息产业全域配套率超过 80%。国家级的成渝地区电子信息先进制造集群规模持续壮大，全球 2/3 的平板电脑、1/2 的笔记本电脑、1/10 的智能手机实现“成渝造”，2023 年两地电子信息产值突破 1.6 万亿元。建成全国第三大汽车产业集群，2023 年，川渝两地合计生产汽车 329.3 万辆，占全国汽车总产量的 10.9%，较上年提升 0.7 个百分点。其中，新能源汽车产量 65.2 万辆，较上年增长 35.8%。汽车制造业总产值增加到 8100 亿元，单车价值从 23.6 万元 / 辆提升到 24.6 万元 / 辆。三是产业协同发展平台功能更加完善。2023 年，产业合作示范园区新增成都医学城、璧山高新区等 15 个园区，累计达到 35 个园区。汽车产业链供需信息对接平台汇聚川渝两地整车及零部件企业 5709 家，促成相互合作达 400 余家，累计配套资金超 400 亿元。探索金融赋能产业发展新路径，成渝百亿级产业投资基金正式启动。

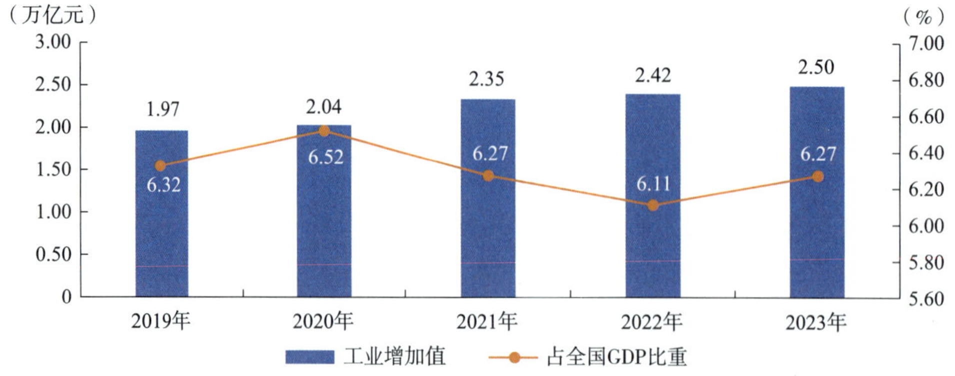

图 1-4　2019—2023 年川渝两地规上工业增加值及占全国比重

专栏 1-1　第二批成渝地区双城经济圈产业合作示范园区

四川省（10 个）：成都医学城、自贡市沿滩高新技术产业园区、营山经济开发区、南部经济开发区、大竹经济开发区、绵阳安州高新技术产业园区、岳池经济开发区、射洪经济开发区、乐至经济开发区、泸县经济开发区。

重庆市（5 个）：璧山高新技术产业开发区、万州经济技术开发区、长寿经济技术开发区、巴南工业园区（重庆国际生物城）、铜梁高新技术产业开发区。

2. 现代服务业高地引领带动能力不断增强

重庆、成都的服务业扩大开放综合试点扎实推进，物流、金融等生产性服务业优势潜能持续释放，引领内陆的现代服务业高地初步建成。一是服务业地位作用更加彰显。2023 年，成渝地区双城经济圈实现服务业增加值 4.52 万亿元，较上年增长 6.8%，占成渝地区双城经济圈 GDP 比重从 2022 年的 55.0% 提升至 55.1%，占西部和全国比重分别由 2022 年的 35.0%、6.4% 提升至 35.8%、6.6%。高技术含量、高附加值的现代服务业发展迅速，租赁和商务服务业，信息传输、软件和信息技术服务业增加值分别同比增长 9.8%、7.7%，高于区域服务业平均增速。二是成渝共建西部金融中心加快推进。成渝金融法院正式投入运营，重庆市绿色金融改革创新试验区、成都市普惠金融服务乡村振兴改革试验区建设有序推进。数字人民币试点创新稳步开展，在批发零售、餐饮文旅、政务缴费、教育医疗、公共服务等多领域实现数字人民币应用。共同建立全国首家跨区域专业信用增进机构——双城（重庆）信用增进股份有限公司，挂牌运营成渝银行业保险业消费者权益保护中心。2023 年，成渝地区双城经济圈本外币存贷款余额为 31.04 万亿元，占全国比重由 2022 年的 5.7% 提升至 5.8%，其中绿色贷款余额从 2022 年的 1.49 万亿元增加到 1.99 万亿元。三是国际物流枢纽功能持续强化。国家综合货运枢纽补链强链城市（群）建设扎实推进，重庆入选商贸物流型国家物流枢纽，成为全国唯一“五型”物流枢纽城市，泸州入选港口型国家物流枢纽，川渝国家级物流枢纽增至 10 个。国际物流运行持续向好，2023 年，中欧班列（成渝）开行超 5300 列、运输箱量超 43 万标准箱，均位居全国第一，去回程已基本实现均衡对开。川渝之间货物往来密切，物流降本增效成果显著，2023 年，川渝经国家铁路交流货物 1605.0 万吨，重庆、四川社会物流总费用与 GDP 的比率分别较上年下降0.3个、0.5个百分点。

3. 现代高效特色农业发展水平快速跃升

川渝两地抢抓国家战略腹地建设等机遇，围绕区域和国家粮食安全，协同推进成渝现代高效特色农业带建设，区域农业保供和创新发展能力不断增强。一是共建西南地区“国家粮仓”成效显著。两地加快建设“天府粮仓”“巴渝粮仓”，2023年，川渝新（改）建高标准农田625万亩①，粮食播种面积、总产量分别达到12644.9万亩、468.97亿公斤，占全国比重分别为7.1%、6.0%。生猪出栏量达8637.6万头，占全国生猪出栏量比重超过10%。二是特色农业集群化发展步伐加快。安岳—潼南—大足优质柠檬产业区2023年柠檬种植面积超过80万亩，产量超过80万吨，柠檬全产业链产值突破200亿元，占全国比重超过80%。涪陵和眉山签订战略合作协议，共建全球泡（榨）菜出口基地，深化泡（榨）菜新产品、新技术、新工艺等研发创新、规模生产等协同。三是农业协同创新取得新进展。2023年，川渝两地农科院及农业单位开展农业科技合作项目超过100个。共建“中国西南种业硅谷”成势见效，两省市作物学、生物学等学科进入国家第二轮“双一流”建设名单，水稻、油菜、生猪等育种创新水平进入国内第一方阵，国家柑橘种质资源圃保存柑橘种质资源位居全国第一、世界第二。

4. 数字产业新高地建设全面发力

川渝两地协同开展国家数字经济创新发展试验区建设，数字经济协作机制不断健全，数据资源高效流通。一是数字经济协作机制更加健全。政府部门联合印发《2023年成渝地区工业互联网一体化发展示范区建设工作要点》等文件，联合举办“数字赋能成渝地区双城经济圈先进产业集群建设”城市机会清单发布对接会、成渝地区工业互联网一体化进园区“百城千园行”重庆活动。二是数字资源互联互通加速推进。截至2023年底，共联合发布3批政务数据共享责任清单，实现3.75万类政务数据双向共享，两地数据交换量累计达到9100万条（次）。重庆全域与四川泸州、南充、广安、自贡、广元等地实现公共资源交易数字证书（CA）互认通用。三是数字经济持续壮大。西部数据交易中心加快集聚数据商、第三方专业服务机构等主体，累计实现数据交易超5亿元。川渝共同产权市场互联网平台累计成交项目3万宗，交易额2111亿元。成渝两地推动渝黔高铁、兰渝高铁、渝昆高铁、渝湘高铁重庆

---

① 1亩≈666.67平方米。

段等交通干线 5G 网络专项覆盖，实现成渝间交通干线沿线工业园区、重点城镇、旅游景区等 5G 网络全覆盖。

（五）科技创新中心建设全面提速

围绕共建具有全国影响力的科技创新中心，强化战略科技力量协同布局，全国重要的科技创新和协同创新示范区建设成效明显，服务国家高水平科技自立自强能力显著提升。

1. 西部科学城建设成势见效

聚焦服务国家科技创新战略布局，川渝两地深化“一城多园”模式合作共建西部科学城，区域创新策源功能持续完善。一是战略性创新资源加速集聚。西部（重庆）科学城、两江协同创新区、西部（成都）科学城、中国（绵阳）科技城等先行启动区建设提速，西部科学城建设再上新台阶。重大科技基础设施集群共建加速推进，累计建设国家大科学装置 11 个、国家产业（技术）创新中心 5 个。超瞬态实验装置、“中国复眼”、跨尺度矢量光场等大科学装置建设提速推进，中国科学院重庆科学中心一期完工并投入使用，智慧病理、脑科学与脑疾病等研究集群加快集聚，国家超级计算成都中心、成都智算中心、锦屏深地实验室二子午工程二期圆环阵太阳射电成像望远镜建成运行，稻城高海拔宇宙线观测站等科技设施通过国家验收。二是高能级实验室体系不断完善。印发《川渝共建重点实验室建设与运行管理办法》，成立 3 个共建重点实验室。依托成渝金凤和兴隆湖综合科学中心核心承载区，高水平协同构建“国家实验室 + 省级实验室 + 重点实验室”实验室体系，累计完成全国重点实验室重组 25 个，新增全国重点实验室 3 个。省市级实验室重组加快推进，其中，重庆累计完成 160 个市级重点实验室优化重组、四川累计完成 30 个省重点实验室优化重整。三是高水平科研机构平台引育成效显著。2023 年，川渝两省市累计建成国家级创新平台 236 个，西部（成都）科学城、西部（重庆）科学城共集聚建设国家级科技创新平台 199 个。其中，西部（成都）科学城大力引进“中科系”“中核系”等科技创新力量，已入驻国家级科研机构 26 家，聚集国家川藏铁路技术创新中心、国家超算成都中心等国家级创新平台 10 个。西部（重庆）科学城累计实施科创项目 132 个，建成国家级孵化平台 13 个。

2. 协同创新生态持续优化

协同完善创新体制机制，推动科技创新人才共引共育共用，强化核心技术联合攻关，科技创新合作共享格局持续深化。一是科技创新合作持续深化。

联合印发实施《川渝科研机构协同创新行动方案》。联合组建川渝技术转移联盟、成渝科技创新服务联盟、大学科技园联盟、科研院所联盟等机构，共享科研仪器设备1.3万台（套），总价值超130亿元。成功举办首届“一带一路”科技交流大会、2023世界科幻大会等国际会议，建成“一带一路”联合实验室3个、国际科技合作基地109个、引才引智基地108个。二是创新型经营主体大幅增长。重庆、四川分别实施高新技术企业和科技型企业“双倍增”行动计划、创新型企业培育“三强计划”，2023年重庆、四川分别新增省级“专精特新”中小企业1366家、1394家，分别累计达3678家、3745家；分别新增国家级专精特新“小巨人”企业55家、109家，分别累计达286家、423家，合计占全国的6%。三是科创人才协同集聚效应加速显现。联合发布《成渝地区双城经济圈急需紧缺人才目录》。合力打通川渝两地高层次人才数据库，强化科技咨询、知识产权、学术交流等7个领域的服务互认共享，实现共享共用专家资源4万余名。共建微电子产业技术研究院，强化电子信息领域高端创新人才联合培养。川渝两地人才资源总量超过1700万人，科技研发人员超过56万人，总量、密度均居西部前列。

3. 协同创新能力不断提升

推动科技创新和产业创新融合发展，共同提升创新投入，加强科技成果转化应用，协同创新水平和科技转化能力不断增强。一是科技创新投入稳步提高。2023年，川渝两地科学研究与试验发展（R&D）总经费达2104.5亿元，占全国的6.3%，较上年提升0.1个百分点，总体研发经费投入强度提升至2.3%，保持西部领先。其中，重庆R&D经费达746.7亿元、同比增长8.7%，投入强度为2.48%；四川R&D经费达1357.8亿元、同比增长11.8%，投入强度为2.26%。二是关键核心技术攻关成效显著。加强智能制造、集成电路等重点领域科技协同攻关，合力推进6G商用的射频技术研发，累计联合实施的核心技术攻关项目超过160个，共同研发首台（套）产品182个。3项科技成果入选中国十大科学进展，133项科技创新成果、636项授权发明专利入选2023年度“川渝产学研协同创新”系列榜单。三是科技转化能力稳步提升。重庆、四川成德绵国家科技成果转移转化示范区加快建设，北斗三号基带芯片、山地齿轨旅游列车等重大成果成功转化，全球首款18MW级全集成式中速海上风电机组、超级智能汽车平台SDA等一批重大关键技术攻关和成果产业化实现突破。2023年，川渝两地技术合同成交额达1915.2亿元，占全国比重5%左右，同比增长21.9%。累计联合培养技术经纪人1078人，共同推进赋予科研人员职务科技成果所有权或长期使用权改革。

（六）国际消费目的地建设迈出坚实步伐

立足巴蜀文化特色、资源禀赋，以高质量供给引领和创造市场需求，富有巴蜀特色的国际消费目的地建设成效显著。2023 年，成渝地区双城经济圈社会消费品零售总额达 3.76 万亿元，同比增长 8.9%，总量占全国的 8%，较上年提高 0.2 个百分点。

1. 高品质消费空间格局基本形成

以国际消费中心城市建设为引领，优化消费空间布局、推动消费平台升级，稳步推进巴蜀文化旅游走廊建设，高品质消费空间格局初具雏形。一是“双核带动，多域联动”消费格局持续优化。重庆、成都建设国际消费中心城市蹄疾步稳，分别入选“2023 福布斯中国城市消费活力榜”第 4 名、第 6 名。区域消费中心城市加快培育，九龙坡、渝北等 9 个区县获批入选重庆市第二批国际消费中心城市试点培育建设，自贡、乐山等 5 个地市入选全国第三批城市一刻钟便民生活圈试点。二是巴蜀核心消费载体不断升级。世界知名商圈加快打造，春熙路商圈、交子金融商圈、观音桥商圈居“2023 全国商圈商业力排行榜”前十位，解放碑—朝天门商圈社会消费品零售总额在西部率先突破 1000 亿元大关。夜间消费集聚区加快打造，2023 年川渝两地新增巴南区融汇西流沱滨江旅游街区、绵阳市仙海文化旅游区等国家级夜间文化和旅游消费集聚区 6 个，累计达到 31 个。三是巴蜀文化旅游走廊建设成势见效。联合创建文化和旅游区域协同发展国家试验区，累计创建国家 5A 级旅游景区 29 个、国家级旅游度假区 8 个、国家级旅游休闲街区 12 个。共同打造了“宽洪大量”“资足常乐”“点石成金”“七星揽月”等一批“长红长新”品牌，评选发布“寻找成渝文旅新地标”1000 余个，共同推出世界遗产、长江上游黄金水道等主题精品线路 70 余条。启动“百万职工游巴蜀”系列文旅品牌推广活动，2023 年带动出游超过 100 万人次，拉动消费 10 亿元以上。2023 年，重庆过夜游客接待人数突破 1 亿人次、增长 88.1%，四川接待游客 6.8 亿人次、增长 42%。

专栏 1–2 川渝国家级夜间文化和旅游消费集聚区与国家 5A 级景区情况

国家级夜间文化和旅游消费集聚区（31 个）：渝中区解放碑—洪崖洞街区、渝中区贰厂文创街区、江北区观音桥文娱休闲区、沙坪坝区磁器口古镇、南岸区长嘉汇弹子石老街、北碚区滨江休闲区、渝中区“十八梯·山城巷”传统风貌区、江北区江北嘴、沙坪坝三峡广场片区、九龙坡巴国城、南岸区龙门浩老街、永川区华茂中心、巴南区融汇西流沱滨江旅游街区、长寿区长寿菩提古镇文化旅游区、南川区东街文化街区；成都市春熙路大慈坊街区、成都市成都音乐坊、自贡市中华彩灯大世界、绵阳市绵州记忆、乐山市烟火嘉州城、南充市阆中古城、成都市宽窄巷子、成都市灌县古城、成都市白鹿音乐旅游片区、泸州市郎酒小镇酒旅融合集聚区、绵阳市罗浮山温泉度假区、遂宁市灵泉水乡、眉山市东坡醉月地、绵阳市仙海文化旅游区、南充市嘉陵江西岸顺庆府文化旅游区、凉山彝族自治州邛海之滨文化旅游区。

国家5A级景区（29个）：重庆武隆喀斯特旅游区（天生三桥—仙女山—芙蓉洞）、江津四面山景区、酉阳桃花源旅游景区、大足石刻景区、巫山小三峡—小小三峡、万盛经开区黑山谷景区、云阳龙缸景区、南川金佛山、彭水县阿依河景区、黔江区濯水景区、奉节县白帝城·瞿塘峡景区、涪陵区武陵山大裂谷景区；四川乐山市乐山大佛景区、乐山市峨眉山景区、南充市阆中古城旅游区、南充市仪陇朱德故里景区、巴中市光雾山旅游景区、甘孜州海螺沟景区、甘孜州稻城亚丁旅游景区、阿坝州黄龙景区、雅安市碧峰峡旅游景区、广元市剑门蜀道剑门关旅游区、广安市邓小平故里旅游区、成都市青城山—都江堰旅游景区、绵阳市北川羌城旅游区、阿坝州汶川特别旅游区、阿坝藏族羌族自治州九寨沟旅游景区、成都市安仁古镇景区、阿坝藏族羌族自治州四姑娘山景区。

2. 多元融合的消费业态更加丰富

加快集聚国际优质消费资源，持续做大做强本土消费品牌，推动消费模式迭代升级，消费供给质量和水平显著提升。一是巴蜀消费供给持续升级。联动发展首店经济、品牌经济，重庆、成都2023年共计引进品牌首店700余家，累计集聚国际国内知名品牌分别超1800个、3000个。跨境电商加快发展，“买全球”“卖全球”更加便捷，2023年川渝两地跨境电商交易规模超1600亿元。“渝货精品”“川货精品”焕发新生机，2023年川渝两地新获批“中华老字号”23个、累计达到88个。二是特色消费新场景加快培育。“云端天台”“后街支巷”等“渝悦消费”消费新场景和“潮品嗨购”“和美邻里”等“蜀里安逸”消费新场景持续涌现。2023年，重庆发布21个富有巴蜀特色的消费新场景，四川打造40个“商文旅体康”融合消费新场景。三是数字消费“新”意渐浓。大型连锁商贸企业数字化转型加快，2023年，川渝两地限额以上单位通过互联网实现商品零售额2693.69亿元、同比增长9.3%，成渝特色产品网销规模持续壮大。启动川渝直播“双基地”共建计划，川渝毗邻地区商业网络体系和农村物流配送体系持续完善。

3. 消费环境更加公平安全

完善消费促进政策，健全消费工作机制，加强消费者权益保障，加快打造成渝地区双城经济圈特色消费集聚区和重要消费体验目的地。一是消费促进政策持续发力。围绕汽车、绿色智能家电等重点领域，筹集财政资金2.5亿元共同推出惠民促销补贴政策，着力稳定大宗消费。整合市区（县）财政资源发放消费券约6亿元，合力推动川渝两地消费复苏回暖。二是消费服务保障机制更加健全。川渝两地50余家协会、100余家企业成立“成渝双城消费服务联盟”，为消费协同提供组织保障。联合举办第二届成渝地区双城经济圈消费与发展论坛，发布“成渝地区双城经济圈消费维权协作典型案例”10个。联合建立跨区域投诉举报转办、线下实体店跨区域无理由退货机制。三是“放心舒心”营商环境持续优化。全面实行外商投资准入前国民待遇加负面清单管理制度，开展促进跨境贸易便利化专项行动，全面规范支持消费者集体诉讼工作。渝中、甘孜稻城县获批建设文化和旅游市场信用经济发展试点。

（七）长江上游生态屏障持续筑牢

坚持共抓大保护、不搞大开发，稳步推进生态共建、污染共治、政策共商、发展共促，在西部地区生态保护和长江经济带绿色发展中的示范作用进一步增强。

1. 生态共建共保持续深化

共建生态网络、共秀美丽家园，推动区域山水林田湖草一体化保护修复，绿水青山更加美丽、生态本底更加厚实。一是一体化生态保护网络进一步织密。联合印发实施《成渝地区双城经济圈“六江”生态廊道建设规划（2022—2035年）》，重要生态空间和重要资源跨省域跨流域一体化保护修复持续强化。共同建立实施成渝地区生态环境分区管控制度，编制形成玻璃、水泥、陶瓷工业大气污染物和水产养殖尾水污染物地方排放标准。联合发布《成渝地区双城经济圈生态环境标准编制规范》，累计签订落实生态环境保护合作协议超120份。协同落实长江“十年禁渔”，联合修订两省市重点保护野生动物名录，建成水生生物自然保护区和水产种质资源保护区53个，保护长江鲟等珍稀水生动物40余种，长江干流川渝段监测鱼类资源量增长147%。二是一体化生态安全格局基本形成。国土绿化持续走深走实，2023年，重庆、四川森林覆盖率分别达到55.06%、40.2%。启动科学绿化试点示范省市建设，全年完成"两岸青山·千里林带"、国家储备林等营造林超过1000万亩。建设川渝毗邻地区森林城市群，完成第三批国家山水林田湖草生态保护修复工程试点，共同打造渝广毗邻地区生态保护恢复示范区。自然保护地体系建设持续完善，重庆建成国家湿地公园22个，"小微湿地+"模式在全国复制推广。四川大熊猫国家公园加快建设，若尔盖国家公园创建任务基本完成。

2. 协同减污治污深入推进

川渝两地强化城市污染治理协作，扎实打好碧水蓝天保卫战，生态环境持续优化，宜居水平不断提升。一是跨界河流综合治理成效明显。联合打造川渝"河长制"合作3.0版，编制实施81条川渝跨界河流"一河一图一策"。共同加强美丽河湖、幸福河湖建设，开展涪江、南溪河（兴隆河）流域联防联治，跨界河流联防联控联治入选国家发展改革委发布的成渝地区双城经济圈18条经验做法在全国推广。2023年，川渝25个跨界河流国控断面水质优良比例达100%，长江干流川渝段水质保持为Ⅱ类，水环境质量持续保持全国第一方阵。二是大气污染协同治理深入推进。深入打好蓝天保卫战，聚焦工业污染源、移动污染源等5个方面开展大气污染协同防治，常态化推动两地120家水泥熟料生产企业协同错峰生产，推进生态环境大数据协同共享共用，共享空气质量监测数据2200万余条。川渝两地空气质量基本指标总体全部达标，基本实现"蓝天常驻"。三是协同开展固体废物、危险废物协同治理。协同加强城市生活垃圾无害化处理能力建设，固体废物综合利用能力显著提升，2023年，川渝城市生活垃圾无害化处理能力由7.45万吨/日提升至9.77万吨/日，是全国生活垃圾无害化处理能力115.2万吨/日的8.5%，较上年提升1.8个百分点。一般工业固体废物综合利用率达76.77%，工业固体废物产生强度下降至0.33吨/万元，危险废物利用处置率达91.1%。危险废物跨省市转移"白名单"制度覆盖城市（区县）40余个，从川渝两地拓展延伸到云贵湘豫等周边省市，"白名单"种类由3种增加至59种，完成危险废物"白名单"跨省转移累计审批量26.82万吨，有关经验做法向全国推广。

3. 绿色低碳发展成效凸显

川渝两地持续实施绿色低碳行动，绿色低碳生产生活方式加快形成。一是协同实施碳达峰碳中和行动。持续推进碳达峰碳中和联合行动，推进重点领域节能减排降碳，加强工业生产等领域电能替代，川渝两地万元地区生产总值能耗持续下降。开展林草碳汇项目开发试点和生态产品价值实现机制试点，重庆碳排放权交易市场工业企业增加到 308 家，碳市场累计成交量达 4753 万吨，四川西部生态产品交易平台正式上线。共同倡导绿色生活方式，川渝 7 个城市获评全国绿色出行创建考核评价达标城市。二是协同开展绿色发展试验示范。加快推动园区循环化和节能降碳改造，开展近零碳园区试点，重庆累计创建绿色工厂 133 家、绿色工业园区 12 个、绿色供应链 17 条，四川累计创建绿色工厂 596 家、绿色工业园区 67 个，两地绿色制造体系基础进一步夯实。推动全生命周期绿色低碳转型，川渝累计创建国家生态文明建设示范区和“绿水青山就是金山银山”实践创新基地（简称“两山”实践创新基地）61 个。绿色金融改革创新加快推进，重庆绿色金融改革创新试验区建设成效凸显，成都国家级绿色金融改革创新试验区加快创建。重庆两江新区与四川天府新区签订气候投融资试点合作备忘录，携手打造气候投融资先行示范区，“两化”（生态产业化和产业生态化）渠道加速拓展。

（八）内陆改革开放高地加快建设

川渝两省市以制度型开放为牵引，加快推进改革开放新高地建设，通道、平台、产业等开放水平不断提升，在西部地区带头开放、带动开放的作用更加突出。

1. 开放型经济保持稳步发展

成渝地区双城经济圈持续拓展外贸市场，不断提升外资吸引力，对外贸易规模维持在较高水平。一是对外贸易保持基本稳定。加快建设“一带一路”进出口商品集散中心，成立成渝 RCEP 跨境贸易中心，实施“百团千企”国际市场开拓计划，带动新能源汽车、锂电池、光伏产品“新三样”出口快速增长，成为川渝两省市对外贸易的新增长点。2023 年，川渝两省市外贸进出口总值达到 1.67 万亿元，较 2020 年增长 14.5%，占全国的 4.0%。其中，四川、重庆分别实现外贸进出口 9574.90 亿元、7137.39 亿元，分别居全国第 8 位、第 13 位（见图 1–5）。二是对外投资保持增长。以“一带一路”国家和地区为重点，川渝两省市大力支持优质企业到海外投资。2023 年，川渝两省市非金融类直接投资 26.18 亿美元，其中重庆、四川非金融类对外直接投资分别为 6.73 亿美元、19.44 亿美元。两省市对外承包工程新签合同金额为 146.94 亿美元，对外承包工程完成营业额 66.44 亿美元，其中，重庆对外承包工程新签合同金额为 5.57 亿美元，同比增长 56.3%；对外承包工程完成营业额 3.92 亿美元，同比增长 26.9%。

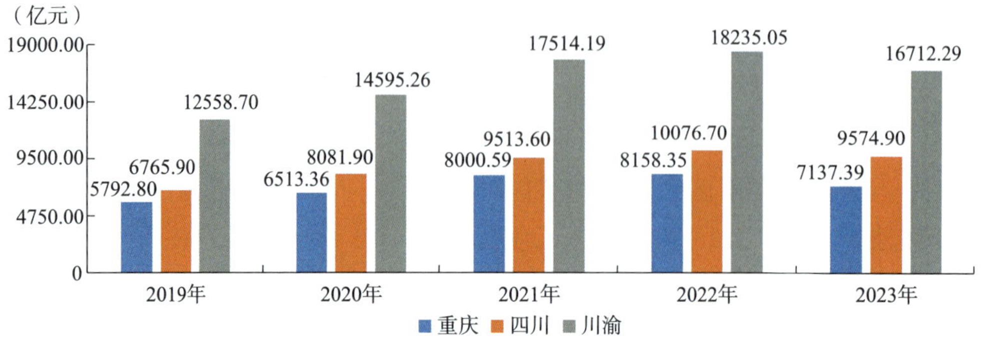

图 1-5　2019—2023 年川渝外贸进出口总额变化情况

2. 开放通道建设水平明显提升

川渝两地加快完善多式联运物流体系，协同提升开放通道互联互通水平，内陆开放高地建设硬支撑进一步夯实。一是西部陆海新通道建设取得重大进展。中老泰马四国铁路班列实现贯通，陆海新通道重庆无水港项目建设投用，四川西部陆海新通道（老挝）物贸集散中心在万象揭牌，中缅新通道（曼德勒—成都）公铁联运班列成功开行。2023 年，西部陆海新通道重庆、四川到北部湾港实现“双向天天班”，铁海联运班列开行突破 9000 列，已经辐射国内 70 个城市、144 个站点、通达全球 490 个港口。跨境公路班车（重庆、四川）累计开行 15 条线路，年开行量超 4000 车次，与中亚、南亚、欧洲公路运输通道实现互联互通。二是中欧班列（成渝）品牌国际影响力不断提升。通过“枢纽集散 + 干线直达 + 多式联运”模式共同做强品牌，“铁路快通”模式、铁路提单信用证融资结算等多项经验做法成功入选国家服务业扩大开放综合试点示范建设最佳实践案例。2023 年，中欧班列（成渝）运行线路近 50 条，覆盖欧亚超 110 个城市节点。2021—2023 年中欧班列（成渝）开行情况见图 1-6。三是共同提升长江黄金水道运输效能。共同推进长江港口功能延伸和通关便利化，果园港在成都经开区布局建设“无水港”。宜宾、泸州至果园“散改集”箱量 1.7 万标准箱，同比上涨 35.3%，“小改大”完成 630 艘次，运输集装箱 8.54 万标准箱。川渝联手实现嘉陵江航运历史性突破，广元港、广安港、南充港等成功开行至果园港的集装箱测试班轮。“沪渝直达快线”运行机制不断优化，周边地区货物经重庆港中转比重达到 45.5%。四是两地航空通道协同发力。成立全国第四个区域性航班协调平台——成渝区域运行协调委员会。两地机场集团交叉持股稳步推进，重庆江北机场与成都双流、天府机场持续深化航线布局、航班编排等资源共享，成渝两地在飞国际及地区航线总数达 103 条，其中国际及地区客运航线 61 条、货运航线 42 条。2023 年，成渝机场群完成旅客吞吐量近 1.3 亿人次，较上年增长 122.4%；货邮吞吐量 118.5 万吨，较上年增长 13.5%。

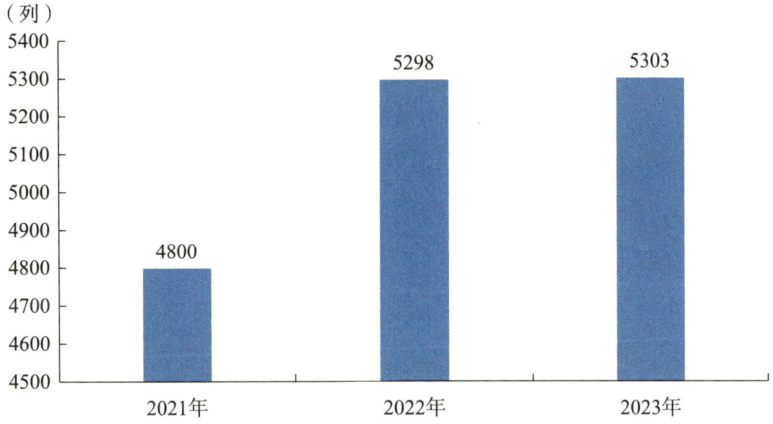

图 1-6　2021—2023 年中欧班列（成渝）开行情况

3. 开放平台发展能级加速提升

川渝两省市持续推进开放平台创新发展、转型升级、协同联动，开放平台发展能级持续跃升、牵引效应加速释放。一是川渝自贸试验区协同开放示范区建设进展良好。共同发布川渝自贸试验区司法协同合作、综合保税区设备零配件便捷监管等 8 个创新案例。深化拓展“关银一 KEY 通”“一站式”服务，成渝两地已设置受理点 410 个，异地办理电子口岸相关业务时间压缩 2/3 以上。二是中新、中日高能级开放平台务实合作持续推进。重庆枢纽港产业园、生命科技城等中新（重庆）互联互通示范项目实体化运作加速推进，共同创设跨境融资通道，利用跨境发债等工具为重庆企业累计融资约 146 亿美元，辐射带动西部 9 个省份跨境融资 61 亿美元，惠及电子信息等领域 100 多家企业。重庆和新加坡间开行往返航班每周达 21 班次，推动实施全国首例“以航空公司为单元”的保税航材海关监管模式创新。中日（成都）地方发展合作示范区聚焦文化创意产业，建设业态集聚、功能提升的文化创意场景，集中签约日本三菱重工中日数字低碳城市科技创新中心、国际动漫研究院、成都（日本）动漫创意产业中心等 15 个项目，计划投资总额 204.5 亿元。三是强化川渝口岸信息联动共建取得积极进展。制定《川渝国际贸易“单一窗口”数据互联互通及应用合作推进方案》，实现川渝两地舱单、报关单、船舶物流动态数据共享查询。推动智能制单功能川渝共享共用，签署《川渝国际贸易“单一窗口”合作备忘录》。截至 2023 年底，川渝共 129 家申报企业使用智能制单功能，两省市智能制单申报量超过 15 万单。

4. 体制机制改革取得重大突破

围绕加快建设统一大市场，持续完善体制机制，重点领域改革取得积极进展。一是经济区与行政区适度分离改革多点突破。探索建立两区分离税费统计分析指标体系，统一税务电子文书送达等第二批 8 项征管事项、新增开具无欠税证明等 11 项跨省通办服务事项，统一数字化电子发票赋额规则和办理流程等 8 项征管事项。高竹新区首个跨省共建市场监管机构建成投用，新区国土空间规划完成川渝联合审查。二是区域市场一体化建设纵深推进。联合出台《深化全方位全链条监管协作推动成渝地区双城经济圈市场一体化发展方案》。建立跨区域重大案件联合挂牌督办机制，2023 年累计开展综合执法协作 28 次，相互移送案件线索 165 条。设立经营主体信用修复同步互认平台，推动守信激励和严重失信主体名单共享互认。三是高水平营商环境持续优化。协同推进川渝政务服务一体化，深化川渝市场准入“异地同标”服务机制，试点虚拟地址“云注册”、探索经营主体“云迁移”、构建营商环境“云地图”，推进经营主体全生命周期、全链条信用监管一体化发展，连续 4 年开展川渝跨省域公平竞争审查交叉互评。联合发布川渝建设领域新技术 33 项。三批次 311 项“川渝通办”事项累计办件量达 1800 万人次，推出 7 项川渝“一件事一次办”、34 项“免证办”事项。

（九）城乡融合发展稳步推进

以国家城乡融合发展试验区重庆西部片区、成都西部片区建设为牵引，推动城乡要素自由流动、公共资源合理配置、城乡产业协同发展，城乡融合发展取得积极进展。重庆、四川城乡居民收入比分别由 2020 年的 2.45∶1、2.4∶1 缩小至 2023 年的 2.28∶1、2.26∶1，城乡发展差距进一步缩小。

1. 城乡要素配置更加高效

完善要素市场化配置体制机制，人口、土地和资金等要素在城乡间流动更加顺畅。一是城乡人口流动更加便捷。重庆、成都都市圈内实现户籍准入年限同城化累计互认，在全国率先实现全域全类别户口迁移“一站式”跨省通办。2023 年重庆、四川分别推进户籍迁移“跨省通办”5 万人次、11.6 万人次，四川迁入重庆 4.1 万人。农业转移人口市民化稳步推进，2023 年重庆、四川分别有 20.4 万、233.41 万农业转移人口落户城镇。二是城乡土地制度改革持续深化。探索进城落户农民依法自愿有偿退出农村权益路径典型经验获国家发展改革委推广。重庆万州、九龙坡和四川成都、泸州纳入国家低效用地再开发试点。宅基地制度改革试点工作扎实推进，重庆梁平累计发放农民住房财产权抵押贷款 1.27 亿元；四川 1 市 5 县农村宅基地制度改革试点，直接拉动乡村产业投资 40 多亿元。三是城乡建设资金保障更加有力。重庆创新推出“富民贷”“渝快助农贷”等信贷产品，四川推广运用“蜀信 e · 小额农贷”“种植 e 贷”“惠农 e 贷”等小额贷款产品，2023 年川渝两地涉农贷款余额累计突破 3.8 万亿元。

2. 城乡公共资源配置更加均衡

聚焦城乡规划管理、基础设施、基本公共服务等领域，优化公共资源配置，城乡公共服务质量和治理水平持续提升。一是城乡空间一体化规划加快完善。国土空间“一张图”加快实现，完善《成渝地区双城经济圈国土空间规划（2021—2035 年）》，推动川渝毗邻地区国土空间规划联合编制、报批落地。川渝两省市国土空间总体规划已批复，地市、区县国土空间规划全部形成成果，实用性村规划按需应编尽编，有效引导县乡村功能衔接互补。二是城乡基础设施一体化步伐加快。学习运用“千万工程”经验，2023 年川渝两地新创建中国美丽休闲乡村 22 个。重庆深化城乡水电路气讯“五网”建设，四川持续推进乡村水务百县建设。2023 年，重庆新（改）建“四好农村路”3360 千米、全市农村公路网密度居西部第 1 位，四川新（改）建农村公路 1.9 万千米。三是城乡基本公共服务均等化提速推进。教育、医疗、养老等社会事业短板加快补齐，城乡教育联合体和“三通”（政通、人通、才通）医共体建设持续深化，联合布局建设 10 个成渝地区城乡义务教育一体化发展试验区，新增 13 个智慧健康养老应用试点示范基地。

3. 城乡产业协同发展持续深化

聚焦城乡产业平台建设和多元乡村经济发展，着力把乡村产业纳入城乡产业体系大格局中，实现城乡产业协同发展。一是城乡产业平台提质增效。2023 年新增合川、岳池等国家现代农业产业园 5 个，开州、江油等国家农业现代化示范区 8 个，涪陵区珍溪镇、崇州市街子镇等国家农业产业强镇 15 个。荣昌 · 隆昌、大足 · 安岳、梁平 · 开江三个合作示范园建设稳步推进，西部农业种质资源保护利用高地加快打造。二是乡村经济加快发展。截至 2023 年底，川渝两地累计登记赋码发证农村集体经济组织超7.5万个。成功创建麦制品、蔬菜、设施蔬菜3个国家级优势特色产业集群，累计达14个。重庆强村富民综合改革强力启动，新培育“强村公司”近500家，村集体经济组织经营性收入5万元以上的占比达100%、10万元以上的占比达90%；四川新增家庭农场2万家、农民合作社省级示范社300个。

（十）公共服务共建共享成效显著

围绕优质公共资源共建共享，兜住、兜准、兜牢民生底线，协同提升公共服务质量和水平，人民群众获得感、幸福感、安全感持续增强，高品质生活宜居地建设扎实推进。

1. 基本公共服务标准化便利化扎实推进

聚焦群众关心的公共服务事项，以持续迭代升级的“川渝通办”“便捷生活行动事项”落地实施，不断提升川渝公共服务标准化便利化水平。一是“川渝通办”提效扩面。积极推动“川渝通办”从能办向好办、易办转变，聚焦川渝政务服务事项办理、场景应用、政策标准、监管联动等领域，制定63项年度重点工作任务，实现小学入学、员工录用、货物运输等7项“一件事一次办”集成服务，实现律师执业变更许可、购房提取住房公积金等34项事项“免证办”，实现证照免提交、信息免填报。截至2023年底，311项“川渝通办”事项办件总量超过1500万件次。二是便捷生活服务事项扩容增量。继续推动以交通通信、户口迁移、就业社保、教育文化、医疗卫生、住房保障等为重点的两批次成渝地区双城经济圈便捷生活行动事项，不断建立完善跨区域的公共服务便捷共享体制机制。印发实施《推进川渝公共服务一体化深化便捷生活行动事项2024年版》，推动公共服务均等化、普惠化、便利化水平持续提升，助推两省市群众获得的服务更加高效便捷。

2. 教育协同合作扩优提质取得新突破

以公益普惠和优质均衡为方向，在持续优化教育资源配置、推动教育协调发展试验区建设、争取国家级重大平台、一流高校建设上先行先试，作出大量开创性探索。一是教育协作发展机制引领效应持续凸显。持续推动《成渝地区双城经济圈教育协同发展行动计划》落细落实。璧山、锦江等首批教师教育协同发展重点支持的11个区市共遴选100位教师互派交流。教师职称互认机制持续健全，在跨地区、跨单位流动时，无须重新评审或者确认即可按需择优聘任（用）。重庆赛力斯、四川装备制造业产教联盟等5个案例入选全国首批职业教育产教融合典型案例。二是教师教育协同创新持续深化。围绕提升成渝两地中小学、幼儿园教师专业素养，两地教师发展中心组建成渝地区双城经济圈研训机构“10+20”共同体（重庆、四川分别遴选 10 个、20 个区县研训机构）。持续细化成渝地区双城经济圈教师教育协同创新发展联盟、学前教育协同创新发展联盟、小学教育联盟的服务功能，开展联赛联研、名师结对、“一对一”帮扶、互访互学、资源共建五大协同行动。三是两地教育资源数字化共享稳步推进。“荣昌—自贡数字教育资源平台”初步建成，渝西川南人才、课程和基地数据库稳步建设，两地优质教育资源覆盖范围持续扩大，实现及时共享共鉴。跨区域数字化教研稳步开展，成功举办成渝地区双城经济圈首届中小学数字教育发展研讨会。

3. 医疗卫生协作亮点突出

聚焦优质医疗资源共享、医疗服务便民等重点领域，积极促进医疗卫生协作，推动“健康中国”战略在成渝加快显效。一是优质医疗资源共享共建持续扩容。协同推进优质医疗资源扩容下沉，重医附属儿童医院宜宾医院成功获批国家区域医疗中心建设项目。携手推进卫生健康一体化发展，医疗机构跨省域共建专科联盟 137 个、互联网医院 442 家。中医药一体化发展取得积极成效，成功组建中医药发展联盟、秦巴山・万达开中医药发展联盟。二是医疗卫生领域科研合作取得积极进展。两省市医院合作共建超声医学工程国家重点实验室、检验学科国家医学中心、国家临床重点专科群等事项稳步推进，成功申报国家中医药传承创新团队项目。国家老年疾病临床医学研究中心（四川大学华西医院）在重庆设立分中心。三是医疗互通互认互享惠及更多群众。推动 291 家二级及以上公立医院 112 项结果实现检验结果互通互认。电子健康卡“扫码就医”覆盖医疗机构达到 1800 家，惠及 75 万人次。开通跨省异地联网定点医疗机构和零售药店已超过 7.7 万家。以“广安合川”“万达开”等毗邻地区为试点，川渝 120 院前急救信息系统互联互通扎实推进。

4. 文化体育协同共享取得实质性进展

川渝两地积极推进文体交流活动扎实开展，共同促进文体资源繁荣共享，推动两地文体事业取得长足发展。一是文化艺术交流蓬勃发展。川渝春节联欢晚会、川渝新春音乐会等常态化举行，“成渝地・巴蜀情”双城文化艺术周、川剧旅游文化艺术节、首届“川渝共青春”文化艺术活动等顺利举行，共同推动川渝文化艺术融合发展取得积极进展。“川渝阅读一卡通”项目扎实开展，115 家图书馆、3000 万册图书实现通借通还服务。二是文物协同保护成果丰硕。两地共同推进“川渝地区巴蜀文明进程研究”“蜀道考古研究”“荔枝道调查”等多项“考古中国”重大项目。共同推进“蜀道”“川渝盐业遗产”“川渝宋元（蒙）山城防御体系”等项目申请进入中国世界文化遗产预备名单。革命文物保护中心、西部国际传播中心挂牌成立，重庆开埠遗址公园全面开放，三星堆入选首批国家文物保护利用示范区。三是体育事业协作共进亮点纷呈。《成渝地区双城经济圈体育产业一体化高质量发展的实施意见》印发实施，川渝汽车场地越野赛、首届川渝飞盘邀请赛、第二届川渝毗邻地区群众体育荟等群众体育赛事活动成功举办，覆盖超100万人次。两地青少年体育和体育产业合作发展稳步推进，联合举办“奔跑吧·少年”第三届川渝青少年体育交流活动、成渝体育产业联盟暨第六届、第七届重庆市体育旅游产业发展大会等活动。

5. 社会保障网持续织密扎牢

两地就业、社保、住房、应急等公共服务领域协作持续深化，促进便捷均等、普惠共享的社保公共服务体系加快构建，不断增进两地群众民生福祉。一是就业优先协同合作成效突出。两地积极推动就业岗位信息共享和招聘活动，共享人力资源和就业岗位信息超过20万条，联合开展成渝专场招聘活动超50场，为两地超2000家用人单位发布超6万个就业岗位，实现劳务转移超11万人。共同推动落实就业相关补助资金，落实社保补贴、培训补贴、创业贷款补贴、就业补贴等政策补助资金超千万元。二是社会保障协作发展取得丰硕成果。重庆、成都全域纳入个人养老金先行地区，互办养老、失业保险关系无障碍转移接续累计达9.9万人次，完成养老、工伤保险待遇资格“就地认”累计超18.7万人次，2023年川渝失业保险关系转移接续涉及资金近1400万元，超前两年总和。联合打造社保卡通办服务网点3290个，社保卡持卡人数突破1.27亿。三是住房保障协作取得积极进展。公积金互认互贷机制不断完善，截至2023年底，累计办理住房公积金异地转移接续4万余人次，发放异地贷款8308笔、35.6亿元。全域实现住房公积金异地贷款缴存证明和贷款全部还清证明“双无纸化”，申请和结清住房公积金异地贷款实现“一地办”。高竹新区成立川渝首个住房公积金跨省域服务实体专区，驻区企业和住房公积金缴存人都可在该专区办理住房公积金缴存、提取等36种日常业务。四是应急救援保障体系更加完善。两地应急联动机制加快健全，实现突发事件水域、空域、地域“三域一体”应急联动处置，毗邻地区实现110、120一体化处置。市、区县专业应急救援队伍建成率达100%，乡镇（街道）应急救援队伍建成率达100%，开展应急救援培训达4.4万人次。

（十一）协同建设合力不断增强

全面加强战略协同和工作协调，同心协力、相向而行，推动各项工作迈出新步伐、见到新气象，一批可复制、可推广的区域协同发展经验形成并在全国推广。

1. 标志性成果不断涌现

成渝地区双城经济圈跨区域 6 个方面 18 条协作经验做法首次得到国家层面系统总结推广，形成全国跨区域协作川渝样板。一是促进产业共建共兴取得积极成效。两地共建优势产业链，联合出台汽车、电子信息、装备制造、特色消费品 4 个领域高质量协同共建实施方案。共建联合招商机制，联合召开全球投资推介会发布“双城双百”投资机会清单和成渝地区双城经济圈协同招商 10 条措施。探索经济区与行政区适度分离改革，将川渝高竹新区打造为全国首个跨省共建的省级新区。二是共同建设统一市场取得积极成效。两地推进市场准入“异地同标”，实现营业执照异地互办互发、立等可取，实现企业跨省市“一键迁移”，实现企业跨省迁移“即时办”“零跑路”。共建跨省公平竞争审查协作机制，在重庆大足、北碚、万州、黔江与四川内江、绵阳、达州、南充开展公平竞争审查第三方交叉互评。三是协同推动对外开放取得积极进展。统一运营中欧班列（成渝）品牌，实现运营标识、基础运价、车辆调度“三统一”。推进跨省市“关银一 KEY 通”，首次实现“电子口岸卡”跨海关关区通办。四是深化生态环境共治取得积极进展。两地开展生态环境协同立法司法协作；开展跨界河流联防联控联治，在全国首创跨省“河长制”联合推进办公室并实行实体化办公；在全国率先共建危险废物跨省转移“白名单”机制。五是推动社会共建互融取得积极进展。推进政务“川渝通办”，联合发布 3 批 311 项“川渝通办”事项；推进跨省通信一体化；推进毗邻地区警情处置一体化，实现社会共建互融。六是完善协调协商机制取得积极突破。建立了多层次协商推进机制，常态化召开党政联席会议、常务副省市长协调会议；建立重大项目联合调度服务机制；建立协同立法机制，实现立法项目协商确定、立法文本协商起草、立法程序同步推进、立法成果共同运用、法规实施联动监督；建立干部互派挂职机制。

2. 合作机制持续优化

两省市把双城经济圈建设放在中国式现代化的宏大场景中来谋划推进，重庆把双城经济圈建设作为全市工作总抓手总牵引，四川坚持把双城经济圈建设作为现代化建设总牵引，促进双城经济圈建设高位推动。一是持续优化党政联席会议制度。2023年，首次以闭门会议方式召开第七次党政联席会议，研究谋划“成渝中部崛起”主题。增设分管副省市领导专项协调会议，精准化精细化设置22个联合专项组。二是双城引领双圈互动机制进一步完善。双核联动联建会议常态化召开，围绕交通基础设施、现代产业体系、科技创新资源、城市服务功能、社会公共政策5个领域互联互通，积极推动“五个共建”，支撑带动作用有所增强。三是两翼协同机制持续健全。万达开、川南渝西总体方案获国家发展改革委批复，10个毗邻地区合作共建功能平台全部启动，特色彰显。高竹新区合资组建国有公司负责开发建设，基本搭建起跨省域合作的开发建设运行管理机制。遂潼平台“小筹委会+大平台公司”运行机制正式形成，明月山平台由七区县成立了共建明月山绿色发展示范带联合办公室，并实现常态化运行。

3. 政策支撑体系持续夯实

以规划和政策为引领，推动建立台账、挂图作战，积极促进各项任务落细落实取得积极成效。一是规划体系基本建成。构建了“1+7+13+N”规划落实体系，“1”即川渝落实《成渝地区双城经济圈建设规划纲要》联合实施方案，“7”即配合国家部委编制的规划（方案），除《成渝地区双城经济圈国土空间规划》正加快推动完善外，6个国家规划均已出台实施，“13”个两省市共同编制的规划（方案）也均已出台实施。二是共同向上争取政策成效明显。川渝共同争取国家城镇化工作暨城乡融合发展工作部际联席会议专题研究协调双城经济圈产业布局、基础设施、财政金融等领域13项支持事项，承接东部地区产业转移、成渝地区144小时过境免签政策等得到明确支持。

4. 重大项目引领发展效果显著

两地以重大项目落地为抓手，持续支撑成渝地区双城经济圈高质量发展形成标志性成果。一是重大项目共建机制效用显现。川渝两地建立省市领导联系重大项目机制效果突出，成渝中线高铁从规划设想到可研批复仅用时1年半，创造了全国高铁项目前期工作最短用时纪录，渝昆高铁、渝西高铁等加快建设，成达万高铁进入主体施工阶段，成渝世界级机场群建设等加快推进，川渝高速路网不断织密，省际通道达28条，长江上游航运中心加快建设。川渝1000千伏特高压交流工程全线贯通，川渝千亿方天然气基地建设不断取得突破。二是重大项目储备库项目量质齐升。按年度滚动实施川渝共建重点项目，2020—2024年分别共建项目31个、67个、160个、248个、300个，项目总投资分别达5836亿元、1.57万亿元、2.04万亿元、3.25万亿元、3.6万亿元，项目数量、总投资额呈逐年高速增长态势。

二、存在的问题和原因分析

（一）主要问题

1. 全国经济“第四极”建设还需加力

经济体量还不够大、增长极动力源作用有限，中国经济“第四极”建设还需提速加力。一是经济体量还不够大。相较于长三角 GDP 过去 4 年在全国比重提升 0.3 个百分点、经济总量增加近 7 万亿元，川渝 GDP 过去 4 年在全国比重仅提升 0.07 个百分点、经济总量仅增加约 2 万亿元。2023 年，成渝地区双城经济圈 GDP 占全国比重仅为 6.5%，与长三角地区（24.2%）、粤港澳大湾区（11.2%）相去甚远。二是经济发展质效还不够优。2023 年，成渝地区双城经济圈人均 GDP 为 8.32 万元，低于全国平均水平（8.94 万元），仅为长三角地区的 64.9%、粤港澳大湾区的 50.6%。地均 GDP 为 4431.71 万元，仅为粤港澳大湾区的 17.6%、长三角地区的 52.0%（见表 1–2）。

表 1–2　五大城市群主要经济指标

指标	京津冀地区	长三角地区	粤港澳大湾区	长江中游地区	成渝地区双城经济圈
面积（万平方千米）	21.7	35.8	5.61	34.27	18.5
2023 年常住人口（亿人）	1.09	2.38	0.86	1.28	0.99
2023 年 GDP 总量（万亿元）	10.4	30.5	14.15	10.69	8.20
2023 年 GDP 占全国比重（%）	8.3	24.2	11.2	8.5	6.5
2023 年人均 GDP（万元）	9.58	12.82	16.45	8.35	8.32
2023 年地均 GDP（万元）	4813	8520.8	25218.51	3119.35	4431.71

2. 新质生产力高地建设还需提速

相较于东部沿海城市群，成渝地区双城经济圈创新性市场主体集聚不足，国家级产业集群较少，未来产业发展滞后，产业发展综合效益有待提升，新质生产力高地建设任重道远。一是创新型头部企业量少力弱。2023年，成渝地区潜在“独角兽”企业仅36家，不足长三角地区（380家）的1/10、约为广东（98家）的1/3。川渝本土企业上榜《财富》世界500强的仅4家（重庆为零），远低于京津冀地区（56家）、长三角地区（25家）、粤港澳大湾区（24家）。上市企业仅252家，不到长三角地区的1/7、京津冀地区的1/2，比广东省和长江中游地区分别少197家、128家。二是先进制造业集群竞争力有待提升。成渝地区布局的国家级先进制造业集群仅3个、战略性新兴产业集群仅4个，分别为长三角地区的1/6、约1/3，也低于长江中游地区（7个、9个）、珠三角地区（7个、6个）。重庆尚无规模上万亿元的产业集群，四川仅1个，落后于广东（8个）、浙江（4个）、湖南（3个）。低空经济、AI大模型等未来产业发展缓慢。赛迪顾问数据显示，2023年，重庆、四川低空经济相关企业分别为1158家、3069家，远低于广东11316家。三是产业发展效益不高。2023年，成渝地区单位面积工业增加值为1353.44万元，仅约为长三角地区（2620.8万元）的1/2。规上工业企业营业收入为7.36万亿元，远少于长三角地区（37.51万亿元）、京津冀地区（10.34万亿元）和广东省（18.58万亿元）。

3. 现代基础设施网络短板还需补齐

成渝地区新型基础设施和战略性基础设施布局依然不足，多式联运集疏运体系不健全，一体化综合交通运输体系有待进一步完善。一是新型基础设施布局不够。国家数据中心区域分布“东多西少”、算力需求“东强西弱”，重庆、四川已建在建数据中心标准机架分别为25万架、36万架，明显低于广东（62万架）、江苏（59万架）、上海（42.5万架）。二是战略性基础设施依然不多。西部陆海新通道中线运力饱和，东线渝怀铁路客货运共线，西线存在缺失路段，川渝经滇缅至印度洋货运通道尚未畅通。长江三峡船舶平均待闸时长12天，水运新通道尚处于前期阶段。川渝水网主骨架和大动脉尚未形成，渝西和川东北渝东北地区工程性缺水问题突出。长征渠引水先导工程、川渝东北一体化水资源配置工程等战略工程建设进展较慢。缺乏煤电一体化、原油储备等重大项目，煤炭、石油、成品油等战略物资储备不足。三是多式联运集疏运体系仍需完善。中铁重庆集装箱中心站、江北国际机场、果园港、重庆公路物流基地、小南垭铁路综合枢纽仍存在集装箱作业、堆场等设施能力不足、功能不全，制约枢纽服务能力释放。部分枢纽对外通道单一，衔接产业园区的通道需绕行，枢纽及产业园“最后一公里”短途接驳问题仍然突出。

4. 城市国际影响力还需提升

成渝地区开放水平相对较低，国际影响力仍需进一步提升。一是外贸外资规模偏小。2023 年，成渝地区进出口总额 1.67 万亿元，较上年减少 0.15 万亿元，占全国比重由 2022 年的 4.3% 降至 4.0%，仅为长三角地区的 7.7%、粤港澳大湾区（广东）的 20.1%、京津冀地区的 33.2%。实际利用外商直接投资额为 45.18 亿美元，占全国比重仅 2.8%，较上年降低 0.1 个百分点（见表 1–3）。二是城市影响力有待提升。领事馆数量仅 35 家，远低于上海（76 家）、广州（65 家）。航空口岸服务能力有待提升，出入境人员规模不足长三角地区的 1/5、京津冀地区和粤港澳大湾区的 1/2。三是开放平台协同有待提升。中欧班列（成渝）尚未实现从“物理融合”到“化学融合”，在补贴标准、运行机制等方面尚未实现深层次协调衔接。

表 1–3 2023 年五大城市群进出口规模

地区	进出口规模（亿元）	区域进出口规模（亿元）
重庆	7137.39	16712.29
四川	9574.90	
北京	36466.30	50289.44
天津	8004.74	
河北	5818.40	
上海	106576.60	216120.60
江苏	52493.80	
浙江	48998.00	
安徽	8052.20	
广东	83040.70	83040.70
湖北	6449.70	18322.40
湖南	6175.00	
江西	5697.70	

（二）原因分析

1. 区域经济高质量发展的创新动能不足

区域创新能力整体滞后，创新对区域经济高质量发展支撑不够。一是战略科技力量不强。大科学装置稀缺，重庆仅有1个超瞬态实验装置作为国家重大科技基础设施储备项目，四川有大科学装置4个，而京津冀地区有9个，长三角地区更是多达15个。重庆的国家实验室、国家实验室基地、国家产业创新中心、基础学科中心尚未实现突破。布局在重庆的国家重点实验室仅10个，远低于北京（136个）、上海（46个）、江苏（36个）、广东（30个）。二是科技创新平台和人才资源不多。高水平大学和科研机构匮乏，川渝两地双一流高校仅10所，远低于京津冀地区（40所）、长三角地区（37所）；在成渝地区的国家级科研院所仅66家，其中在渝仅4家；“两院”院士83人，远低于北京（781人）、上海（185人）、广东（102人）。三是科技创新合作深度、广度不够。川渝两省市共获国家基金委资助国际合作与交流项目19个，低于北京（153个）、上海（75个）、湖北（45个）。在重庆已有的国家级国际科技合作基地中，与“一带一路”共建国家联合建设的仅3个。

2. 重大开发开放平台的发展能级不高

川渝两地开发开放平台、川渝毗邻合作功能平台、重大产业平台作用发挥不够充分，引领效果不够好。一是重点开放平台引领作用不强。中新合作共建标志性项目不多，以重庆和新加坡为“双枢纽”的集聚效应还需加强。自贸区金融、通信、医药等服务业开放力度有待加强，开发区、园区多元开发建设体制机制需要进一步完善。二是毗邻合作功能平台利益联结机制不健全。川渝两省市涉及跨省之间行政权力下放、行政许可等方面政策差异较大，环评标准、园区激励等政策差异较大。三是产业合作平台成效不突出。共优产业布局、共同招商引资、共塑产业集群的市场化合作机制还不健全，特别是新质生产力合作“增量”不突出。高竹新区高新技术企业仅10家，大多是以汽摩配件制造为主的中小微企业，具有牵引性、带动性的重大产业项目导入尚未取得突破性进展。

3. 区域一体化发展的政策合力不强

川渝两省市一体化发展政策存在差异，部分跨区域事项标准统一难度较大，政策整体合力释放尚需时日。一是资源要素自由流动障碍仍然存在。川渝两地水、电、气、讯、土地等要素价格差异仍然较大，重庆工业电价平均高于四川0.1~0.2元/（千瓦·时），毗邻地区最低工资标准普遍高于四川，重庆征地价格70万元/亩，也高于四川40万~45万元/亩的水平，要素价格的差异仍然是两地资源自由流动的主要制约因素。二是“两区”改革探索仍有待突破。受跨省之间政策不一致、行政等级差异等方面影响，高竹新区部分改革事项推进难度大、程序多、周期长。涉及跨省之间行政权力下放、行政许可等方面政策差异大，川渝两地在成本共担、利益分享、统计分算机制等方面尚未取得实质性突破。三是税收政策标准仍不统一。企业所得税分享比例方面，四川按照中央 60%、省 14%、市（县、区）26% 进行分配，而重庆除中央留存 60% 外，其余 40% 全部留存于区县级。房产税、城镇土地使用税、资源税等部分地方税种方面，四川按 35% 的比例留存省级，其余 65% 的比例留存市（县、区）级，而重庆则按 100% 的比例全部留存在区县，这些税收分享不仅造成地方财力差异，也加大了区域统筹协调的难度。

三、2024 年推动成渝地区双城经济圈一体化发展的思路目标

（一）基本思路

2024 年是新中国成立 75 周年，是实现“十四五”规划目标任务的关键一年，也是推动成渝地区双城经济圈建设的第五年。必须以习近平新时代中国特色社会主义思想为指导，全面贯彻党的二十大和二十届二中、三中全会以及中央经济工作会议精神，坚持稳中求进工作总基调，完整、准确、全面贯彻新发展理念，牢牢把握高质量发展这个首要任务和构建新发展格局这个战略任务，坚持“一盘棋”思想，加大力度、纵深推进，不断提升发展能级，努力跑出 2024 年成渝地区双城经济圈建设的新速度，积累支撑区域发展、整体跃升的加速度，不断提高成渝地区双城经济圈的经济辐射力和发展带动力，更好发挥全国高质量发展的重要增长极和新的动力源作用。

更加深刻理解“推动成渝地区双城经济圈建设走深走实”的战略内涵。推动成渝地区双城经济圈建设走深走实，为持续深化细化双城经济圈建设目标任务提供了科学指引和根本遵循。必须按照习近平总书记重要指示要求和党的二十大战略部署，深化战略共识、细化任务目标，以更加有力的举措、更加务实的办法，不断把成渝地区双城经济圈建设引向深入，推动成渝地区双城经济圈建设走深走实取得新的更大突破。

更加精准把握“进一步形成大保护大开放高质量发展新格局”的战略部署。习近平总书记强调，西部地区在全国改革发展稳定大局中举足轻重。必须发挥川渝两省市比较优势，高水平共建西部陆海新通道，推动成渝地区由中国西部内陆省份向国家开放前沿跃升，努力发挥新时代西部大开发重要战略支点和内陆开放综合枢纽的引领带动功能，加快“成为带动西部高质量发展的重要增长极和新的动力源”，助力西部大开发形成大保护、大开放、高质量发展新格局。

更加深入认识“建设国家战略腹地重要支撑区”的重大意义。2023 年底召开的中央经济工作会议强调“优化重大生产力布局，加强国家战略腹地建设”。成渝地区历来是国家发展和安全的战略大纵深、大后方，立足川渝比较优势、后发优势，突出战略备份、战略储备和战略保障作用，打造我国除粤港澳大湾区、长三角地区、京津冀地区以外的“第四大动力源”和区域发展“第四极”，成为极端情况下我国依然保持经济正常运行和社会大局总体稳定的“压舱石”。

更加全面领悟“坚持‘川渝一盘棋’，加强成渝区域协同发展”的明确要求。推动成渝地区双城经济圈建设，要始终坚持“一盘棋”发展意识和一体化发展理念，跳出“一域”着眼“全局”，聚焦重点领域协同推进、重点区域率先突破、重大项目强化落实、重大平台深化合作，迭代升级多主体、多领域、多层次的工作推进机制和常态化合作机制，完善体系化、全贯通、可衡量、闭环式的工作落实保障机制，推动各项任务落地见效，加快迈向更高质量一体化发展。

（二）主要目标

全面贯彻党中央决策部署，锚定“打造带动全国高质量发展重要增长极和新的动力源”总目标和“两中心两地”战略定位，全方位合作、全领域协同推动成渝地区双城经济圈建设走深走实，不断提高成渝地区双城经济圈的经济辐射力和发展带动力，共同为强国建设、民族复兴伟业作出新的更大贡献。2024 年，成渝地区双城经济圈的“增长极”“动力源”作用明显增强，对全国发展大局的“贡献度”不断提升，成渝协同发展水平明显提高，对全国高质量发展的支撑和带动作用显著增强。

双核联动联建发展水平进一步提升。成渝两个国家中心城市极核承载力、区域辐射力全面增强，显示出较强的国际竞争力和影响力。重庆都市圈、成都都市圈两个国家级现代化都市圈建设成效明显，发展能级、发展质量显著提升，带动和引领西部地区高质量发展的极核效应更为明显。双核辐射带动川渝全域发展能力显著提升，疏密有致、集约高效的空间格局进一步优化。川渝两地协同协作、互联互通水平进一步提升，重点领域和重大项目的联动联建机制更加健全。对关中平原、黔中、滇中等周边城市群的带动作用更为明显。

世界级现代产业集群建设全面提速。成渝地区先进制造业集群培育提升行动持续推进，电子信息、装备制造、汽车、特色消费品四大世界级产业集群培育建设取得重大进展，产业链、创新链、资金链、人才链“四链”融合效果显著，科技创新和产业联动进一步深入，培育并形成一批既能组织上下游水平分工，又能实现垂直整合的制造业龙头企业、链主企业。现代物流、研发设计、科技服务、信息服务、商务咨询、人才服务等现代服务业发展优势进一步巩固，西部金融中心、国际消费中心城市迈上新台阶，在全国的影响力、竞争力显著提高。

中国交通“第四极”建设取得重大进展。川渝港口、物流协同联动水平显著提升，对外运输大通道、城际交通主骨架、都市圈通勤网进一步完善，西部陆海新通道统一品牌、信息共享、价格协同等工作全速推进，中欧班列（成渝）、长江黄金水道统筹衔接发展态势明显。现代化多层次轨道交通网络加快建成，“轨道上的都市圈”建设成效显著，天府机场、双流机场和江北机场协同发展合力加速显现，国际航空枢纽地位日益凸显，长江上游航运中心功能进一步完善，全国综合立体交通网主骨架“第四极”的通达度和便利性不断提升。

高水平对外开放和深层次改革成效显著。川渝自贸试验区协同开放示范区创新集成效果显著，中意、中德、中法、中韩、中新、中以等国别园区功能进一步完善，“一带一路”、长江经济带、西部陆海新通道联动发展的战略性枢纽功能加速释放。跨境电商、服务贸易进出口额快速增长，带动和引领西部地区高水平开发开放支撑作用显著增强。首创性、差别性改革领域形成一批具有川渝辨识度和全国影响力的标志性改革成果。跨行政区利益共享和成本共担机制不断创新完善，阻碍生产要素自由流动的行政壁垒和体制机制障碍进一步消除，营商环境达到国内一流水平。

巴山蜀水绿色生态屏障基本形成。长江、嘉陵江、乌江、岷江、涪江、沱江“六江”生态廊道协同建设合力进一步彰显，毗邻地区“河（湖）长制”合作水平不断提升，大气污染联防联控联治不断深化，生态保护补偿和生态产品价值实现机制加快完善，美丽中国先行区建设取得重大进展，新时代的长江之歌渐入佳境，全面夯实维护国家生态安全战略支撑。绿色发展试验示范全面推进，共同打造形成一批绿色工厂、绿色园区，初步成为绿色低碳发展高地。

国家战略腹地建设重要支撑区加快部署。积极争取重大生产力布局，一批关键性产业技术备份、战略性物资储备和战略性基础设施项目落地成渝。量子科技、航空航天、能源算力等未来产业和高成长性行业加快布局，更多产业集群进入国家先进产业集群和国家战略产业集群行列。积极承接东部地区产业链整体转移、供应链协同转移，央企、国家科研院所、高水平大学等国家战略科技力量在成渝落地布局，新质生产力重要策源地作用开始显现。

四、2024年推动成渝地区双城经济圈一体化发展的重点任务

（一）进一步优化区域发展新格局

着眼于一体谋划和协调共进，共下区域联动“一盘棋”，加强“双核”联动联建，深化毗邻合作，带动全域发展，在密切区域合作中加快融入和服务新发展格局。

1.强化“双核”联动联建引领带动作用

聚焦“五个共建”“五个互联互通”，提升“双核”在全球范围内集聚和配置高端要素的能力。一是共建国际性综合交通枢纽。推动基础设施硬联通、规则标准软联通、运营组织一体化，加快打造国家综合货运枢纽补链强链城市群、成渝中线高铁、成渝高速公路扩容等一批标志性工程，促进交通基础设施互联互通。二是共建世界级先进制造业集群。提质扩容成渝“氢走廊”“电走廊”“智行走廊”，共创智能网联和新能源汽车产业集群、国家燃料电池汽车示范城市群，共同布局卫星互联网、低空经济、生物制造、新能源等未来产业，促进现代产业体系互联互通。三是共建西部科学城。提升成渝综合性科学中心能级，增强国家实验室、金凤实验室、明月湖实验室等创新策源功能，推动基础研发能力向川渝地区扩大应用，促进科技创新资源互联互通。四是共建西部金融中心。发挥成渝金融法院作用，优化金融、创投资源供给，扩大重庆土交所、成都农交所项目互推互挂范围，促进城市服务功能互联互通。五是共建现代化国际都市。推动成渝双核便捷生活行动提质扩面，拓展企业准入、税收申报等“两地通办”事项，进一步提升社保互查、公积金互贷等高频民生事项服务水平，争创全国市场监管数字化试验区，促进社会公共政策互联互通。

2. 以毗邻地区合作促进成渝中部崛起

把成渝中部地区加快崛起作为战略重点，抓好两地毗邻地区重大合作平台的先行发展，积极探索经济区与行政区适度分离改革新路径，抓好国省新区和高新区协同发展，不断提升对中部地区的经济辐射力、发展带动力和能级提升力。一是扎实推进共建产业园区。发挥两江新区、天府新区、西部科学城等龙头带动作用，在毗邻地区选择一批条件较好的园区，共建集生产、研发、居住、服务、生态、消费等多功能于一体的新型产业园区，创新“一区多园”“飞地经济”等模式，推动各类开发区和产业集聚区政策叠加、服务体系共建，把毗邻平台产业园区建设成为成渝地区双城经济圈先进制造业集群的重要载体。二是提高发展功能平台综合承载能力。支持各毗邻平台承接成渝双核产业外移、融入产业链。引导重庆、成都市内高校、医疗等优质资源和功能设施向毗邻地区转移，鼓励毗邻平台积极争取成为重庆中心城区、成都非核心功能疏解区。发挥毗邻平台职教优势、人力成本优势、改革优势，吸引更多先导型、牵引性重大产业项目落地，引导人口和产业向毗邻平台集聚。三是加大合作共建功能平台支持力度。深化经济区与行政区适度分离改革，支持川渝毗邻地区合作共建功能平台在招商引资、项目审批、市场监管、成本共担、利益共享等重点领域开展先行示范，同时给予平台必要的政策要素倾斜，如细化政策支持清单、建立专项资金池、创建毗邻平台基金、发行债券等。围绕各平台自身特色，因地制宜，引导更多省市级试点落地毗邻平台。积极争取国家级试点落地毗邻平台，如国家数字化绿色化协同转型发展综合试点、生产服务型国家物流枢纽承载城市等。

3. 深化区域合作协同联动融合发展

以成渝地区双城经济圈辐射带动川渝两省市全域发展，主动对接共建“一带一路”、长江经济带发展、西部大开发等国家重大战略，更好服务国家发展大局。一是辐射带动两省市全域发展。推进重庆“一区两群”与四川“五区共兴”战略对接，探索建立重大政策协同、重点领域协作、市场主体联动、利益共享机制，引导双核产业链、供应链向区域中心城市和节点城市延伸，探索推广研发与总部在极核、转化与基地在两翼的协作模式，共同促进两省市欠发达地区高质量发展。二是积极融入共建“一带一路”。围绕丝绸之路经济带建设，联动关中平原城市群、哈长城市群、天水城市群、天山北坡城市群，重点加强与俄罗斯、中亚、西亚在大宗原材料供给、能源保障、现代农业等领域合作，增强产业链、供应链韧性。围绕西部陆海新通道建设，联动北部湾城市群、黔中城市群、滇中城市群，深化与东盟、东南亚地区在特色农产品、工业互联网、跨境金融、跨境电商、区块链等领域合作，丰富完善“中脊带”产业链、供应链体系。三是强化长江经济带区域协同融通。强化与长三角、长江中游城市群互动合作，大力引进“链主”企业、关键核心部件配套企业，有序承接承载生物医药、高端装备、新材料、绿色环保等战略性新兴产业，带动西部地区产业梯次发展和整体跃升。

（二）完善现代基础设施网络

强化战略性基础设施布局，大力提升成渝地区双城经济圈现代化基础设施建设水平，织密建强现代基础设施网络。

1. 加快完善综合交通运输网

加快完善公铁水空基础设施网络，打造“四向连通、四式联运”的高等级综合交通系统。一是提速加密高速铁路网络。力争建成渝昆高铁、渝湘高铁、成达万高铁，继续推进成渝中线高铁、西渝高铁安康至重庆段、川藏铁路雅安至林芝段建设，加快推进沿江高铁重庆至宜昌段前期工作，加快实施成渝铁路成都至隆昌段、隆黄铁路隆昌至叙永段、广巴铁路扩能改造，推进黔江至吉首高铁等项目前期规划研究。四川争取新增铁路运营里程 320 千米以上，重庆争取高铁通车里程突破 1100 千米。二是提速建设“轨道上的双城经济圈”。建成璧铜线，加快重庆中心城区至永川、重庆中心城区至南川、璧山至大足、重庆中心城区至綦江—万盛、龙泉至天府机场市域（郊）铁路前期工作，续建成都至资阳线、成都至眉山线、成都至德阳等成都都市圈市域（郊）铁路实施，持续推进成渝两地在建线路建设，两地轨道通车里程均力争超过 600 千米。三是提速完善川渝互联互通公路网络。完善重庆“4 环 22 射 60 联线”高速公路网以及四川“20、13、13”高速公路网，打造成渝地区双城经济圈通道集群，加快江津至泸州北线、资中至铜梁至安岳、渝遂高速公路扩容、大足至垫江至丰都至武隆、内江至大足、南充至潼南等高速公路建设，力争开工建设成渝高速公路扩容等高速公路。四是提速增强国际航空门户枢纽功能。建成重庆江北国际机场 T3B 航站楼及第四跑道，推进重庆新机场前期工作，优化成都天府国际机场与双流国际机场“两场一体”运营机制，加快实现“市内双枢纽协同、成渝四大机场联动”格局，合力打造辐射全球的世界级机场群。五是提速打造长江上游航运中心。开展长江朝天门至涪陵段、涪陵至丰都段航道整治，加快岷江、嘉陵江、乌江等航道建设，推进渠江风洞子、岷江龙溪口、岷江老木孔、岷江东风岩、嘉陵江利泽航运枢纽工程和万州港区新田作业区二期、岷江龙溪口至宜宾段航道整治工程一期等项目建设，开展嘉陵江水东坝、井口梯级生态航运研究论证。

2. 提升能源水利共保共治能力

紧扣高质量发展和高品质生活需求，协同完善能源水利设施，推动能源共保、水利共治持续突破，以重大项目支撑川渝能源一体化，以能源互保提升抗风险能力。一是健全电力基础设施。推动川渝1000千伏特高压交流工程建设，建成投用甘孜—天府南—成都东1000千伏特高压工程，推进哈密—重庆±800千伏特高压直流输电工程等项目建设，新开工合川双槐电厂三期，加快建设丰都栗子湾、云阳建全抽水蓄能电站工程。推动"藏电入渝""西北电入渝"相关工作。加快建设成渝"氢走廊""电走廊"。二是完善油气基础设施。共同建设"气大庆"，继续推动天然气（页岩气）千亿立方米级产能基地建设，提升区域战略物资储备能力，建设百亿级西南地区储气调峰基地、中国航油西南战略储运基地。提速推进两江燃机二期、LNG（液化天然气）加工基地项目，开工建设武隆银盘抽水蓄能项目，加快启动一批储煤基地，尽快建成川渝特高压交流工程。三是建设成渝可持续现代水利体系。实施"一核两网·百库千川"水利工程，完善现代水网，促进水网与水电网、航运网功能协同融合发展，推进渝西水资源配置工程以及藻渡、跳蹬、向阳水库建设，着力建设一批农田水利、防洪避险等项目。开工建设引大济岷、黄河干流四川段防洪治理等重大项目，建成向家坝灌区一期一步等水利工程。

3. 共同夯实数字底座

围绕发展数字经济，加快打造一流信息通信枢纽，推动成渝地区双城经济圈西部领先的新型数字基础设施标杆和西部云网高地建设。一是增强新型网络接入能力。加快成渝地区双城经济圈"千兆城市群"建设，提升5G、千兆网络覆盖和服务能力，强化部署IPv6的下一代互联网、高速全光传输网络，推动国家级互联网骨干直联点宽带扩容，建设1毫秒重庆主城时延圈、3毫秒成渝时延圈、11毫秒"东数西算"集群时延圈。四川重点实施"双千兆"网络覆盖提升工程，布局卫星互联网、量子信息设施。重庆聚焦扩容提质国家级互联网骨干直联点、工业互联网标识解析国家顶级节点、国家"星火·链网"区块链超级节点，深化拓展中新国际数据通道应用。二是共建全国一体化算力网络成渝枢纽节点。积极参与"东数西算"工程，提速建设润泽（西南）国际信息港项目，新增一批大型智能计算中心。推动成渝地区工业互联网标识解析二级节点接入国家顶级节点（重庆），提升成都托管与灾备节点运营服务能力，加速构建“一顶一备”标识战略生态。提升全国一体化算力网络（成渝）国家枢纽节点功能，增强重庆和天府数据中心集群核心承载能力，加快落地国家工业互联网大数据四川分中心，加快中新重庆生命科技城一期、雅安大数据产业基地等项目建设，争取国家支持建设先进制造智能计算重点实验室。打造统一算力调度平台，实现算力资源统筹联动和优化配置。

（三）协同建设现代产业体系

将产业高质量协同发展放在首位，强化数字赋能、创新赋能，加快共建具有川渝特色和优势的现代化产业体系，打造新质生产力发展高地。

1. 大力发展数字经济

加快发展数字经济，促进数字经济和实体经济深度融合，推动数字产业化和产业数字化，深化国际合作，打造具有国际竞争力的数字产业集群。一是推动数字产业化。依托西部（重庆）科学城先进数据中心、水土国际数据港、成都市智算中心等平台，积极集聚国内外头部数字企业，加快培育人工智能、网络安全、数字文创、电子商务、区块链等特色产业集群，持续做大成渝地区数字经济产值。依托西部数据交易中心，大力引育数据交易商，探索数据资产分类分级登记、公共数据授权运营使用、数据要素合规高效流通交易、数据收益分配等制度，探索建立数据银行、数据信托产品运营模式，促进数据资产运用、增值和收益。二是推动产业数字化。推动实体经济尤其是制造业数字化转型，加快建设成渝工业互联网一体化示范区，支持川渝工业企业综合运用 5G、边缘计算、时间敏感网络（TSN）等技术，开展工业“哑”设备网络互联能力改造，建设工业互联网园区网络，提升生产各环节网络化水平。在成渝地区持续建设一批智能工厂、数字化车间、智慧农业园区、数字农场等。三是深化数字经济国际合作。依托中新国际互联互通项目、智博会、西洽会等平台，深化与世界各国的数字经济交流。深化拓展中新国际数据通道应用，协同打造南向国际互联网数据出口大通道，促进成渝地区并带动西部地区与东盟国家及地区在数字技术、数字基础设施、数字市场等领域持续深化交流合作，促进数据跨境安全有序流动。

2. 提升制造业发展能级

将制造业协同放在川渝协同的核心位置，加快共建世界级制造业集群，协同争取国家战略生产力布局，培育未来产业集群，推动制造业高质量发展实现新进位。一是提升共建世界级产业集群竞争力。联合推进成渝地区电子信息先进制造集群培育提升三年行动、汽车产业高质量协同发展实施方案、共建世界级装备制造产业集群实施方案等，聚焦核心基础零部件、核心电子元器件、工业基础软件、关键基础材料、先进基础工艺、产业技术基础等短板瓶颈，深化联合技术攻关，培育高附加值产品。以智能网联新能源汽车集群为例，合力建设成渝“氢走廊”“电走廊”“智行走廊”三条走廊，做好重庆、宜宾的国家首批新能源汽车换电模式应用试点，推动氢能及燃料电池汽车应用示范。以川渝两地国家级新区、高新区、经开区以及产业合作示范园区为重点，深入开展制造业“亩均论英雄”改革，协同完善实施亩均效益综合评价体系，健全土地、能源等资源要素分配与产业园区、各市区县亩均效益绩效挂钩的激励约束机制，联动开展工业低效用地清理整治，推动运营效益不佳的企业加速转型升级，推动停产半停产企业、“僵尸企业”改造提升、淘汰退出。二是培育壮大高成长性未来产业集群。结合川渝两地产业基础与产业发展导向，协同壮大元宇宙、卫星互联网、生命科学、前沿新材料、未来交通、未来能源等未来产业集群，尽快形成规模体量和竞争优势，抢占未来产业发展制高点。依托成都的国家未来轨道交通未来产业科技园、重庆两江新区航空航天产业园等园区，协同发展高端航空装备制造，打造通用航空“整机 + 核心部件 + 配套制造 + 运营 + 服务 + 金融”全产业链条。三是协同争取国家重大生产力布局。抢抓国家战略腹地建设重要支撑区建设机遇，积极承接国内外企业和产业转移。积极对接中央企业和头部企业，争取在成渝地区布局第二总部、研发总部、销售总部、结算总部等，布局更多备份基地、备份产线等关键核心生产基地，落地研发机构、板块业务中心、重大装置等重大平台，构建产业转移“拦水坝”，助力全国产业链、供应链安全。

3. 增强现代服务业整体竞争力

以重庆、成都扩大服务业开放试点为牵引，突出重点领域，推动服务业和制造业融合发展，协同提升成渝地区现代服务业发展能级。一是协同建设国际物流枢纽。深化成渝国家综合货运枢纽补链强链城市（群）建设，强化枢纽站场、集疏运通道和智慧物流建设，搭建成渝多式联运信息服务平台，提升综合货运循环效率。强化重庆、成都国家物流枢纽功能，加快打造万州、涪陵、长寿、遂宁、达州、泸州、自贡等区域性物流中心，深化川渝两地港口合作，提升多式联运和城乡货运物流服务水平，推动物流与制造业融合发展，合力强化国际物流服务网络。壮大西部陆海新通道物流功能，推动永川、江津、泸州深化联动共建西线国际物流枢纽节点。提升中欧班列（成渝）品牌影响力，在共建集结中心、共建共享海外仓等方面持续深化合作，打造满足跨国企业需求的全球供应链综合服务中心。二是推动西部金融中心共建走深走实。共同提升金融机构能级，协同争取设立西部开发银行等国家性金融机构，争取国际金融组织、境外交易所和东盟地区中央银行在成渝地区设立驻华代表机构，建设服务共建“一带一路”、中欧班列和西部陆海新通道的业务拓展中心和运营管理中心。探索组建西部证券交易所、国家大宗农产品期货交易所等国家性金融基础设施。以川渝两地毗邻地区为突破口，推动成渝金融综合服务信息平台等金融基础设施互联互通。深化绿色金融改革创新试验区、数字人民币试点、金融科技应用试点、本外币合一银行结算账户体系试点等多项国家金融改革试点，启动铁路物流金融服务试点（重庆、四川），联合探索创新“铁路单证融资”“铁路运费贷”“信用证结算”等铁路物流金融产品。三是推动现代服务业与先进制造业融合赋能。深化重庆高新区、成都经开区等园区的国家先进制造业和现代服务业深度融合（简称“两业融合”）试点，协同培育两业融合标杆企业，有效对接区域优势制造业对服务业的中间需求，推动工业设计、检测、认证、物流、营销、售后服务等生产性服务业加快发展。加快共建国家检验检测服务业集聚区，集聚国家质检中心、CMA 机构、国家汽车零部件检验检测中心等检验检测服务机构和公共服务平台，推动检验检测实验室共建共享和市场化开放。

4. 推动现代农业质效齐升

以共建成渝现代高效特色农业带为牵引，协同推动夯实区域粮食安全根基，推动农业现代化发展，助力农业强国建设。一是合力共建“川渝粮仓”。完善成渝地区双城经济圈“一轴、三带、四区”农业发展空间格局[①]，重点壮大成渝主轴现代高效特色农业一体化发展示范区的优质粮油、健康养殖、绿色果蔬等产业集群。加强粮油、生猪等国家重要农产品保供基地建设，支持渠县、中江、仁寿、合川、垫江等产粮大县（区），整县推进农业现代化示范区建设，建好重庆荣昌猪产业集群、四川川猪产业集群、重庆柠檬产业集群、四川晚熟柑橘产业集群等 4 个国家优势特色产业集群。推进大足安岳、开

① “一轴”即成渝主轴现代高效特色农业一体化发展示范区。“三带”即建设沿长江现代高效特色农业绿色发展示范带、沿嘉陵江现代高效特色农业转型发展示范带、渝遂绵现代高效特色农业高质量发展示范带。“四区”即重庆主城都市区都市现代高效特色农业示范区、成德眉资都市现代高效特色农业示范区、渝东北川东北现代农业统筹发展示范区、川南渝西现代农业融合发展示范区。

江·梁平、双昌（荣昌、隆昌）等川渝农业合作示范园建设，协同创建农业产业强镇、全国“一村一品”示范村镇。落实最严格的耕地保护制度，严守耕地保护红线，严格控制耕地转为林地、园地等其他类型农用地。二是培育壮大农业区域公用品牌。推动川渝两地经验互鉴，提升“天府粮仓”“巴味渝珍”品牌市场影响力。健全成渝地区农产品质量安全追溯体系，联合开发利用和宣传推广川渝地理标志农产品。协同构建区域农产品现代流通体系，建设一批重点网货生产基地和产地直播基地，依托川渝农批市场联盟，强化两地农产品信息资源共享和农批市场合作交流。大力发展川渝预制菜和川渝特色食品加工业，支持梁平建设西部预制菜之都，支持涪陵榨菜、合川桃片、阆中张飞牛肉等休闲食品品牌壮大市值。三是强化区域农业科技支撑。依托成渝地区科教资源，深化农业科技协同创新。协同实施种业振兴行动，加强农业种质资源保护利用，建设西南特色作物种质资源库和区域性畜禽基因库，联合实施种质创新攻关，培育一批突破性新品种。依托西南大学丘陵山区农业装备重庆市重点实验室、四川省农业机械研究设计院等科研院所，加强丘陵山区农机装备研发制造，提高农业机械化水平。协同发展智慧农业，建设一批数字农场，加强农业数据归集利用，推动农业生产、经营、管理、服务全过程在线化和数据化，促进农业组织优化、效率变革。

（四）深入推动科技创新赋能产业创新

合力唱好科技“双城记”，深化西部科学城高水平协同共建，一体推进科技创新和科技成果转化应用，持续优化区域协同创新格局，共同培育发展新质生产力，加快让科技创新这一关键变量成为成渝地区双城经济圈高质量发展的“最大增量”。

1. 深化西部科学城高水平协同共建

大力完善两地西部科学城科研机构集聚区基础设施配套，着力打造实施大项目、构筑大平台、凝聚大团队、产出大成果、孵化大产业的集中承载地。一是高水平共建成渝综合性科学中心。加快成渝（金凤）综合性科学中心和成渝（兴隆湖）综合性科学中心建设，聚焦航空航天、电子信息、生物医药、网络安全等重点领域，协同争取国家战略科技力量布局，优化学科和研发空间布局，着力打造学科内涵关联、空间分布集聚的原始创新集群。提速金凤实验室、兴隆湖片区鹿溪智谷科学中心等科创载体建设，加快天府实验室和重庆实验室建设，协同争取央企、国家科研院所、高水平大学等在川渝布局重大平台和项目。加快超瞬态实验装置、中子源、中国地震科学实验场、聚变技术研发基地等大科学装置建设，聚焦核能、航空航天、智能制造和电子信息等重点领域共同谋划储备一批“十五五”国家大科学装置。持续增强已建成科创平台运行实效，迭代完善科创平台动态评估、分类评价、跟踪服务机制，提高产业化运行能力。二是加速集聚优秀科技创新资源。深化创新资源共建共享，促进金凤实验室病毒样本数据库、病理样本数据库两地共享，促进川渝两地科技服务平台数据互联互通，打造川渝数据要素集聚区与数据要素开放高地。积极谋划成渝公共服务平台，共建“一带一路”联合实验室，争创国家技术转移成渝中心。深化“双一流”学科共建和“就业—招生—培养”联动机制改革，加强博士后的联合招引培养，全面推动科技、产业、教育、人才等领域深度合作。深化成渝科技圈跨区域合作，加强与京津冀地区、长三角地区、粤港澳大湾区科技交流，吸引优秀科技创新人才、资金、项目流入西部科学城。

2. 协同推动创新赋能新质生产力

围绕重点产业链上下游加强创新主体培育，以产业链链主企业为中心，强化创新链、产业链协同，健全产学研用深度融合的科技创新体系，以科技创新推动产业创新。一是持续提升区域协同创新能力。共同完善川渝协同创新体系，共同推动国家发展改革委和科技部建立部际协调机制，迭代升级川渝协同创新“1+6”体系。推动两江协同创新区、中国（绵阳）科技城建设中国特色社会主义科技创新先行区。加快建设成渝中线科创走廊，联合打造川渝毗邻地区融合创新发展带，加强非毗邻地区科技创新合作，推动科技创新项目共促、政策共通、平台共建、资源共享、成果共享。精准对接共建“一带一路”国家和地区创新需求，共同融入全球创新网络，支持外资研发机构建设，联合打造“一带一路”科技合作区和国际技术转移中心。二是共建产业协同创新体系。聚焦成渝地区双城经济圈产业科技创新主战场，围绕先进制造业、战略性新兴产业、未来产业等重点领域，系统梳理关键核心技术攻关重点，集中实施一批科技创新重大项目。统筹原创性突破、应用性转化和规模化量产，合力实施关键核心技术攻关工程，促进新一代信息技术、新能源及智能网联汽车、装备制造、新材料、新能源、生物医药、碳达峰碳中和等重点产业价值链升级，建设一批区域特色鲜明、互补成链、智能绿色应用走在全国前列的科技创新高端产业集群。围绕产业链、供应链、创新链多链融合，积极培育产业协作配套、技术协同创新、要素资源共享的融通模式，协同建设一批产业关键共性技术研发平台、创新公共服务平台，构建科技型企业链式培育体系，培育壮大科技型中小微企业主体规模，推动链主企业和链属企业融通发展。

3. 一体推进科技创新和科技成果转化应用

持续完善协同创新体系，深化科技创新体制改革，推进产学研用深度融合，强化关键核心技术联合攻关，着力构建各扬所长、相得益彰的区域协同创新格局。一是协同推进关键核心技术攻关。加强成渝地区双城经济圈科技创新合作，探索攻关关键核心技术新型举国体制的川渝特色路径。引导鼓励领军企业、大学、科研院所组建创新联合体，推动资源互补与协同攻关，加快提升基础研发能力，实现颠覆性技术突破、核心技术自主可控。加大对首台（套）装备、首批次材料、首版次软件推广应用的政策激励力度，协同开拓和丰富新兴产业上下游全链条技术应用场景，牢牢掌握新兴产业发展主动权。聚焦新一代信息技术、人工智能、航空航天、量子科技等重点领域，建立川渝两地产学研单位联合申报和承担国家科技计划项目组织实施机制，共享共用科技创新平台和大型科研仪器设施设备，强化在电子信息、碳中和领域联合开展产学研协同攻关。协同加强未来产业前沿技术储备，做到“改造提升一批、攻关一批、预研一批、储备一批”。支持重庆大学、四川大学、电子科技大学等高校、科研院所联合开展更多颠覆性和前沿性技术研究，推动科技型企业加强航空航天、卫星互联网等未来产业发展所需的应用场景仿真，共同加强 6G 技术、量子通信、石墨烯等前沿技术和专利布局。二是协同推动科技成果转化。协同建设国家科技成果转移转化示范区，加强重庆、四川成德绵国家科技成果转移转化示范区协同共建，协同打造未来产业先导区、加速园及试验场。共同深化赋予科研人员职务科技成果所有权或长期使用权改革，扩大职务科技成果转化前非资产化管理试点，联合探索科技成果转化国有资产管理新模式，推进两地科技成果信息共享。协同建设成渝地区双城经济圈技术转移、创新创业、大学科技园联盟，开展成果对接、赛事活动等，推动高校院所科技成果与企业需求实现信息共享，促进成渝两地高校科技成果交易。共建成渝地区国家级高新区一体化技术交易市场，探索建立拍卖、挂牌、招投标等市场化的科技成果定价机制和交易模式，促进两地科技成果双向转移转化。

（五）打造富有巴蜀特色的国际消费目的地

以重庆、成都建设国际消费中心城市为引领，构建巴蜀消费全域联动体系，推动消费品质提档，营造一流消费国际环境，提升成渝地区国际知名度、消费繁荣度、商业活跃度，增强消费市场发展能级和综合竞争力。

1. 营造高品质国际消费空间

构建全域联动的消费格局，高水平打造一批消费载体和平台，提升成渝地区消费活跃度和影响力。一是共同优化消费空间格局。推动重庆中心城区、成都打造国际消费目的地核心承载区，引育国际知名品牌，大力发展“四首经济”，促进优质消费资源集聚发展。继续支持万州、永川、绵阳、宜宾等地培育建设具有巴蜀特色的区域消费中心城市，支持江津、荣昌、南川、泸州、乐山、南充等区市打造商文旅体融合发展城市，提升消费活力。二是协同打造消费载体平台。改造提升商圈、特色街等消费平台，推动解放碑—朝天门、观音桥、春熙路、交子公园等商圈提档升级，培育打造一批省级示范步行街（商圈、特色商业街）。稳步推进城市消费新地标建设，建设一批夜间消费集聚区、特色商业街区。三是加快建设巴蜀文化旅游走廊。协同提升“成渝地·巴蜀情”区域文旅品牌，共同推进国际化文化贸易基地建设。共同搭建川渝文旅发展一体化新平台，培育国家文化和旅游消费示范试点城市。整合优质旅游资源，联合推出一批城市旅游、乡村旅游、红色旅游等精品旅游线路。提升川渝社保卡的公共文化服务功能，探索推进川渝文旅一卡通机制建设，促进川渝文旅消费。

2. 构建多元融合的消费业态

加快集聚优质消费资源、创新发展消费新场景、大力发展会展赛事经济，不断提升成渝地区双城经济圈消费供给品质和消费吸引力。一是推动巴蜀消费提档升级。推动“川渝造”中高端品牌及“非遗精品”“渝货精品”“川货精品”向“川渝优品”“产业精品”“世界名品”转变，加强老字号传承振兴发展，提升川渝品牌国际知名度和影响力。二是创新发展消费新场景。推动数字消费融合创新，积极培育数字消费新场景，推进智慧商圈、智慧商店、数字特色街区建设试点。推动消费与艺术、创意等元素结合，开发一批具有巴蜀生活美学的消费新模式和新业态。积极发展创意消费、定制消费、周末消费、夜间消费等特色消费。三是大力发展会展赛事经济。持续办好智博会、西洽会、西博会、酒博会等展会，协同谋划更多全国性、区域性展会，协同引进全球知名展会，提升川渝展会影响力。联合申办国内外高水平综合性运动会和顶级单项赛事，创办全国和区域节庆品牌，联办川渝节庆活动，支持举办具有国际影响力的时装周、电影节、艺术节、龙舟赛等。

3. 优化巴蜀消费国际环境

提升消费服务品质，切实保护消费者权益，营造安心消费环境。一是提升消费服务品质。以建设国际消费环境标杆城市为目标，优化交通、涉外服务、便民服务等配套完善的服务环境，研究制定有利于消费服务品质提升的政策体系，健全完善消费服务标准体系，助力成渝地区双城经济圈打造一流的消费品质。二是规范发展消费金融。稳妥开发适应新消费趋势的金融产品和服务，加快推进绿色金融、普惠金融等领域金融标准建设。扩大移动支付使用范围，提升境外人员在境内使用移动支付便利化水平。三是健全消费者权益保障制度。对标国际惯例，建立统一、便民、高效的消费申诉和联动处理机制，优化入境游客消费维权机制。继续鼓励线下实体店自主承诺无理由退货，完善消费环节经营者首问责任制和赔偿先付制度，探索建立特色旅游商品无理由退货机制，联合制定川渝跨区域旅游商品线下无理由退货工作指引。健全消费领域信用监管体系，持续开展消费投诉信息公示，强化社会监督。

（六）强化生态环境保护

强化“上游”意识，勇担“上游”责任，协同推进生态优先绿色发展行动，努力推动成渝地区双城经济圈生态环境保护能级大幅跃升，进一步筑牢长江上游重要生态屏障。

1. 进一步夯实生态环境共建共保基础

锚定成渝两地生态环保领域共建共享目标，聚焦生态环境标准统一、数字化改革等重点任务，不断夯实合作发展基础。一是全面落实生态环境标准编制规范。围绕《成渝地区双城经济圈生态环境保护规划》重点任务，扎实推动《成渝地区双城经济圈生态环境标准编制规范》落地落实，在共同制定发布的水产养殖排放标准、页岩气开采水污染物排放标准、玻璃工业大气污染物排放标准和陶瓷工业大气污染物排放标准基础上，促进两地实现更多领域生态环境标准统一，为两地生态环境保护合作奠定基础。二是持续推进生态环境领域数字化改革。以生态环境保护领域数据共享共建为基础，开展生态环境保护协同综合展示平台建设，加快形成成渝地区双城经济圈生态环境保护数字化系统治理核心业务构架图，积极构建更加完善的“巴渝治水”“巴渝治气”“巴渝治废”等重大应用。持续优化川渝跨界重点流域水污染协同治理智慧应用场景，不断扩展生态环境保护领域数字化共享应用场景。

2. 协同推动生态共保迈上新台阶

围绕“共抓大保护、不搞大开发”方针，进一步加强生态修复协作，持续推进成渝地区双城经济圈美丽中国先行区建设。一是协同推动生态廊道建设。打破行政界限和部门分割，严格推动《成渝地区双城经济圈“六江”生态廊道建设规划（2022—2035 年）》落地实施，统一长江、嘉陵江、乌江、岷江、沱江和涪江生态廊道分区管控制度，积极探索高效跨省域、跨流域的一体化保护修复体制机制，提升川渝两地跨区域、跨流域协同治理的能力。推动实现流域水环境治理持续改善，促进跨界河流国控断面水质达标率常年维持在 100%。二是共促生态系统保护。进一步夯实“三线一单”成果编制协商机制，推动毗邻地区项目实现“云上选线选址”。协同落实长江“十年禁渔”政策，共同在跨界水域开展清理取缔“绝户网”和涉渔“三无”船舶等巡查执法行动，共同建好川渝协作司法保护公益诉讼增殖放流基地，推动生态赔偿和修复机制不断健全和完善。三是共推生态治理。以毗邻地区合作为重点，加强区域生物多样性保护，共同制定成渝地区生物多样性保护行动计划，协作开展毗邻地区自然保护地“绿盾”行动，推进外来入侵物种调查。协同科学推进“两岸青山・千里林带”建设，协同深入推行“林长制”改革，加快毗邻地区森林城市群建设，加快实现两地林业高质量发展。

3. 协同推动环境污染治理

以跨界水体、大气、固体废物等重点领域为核心，持续开展环境污染治理领域联合执法，加快探索跨界联动、高效协同、务实合作的污染防治新模式。一是进一步推进跨界水体协同保护。系统整理川渝边界的铜钵河、琼江、濑溪河水污染防治经验，加快编制川渝跨界河流水系图，加快探索开展川渝跨界河流联防联控的新模式，实现常态化开展跨界河流联合“巡河”，坚决消除“污水偷排、直排、乱排”现象和河道“乱占、乱采、乱堆、乱建”等“四乱”顽疾，持续提升水生态环境质量。二是进一步深化大气污染协同防控。持续推动《川渝大气污染防治联动工作方案（2023—2025 年）》《川渝两地移动源大气污染联合防治合作协议》《川渝新污染物环境风险联防联控机制协议》等稳步实施，持续共享两地空气质量监测数据，协同修订重污染天气应急预案。全面开展川渝联合新污染物调查监测，重点摸清抗生素、全氟化合物等新污染物现状，共同推进成渝两地化学物质风险评估，加强新污染物环境风险防控，促进调查信息和治理成果共享。三是进一步开展固体废物、危险废物协同治理。大力宣传“无废”理念，全面推动成渝地区双城经济圈“无废城市”共建走深走实，大力补齐处置设施短板，推动实现固体废物管理信息“一张网”，推进城市固体废物精细化管理，着力提升固体废物减量化、资源化、无害化水平，全面促进固体废物产生强度稳步下降。全面优化危险废物跨省市转移“白名单”制度，进一步畅通“绿色通道”，适时适度推动更多企业更多种类危险废物纳入转移范围。

（七）持续推进内陆地区改革开放高地建设

围绕改革开放新高地战略需求，加快拓展成渝地区对外开放的高度、广度和深度，积蓄释放成渝地区在国际合作竞争中的新优势。

1. 高水平推进开放通道建设

以共建“一带一路”为引领，推动开放通道“补短板、提效率”，打造陆海互济、四向拓展、综合立体的国际大通道。一是合力建设西部陆海新通道。推动设立四川西部陆海新通道区域运营平台，协同开行西部陆海新通道铁海联运班列。一体化运行中老泰铁路专列，力争年运量保持在 2 万箱左右。加快推进数字陆海新通道建设，出台实施方案，率先与广西、成都实现数据共享共用。进一步推广铁海联运“一单制”应用，推进“区块链 + 跨境金融”、铁路提单物权化等试点工作。二是携手做优做强中欧班列（成渝）品牌。协商制订中欧班列（成渝）年度开行计划，常态化运营欧向运邮专线，力争中欧班列（成渝）开行折算 4500 列以上。统筹优化中欧班列（成渝）去回程线路、运力，整合电子产品、机械零件、智能家电等去回程货源，拓展冷链产品品类及运输范围，共同争取班列年度线条计划保障、带电产品铁路运输试点等政策支持。三是共建长江上游港口联盟。加强龙泉驿、攀枝花等无水港与重庆枢纽港的联动，加大在四川无水港网点布局力度，力争沪渝直达快线开行 1400 艘次。加快智慧长江物流建设，尽快上线试运行，并在川渝地区先行先试。推进航运贸易数字化，探索开展数字提单试点。四是共同争取国家支持通道协同运营。争取国家发展改革委将川渝跨区域重要物流枢纽的集疏运项目等纳入中央预算内投资和国家专项债的支持范围。争取国家税务总局、财政部、海关总署等部委支持，将通道沿线重要铁路场站纳入启运港退税政策覆盖范围。争取交通运输部、国家铁路局、国铁集团放开新能源汽车动力电池在铁路、水路的运输限制。

2. 高质量推进开放平台建设

加快推进开放平台建设提档升级，努力实现更高水平的开放合作。一是协同建设高水平对外开放平台。推动建设川渝自贸试验区协同开放示范区，探索开展陆上贸易规则、物流金融、多式联运等改革。引导成渝两地企业共同参与中新（重庆）战略性互联互通示范项目、中日（成都）城市建设和现代服务业开放合作示范项目建设，继续扩大金融、科技、医疗、贸易和数字经济等领域开放。有序推动潼南、铜梁、宜宾、资阳等城市创建国家级高新区。加快建设两江新区、天府新区进口贸易促进创新示范区，推动重庆服务业扩大开放综合试点，协同开展服务贸易创新发展试点，共同打造“一带一路”进出口商品集散中心。二是全方位推进海关特殊监管平台提质升级。加强重庆西永综合保税区、两路寸滩综合保税区、成都高新综合保税区、成都国际铁路港综合保税区等海关特殊监管区域与国家开放口岸之间的功能协作，争取在符合条件且确有需求的地区新设综合保税区和保税物流中心。推广铁路“快速通关模式”，扩大“船边直提”“抵港直装”“离港确认”便利措施实施范围，开展优化口岸营商环境促进跨境贸易便利化专项行动。三是共同推进高层级国际交流平台建设。创新模式共同举办智博会、西博会、西洽会、中新金融峰会、川渝民营经济合作峰会等重要国际展会，提升成渝地区国际资源要素链接能力。依托中法、中意、中韩、中德、中瑞（士）等双边合作园区，发展对外贸易、拓展国际市场。

3. 完善川渝市场一体化发展机制

聚焦川渝区域市场一体化，深化市场准入“异地同标”，联合清理妨碍统一市场和公平竞争的政策规定，进一步健全完善跨区域消费维权协作机制。一是共同完善市场基础设施。统筹推动国家骨干冷链物流基地建设，共同构建产业物流服务网络和电商产业发展体系，推动商贸流通高质量发展。联合建设商品市场保障体系，差异化布局专业市场，完善应急物资联供、市场信息监测共享、优势产业产销对接等协作机制。二是共同优化要素资源流通环境。推动川渝人才协同发展，推动人才评价结果互认。联合推进金融改革，共建西部金融中心，高标准建设成渝金融法院。探索土地制度改革，推动城乡建设用地增减挂钩节余指标跨省域调剂。推动科技资源共建共享，联合开展关键技术攻关，推动科技创新人才互认共享。推动数据市场互联互通，加快建设全国一体化算力网络成渝枢纽节点。共建全国重要的清洁能源基地，共同开展清洁能源项目建设，形成一体化能源市场。三是建立健全市场制度规则。深化产权保护协作，健全联合发布典型案例、制定审判业务文件等机制，构建知识产权获权、用权、维权全链条保护体系。推进“市场准入异地同标"，探索"川渝开放合作区"虚拟地址登记。加强市场监管数据整合应用，强化市场主体信用监管，联合制定两省市产业引导目录和产业地图，鼓励组建产业联盟，联合开展招商引资。优化商品质量体系，联合开展商品质量检测评价，支持川渝产品"同标同质"。四是共同强化区域市场监管。加强对食品、药品等重点领域的协同监管，联合开展跨区域市场监管执法。深化信用监管合作，共同探索"信用＋风险"监管机制。联合开展消费维权合作，协调解决跨区域消费纠纷，构建安全舒适的消费环境。加强计量监管合作，推动地方计量技术规范和移动式强检计量器具检定结果互认，开展计量监管交叉检查、计量比对和产业计量测试技术联盟合作。

4. 探索共建共赢利益联结机制

稳步推进经济区与行政区适度分离改革，完善共建共赢利益联结机制，构建优势互补、合作共赢的区域发展共同体。一是建立共同投入机制。建立健全项目建设协同投入机制，合理确定跨区域共建的重大基础设施、重大公共服务等项目资本金比例及分摊比例。创新投融资模式，支持在有条件的区域共同组建投资集团、共同出资设立投资基金，用好财政资金、债券资金以及成渝协同发展投资基金等各类股权投资基金，支持符合条件的跨区域重点项目发行专项债券，探索以土地使用权、生态要素等作价入股的合作方式。二是建立利益分享机制。综合考虑基础设施建设投入、公共服务成本等因素，对总部经济、园区共建、飞地经济等跨区域合作产生的税收地方留存部分，按照存量不变、增量合理分成的总体原则，采取一事一议、平等协商的方式确定分配比例。研究探索生态受益地、资源输入地与生态保护地、资源输出地通过资金补偿、人才培训、共建园区等方式建立横向补偿机制。三是建立税收征管一体化机制。完善定期会商、征管协同、税收监管等川渝税收协作工作机制，推进电子税务局一体化建设，建立政策从优、程序从简、税负从轻的税费征管新模式。统一两省市税务行政处罚裁量基准，在合作园区依法依规逐步协同地方税种管理制度，协同非税收入征收政策口径。探索川渝毗邻地区税费征管服务一体化管理并实体化运作。四是创新统计分算方式。研究制定适应经济区与行政区分离改革要求的统计分算办法，对合作园区、合作共建项目、总部和分支机构、研究和转化基地等跨区域合作产生的经济指标，综合考虑权责关系、出资比例和资源环境因素等，由合作方共同协商确定分配比例。按照现行统计制度和统计口径，由上一级统计部门负责合作区域统计指标数据的划分和认定。

（八）提速完善城乡融合发展新格局

深化国家城乡融合发展试验区重庆西部片区、四川成都西部片区改革，促进成渝地区城乡要素自由流动、公共资源合理配置，实现城乡空间加快重塑、城乡发展更趋协调。

1. 加快促进城乡要素高效配置

深化要素市场化配置体制机制改革，推动成渝地区人口、土地、资金等城乡要素自由流动和高效配置。一是促进人口人才自由流动。有序放开重庆中心城区、成都落户限制，推动成渝地区双城经济圈户籍准入年限同城化累计互认，探索居住证与身份证功能衔接并轨，健全常住地提供基本公共服务制度。推进人力资源市场一体化发展，统一市场准入标准、共享市场监管数据、统一区域服务标准。引导农业转移人口向区县和重点发展的小城镇集聚，以集聚化推动集约化高质量发展。二是全面深化农村土地改革。探索在川渝高竹新区等合作区域试行跨区域建设用地指标和出让统一管理，统筹推进农村宅基地、承包地、集体经营性建设用地等“三块地”改革，推动共建农村产权流转交易市场，探索建立常态化的协作共建机制。三是强化城乡建设资金保障。探索“强村公司”运行机制，引导城市资本入乡加快盘活农村资源资产，打造一批强村富民综合改革示范村。加强财政涉农资金整合使用，建立健全以农村信用、政策性农业保险、政府性融资担保为重点的农村金融服务体系。

2. 加快推动城乡公共资源均衡配置

优化城乡基础设施和基本公共服务配置，全面提升乡村生活品质。一是推动城乡规划一体化。共同争取《成渝地区双城经济圈国土空间规划（2021—2035 年）》尽快出台，继续推动川渝毗邻地区国土空间规划联合编制、报批落地。推动城乡风貌整体规划，创建一批城乡风貌示范区。二是推动城乡基础设施一体化。推动城市基础设施向乡村延伸覆盖，一体推进农村水、电、路、气、讯“五网”建设，创建一批巴渝和美乡村示范村。开展“智慧农业·数字乡村”发展行动，抓好“邮运通”试点。深入开展农村人居环境整治提升行动，深化农村厕所、垃圾、污水“三个革命”。三是推动城乡基本公共服务均等化。深化县域医疗共同体和教育联合体建设，推动养老服务共建共享，探索推进养老服务政策衔接、标准共享、监管协同、资质互通互认。扩大川渝社保卡应用目录规模，实现一卡多用、川渝通用。

3. 深化城乡融合发展改革试点示范

稳步推进国家城乡融合发展试验区改革探索和川渝省级城乡融合发展改革试点示范，形成一批可复制、可推广的典型经验。一是深化国家城乡融合发展试验区改革探索。推动国家城乡融合发展试验区重庆西部片区、成都西部片区共同加强向上对接，主动承接国家试点任务，实施城乡融合发展重大示范工程，探索开展全域土地综合整治、土地增减挂钩统筹调剂使用、农业转移人口市民化等改革试点，加快探索出一批可复制、可推广的城乡融合改革举措。二是推动川渝省级城乡融合试点示范取得新成效。开展“小县大城”“强镇带村”试点，提升区县综合承载力和小城镇服务功能；稳步实施铜梁巴岳农庄、潼南大佛坝城乡融合示范片区等 12 个城乡融合发展示范工程，推动重大改革政策集成集聚、全面落地、尽快见效，加快释放改革集成效应。推动四川“1+20”县域内城乡融合发展改革试点，加快在重点领域和关键环节攻坚克难，实现突破性进展、取得标志性成果。

（九）不断提升公共服务共建共享水平

坚持以人民为中心，提升公共服务共建共享水平，将成渝地区双城经济圈打造成为群众交往更频繁、办事更方便、生活更舒心的“幸福圈”。

1. 协同提升优质教育供给能力

聚焦服务民生、惠民有感，为成渝地区双城经济圈高品质生活积极打造优质教育环境，扎实推进“慕课西部行”计划，深化“川渝教育资源共享专区”建设，协同提高教育供给质量。一是全面促进基础教育扩优提质。促进两地基础教育阶段学校结对共建，推进义务教育教师交流轮岗，强化师资队伍共培，做实做细成渝名师、名校长等特色项目，提升基础教育发展水平。促进毗邻地区协同完善普惠性社区托育、托幼服务设施，推进基本公共教育服务均等化。二是促进职业教育更好地服务区域发展。继续加强统筹布局，协同推进现代职业教育改革，打造有区域特色的产教融合行业、企业和院校。协同构建政府架桥铺路、企业用技献力、职业学校集智育人、科研机构创新创效的双城经济圈职业教育体系，促进两地深化多主体、广领域、深层次的合作交流。聚焦重庆“33618”现代制造业集群体系和四川“3+4+4+N”现代制造业新体系人才需求，共同培养各领域高素质技能人才，为探索现代职业教育体系建设新模式提供具有辨识度的川渝方案。三是提升区域高等教育综合实力。不断壮大成渝地区高等教育规模，持续完善两地共推“双一流”高校共建共享的机制体制，推动两地学位与研究生教育学会交流合作，提升学科建设水平和研究生培养质量。加强产学研深度合作，着力培养适应创新发展和产业需求的拔尖创新人才，为提升区域新质生产力提供充足的高素质人才支持。

2. 共同促进医疗卫生高质量发展

优化川渝优质医疗卫生资源布局，持续完善川渝卫生健康治理体系和医疗服务体系，全方位全周期保障人民健康，将成渝地区双城经济圈打造成方便可及基层社区的“健康圈”。一是推动优质医疗资源协同发展。加大向上争取力度，联合创建国家检验医学中心、国家妇产区域医疗中心、国家职业健康医学中心，推动国家中医疫病防治基地、国家中医紧急医学救援基地建设。加快推进重庆医科大学附属儿童医院宜宾医院、华中科技大学同济医学院附属协和医院重庆医院等 9 个国家区域医疗中心建设。推进区县域医疗卫生次中心建设，全面提升基层医疗卫生服务能力，确保群众可就近获得优质高效基本医疗服务。依托川渝“医联体”“跨区域专科联盟”等平台，持续增强区域医疗合作广度和深度，提升区域内一体化诊疗、管理、服务及科研水平。二是推动公共卫生协作取得实质性进展。以国家重大传染病防治基地建设为引领，加快构建川渝协调合作的疾病预防控制体系。深化应急队伍、专家资源和救援物资等领域协作，探索形成更加快捷高效的重大疫情联防联控、监测预警、重大突发事件应急协同处置模式，共同提高应急处置和快速转换能力。三是促进医疗服务更加便民惠民。持续扩大检查检验结果互认范围，推动川渝两地所有二级及以上医疗机构实现更便捷互认，积极推进数字医学影像服务试点，实现川渝医学影像服务“信息通”。以陆军军医大学附属医院、重庆医科大学附属医院、川大华西医院等为龙头，加快推动川渝联动远程医疗系统建设，提供线上会诊、线上健康管理服务，提升医疗服务智能化智慧化水平。

3. 推动文化体育共建共享

加强公共文化体育资源互惠共享，积极打造具有巴蜀特色的区域公共文化体育品牌，共同建设西部地区文体发展高地。一是协同促进文化资源保护利用。打通成渝地区公共图书馆图书资源网络，完善“书香成渝”全民阅读服务体系，更好地满足群众多元化、便捷化的公共文化需求。促进公共文化设施扩面提标，不断提升区域公共文化服务水平和效能。深入挖掘巴蜀共有的历史记忆和文化渊源，实施巴文化遗址和蜀文化遗址考古调查与发掘，建立非物质文化遗产（以下简称非遗）保护协调机制，共同推动川剧、川菜、石刻、竹编、夏布等两省市同根同源非遗项目研究梳理和保护传承。以协同开展公共文化机构和旅游服务中心功能融合国家级试点为契机，打造巴蜀文化旅游公共服务融合高质量发展示范区，共同构建现代公共文化服务体系。二是加强体育服务共建共享。积极对接国家体育总局有关项目中心和行业协会，共同申办更多高水平体育赛事。推进高规格体育场馆、奥体中心、山地户外运动赛事区、水上运动赛事区、训练基地等体育基础设施建设，加快建设国家南方·连界足球竞训基地，推动体育基础设施标准与国际接轨，打造成渝双城体育发展国际名片。提高成渝地区马拉松、铁人三项等赛事活动影响力，探索创建成渝地区运动项目联赛，联合打造具有巴蜀味的自主赛事IP。

4. 推动社会保障互认共享

紧扣两地群众期盼、社会关注的重点社会保障事项，加快成渝社会保障制度衔接整合，织密织牢川渝社会保障网，协调提供更加均等优质的社会保障服务。一是协同提高就业创业服务能力。持续打造“智汇巴蜀”“才兴川渝”等人力资源服务品牌，积极共建世界技能大赛中国集训基地。协调促进青年、高校毕业生、农民工等重点群体就业，推动实现更加充分、更高质量就业。推动两地公共就业和人才服务窗口便捷共享，加快统一人才公共服务标准和流程，推动流动人员人事档案服务管理协同，促进人才跨区域流动就业信息、政策咨询、档案查询、人事代理等业务异地通办。二是持续推进社会保障服务便捷高效协同。推动成渝两地养老保险关系转移办理便捷化，拓展线上线下办理渠道，持续提高转移接续效率，探索推进两地参保跨川渝居住的退休人员纳入居住地社区管理服务。推动快递、外卖、网约车等灵活就业人员等群体，不受户籍限制按规定在两地参加企业职工基本养老保险享受同等待遇，加快实现成渝两地社保服务“一卡通”。完善统筹城乡的社会保险制度，持续扩大社会保险覆盖面。三是推进养老服务协作发展。健全养老服务协作协商机制，推动养老制度衔接和资源共享，促进养老服务设施建设和管理服务标准统一，协同构建“均衡合理、优质高效”的养老服务供给体系。强化政府保基本兜底线，加快建设街道养老服务中心、社区养老服务站等社区养老服务设施。统筹规划养老产业布局，推动川渝两地养老企业异地举办养老机构，协同开展区域养老一体化试点。四是推动住房保障合作共享。持续拓展川渝住房保障信息共享内容及覆盖城市，协同强化对创新创业人群和新市民、青年人等重点群体的住房精准保障，合力发展保障性租赁住房，促进符合条件的新市民享受与本地市民同等的住房保障待遇。推进两地公积金互认互贷，相互放开异地购房提取政策，促进异地购房提取公积金。

五、对策建议

（一）完善政策支撑体系

强化规划引领和国家支持，积极对接国家政策，加强成渝两地政策和制度层面的深层对接，积极争取国家在促进成渝地区双城经济圈发展的土地、产业、财税金融、科技创新、人才等方面的政策支持。

健全产业政策协同机制。围绕川渝地区制造业、服务业和现代农业高质量发展重点任务，加大产业链关键环节、薄弱环节和要素资源保障的政策支持力度，强化政策间的衔接配合，形成政策合力。建立产业协同发展和协同承接产业转移协调机制，完善信息对接、权益分享、税收分成等政策体系。统一区域产品标准和市场准入政策，打造“川渝制造”“川渝智造”质量精品，提升品牌影响力与美誉度。健全协同创新发展机制，打破区域限制，建立产业共性关键技术基础平台和技术研究联合支持及成果共享机制。完善“双创”企业孵化协同合作机制，创新科技成果转移转化机制，协同建立知识产权法庭，健全知识产权保护和运用机制，支持科研院所的科技成果在川渝落地转化。

完善生态环保政策机制。加快制定成渝地区双城经济圈生态环境地方标准编制技术规范，推动成渝地区形成统一标准目录清单。严格执行国家制定的长江经济带发展负面清单。协同构建成渝地区双城经济圈企业生态环境保护信用标准体系、制度体系及应用体系，科学推进评价结果互认，推动区域联合奖惩措施落地。强化重点产业发展布局研究，对川渝两地现行的工业项目环境准入规定等准入政策进行清理评估，对可能造成跨区域环境影响的产业园区、流域综合开发等规划及石化、化工、火电、钢铁、铁路、水库等重大项目加强环境影响评价会商。

强化科技创新政策协同。推动高新技术企业在享受所得税 15% 的基础上，再按照一定标准叠加享受脱贫攻坚税收优惠政策、地方税收扶持政策、首台

（套）补贴等，进一步降低高新技术企业所得税率，积极争取设立成渝地区高新技术产业协同发展专项投资基金。实施更加积极、开放、高效的创新型人才政策，大力引进培育在关键技术突破、科技成果转化、产学研用紧密结合等方面的“高精尖”人才。加强与国内外知名研究机构和高校的战略合作，实行优秀人才全球搜索跟踪引进。完善科研人员激励机制，健全创新人才管理制度，促进人才顺畅有序流动，全面激发人才创新创业活力。

推进公共服务政策协同对接。推动成渝地区公共服务制度对接、待遇互认、要素趋同、流转顺畅、差距缩小，加速公共服务一体化进程。推动就业、医疗、养老、住房等领域政策协同，在有条件的地区率先实行不受行政区划和户籍身份限制的公共服务政策。完善区域公共服务便捷共享机制，全面落实成渝地区双城经济圈便捷生活行动方案、川渝通办事项，适时研究制定新的便民惠企政策。高效实施川渝两省市教育协同发展行动计划，支持有条件的区、市、县纳入国家产教融合型城市试点。

（二）发挥示范引领效应

努力形成标志性成果体系，探索经济区与行政区适度分离有效形式，加快建设川渝毗邻和非毗邻地区合作平台，率先在规划统筹、政策协调、协同创新、共建共享等方面取得突破，为成渝地区双城经济圈发展提供重要示范。

抓紧抓实打造更多标志性成果。坚持国家所需、重庆所能、群众所盼、未来所向，动员全社会力量，学习借鉴先进地区打造标志性成果经验做法，以“四张清单”年度完成情况为基础，遴选更多具有重庆辨识度的标志性成果。以年度标志性成果为牵引，创新宣传推介方式和渠道，强化“十项行动”等标志性成果宣传展示，聚集社会关注度、激发企业积极性、增强民众获得感。

探索经济区与行政区适度分离有效形式。围绕统一规划管理、经济管理权限与行政区范围适度分离、财政协同投入、经济统计分算、税收征管一体化等重点领域和关键环节，选择改革需求迫切、工作基础较好的区域分类开展试点，推动改革任务率先突破。推动国家层面在跨省市要素保障、税收征管、统计分算等方面进一步放权赋能，鼓励支持打造川渝高竹新区升级版。聚焦规划管理、生态保护、土地管理、要素流动、公共服务、公共信用等经济社会多领域，边探索边实践、边总结边推广，加快形成一体化效应。

进一步深化细化毗邻地区合作。鼓励川渝10个毗邻平台积极探索成本共担和利益分享机制，推进重大政策协同、重点领域协作、市场主体联动，清单化谋划推进一批共建项目，促进各类平台交流互鉴、比学赶超。完善合作平台协作机制，加快建立以政府合作为主，社会组织、企业主体、民间组织等多方参与的合作氛围，探索更深层次的全方位、多渠道合作方式，以川渝高竹新区为样板，打造毗邻平台合作升级版，推动更多毗邻平台创新“飞地园区”“一区多园”等运行机制，加快实现实体化运营。积极对接川渝两省市总体部署和安排，推动异地就医、社会保障等便民政策在合作平台落实落地。

（三）统筹推动重大项目落地

加强国家及省市统筹，高效推进成渝地区双城经济圈重大项目高质量建设，以项目落地为抓手强化一体发展合力。

加强重点项目策划储备。紧扣《成渝地区双城经济圈建设规划纲要》和国家有关部门、川渝两省市政府印发的相关规划，聚焦交通、产业、生态、水利、能源、城乡、开放等领域，联合谋划一批重大项目。围绕“重大平台、重大改革、重大项目、重大政策”完善成渝地区双城经济圈重大项目储备库，合理安排重大项目纳入每年度投资计划，共同争取重大项目进入国家项目储备库。

确保重大项目顺利实施。建立重大工程、重大项目推进机制，压实主体责任。围绕生态修复、污染防治、水土保持、节水降耗、防洪减灾、产业结构调整等领域，创新融资方式，积极做好用地、环评等前期工作，做到开工一批、建设一批、竣工一批。做好重大项目调度管理，建立重大项目信息报送机制，实现对项目推进过程中的卡点难点问题能够早发现、早协调，对于情况复杂、协调难度大的事项，做到早报告、早研究。

分报告一

重庆市推动成渝地区双城经济圈一体化发展研究（2023—2024 年）

重庆市上下全面学习贯彻党的二十大精神，认真落实习近平总书记重要讲话重要指示精神，把成渝地区双城经济圈建设放在中国式现代化宏大场景中谋划推进，各项工作迈出新步伐、见到新气象，一批标志性成果落地见效，形成厚积成势、蓄力跃升的良好态势。

2023 年，重庆市以召开“新春第一会”为标志，把成渝地区双城经济圈建设作为全市工作总抓手总牵引，紧扣“一体化”和“高质量”两个关键词，进一步提高思想认识、凝聚战略共识，推动体系重构、机制重塑、资源重组，抓好项目建设、政策协同、改革突破、平台搭建，研究部署“十大行动”，打表推进“四张清单”，吹响了全市域融入、全方位推进成渝地区双城经济圈建设的冲锋号。2024 年，重庆市委再次召开重庆市建设成渝地区双城经济圈工作推进大会，强化高位推动、各方协同的工作态势，持续推进形成滚雪球效应，不断推动成渝地区双城经济圈建设走深走实。必须不断强化成渝地区双城经济圈建设与西部陆海新通道建设、长江经济带高质量发展、国家战略腹地建设等的协同联动，强化川渝“一盘棋”，构建具有全国影响力、重庆辨识度的标志性成果体系，更好地在西部地区现代化进程中发挥引领示范作用。

一、发展基础和比较优势

（一）综合实力跃上新台阶

2023 年以来，重庆高位推进成渝地区双城经济圈建设，系统谋划重大举措，创新优化工作机制，推动现代化新重庆建设向纵深推进。

1. 经济实力稳步提升

重庆全力稳投资、促消费、保市场主体，不断巩固经济回升向好势头，城市能级和核心竞争力稳步提高。一是经济规模加快提升。2023 年全市实现地区生产总值 30145.79 亿元，成为全国第 16 个、西部第 3 个 GDP 总量超 3 万亿元的省市。全市 GDP 同比增长 6.10%，高于 2020—2022 年 3 年年均增速（4.9%）1.2 个百分点，并高于全国 0.9 个百分点，增速居全国第 8 位（见图 2–1）。二是产业结构不断优化。坚持以供给侧结构性改革为主线，着力构建现代化经济体系，推动产业结构不断优化。2023 年，全市一、二、三产业增加值分别增长 4.6%、6.5%、5.9%，分别拉动经济增长 0.3 个、2.6 个、3.2 个百分点。三次产业结构占比 6.9 : 38.8 : 54.3，产业结构持续优化（见图 2–2）。

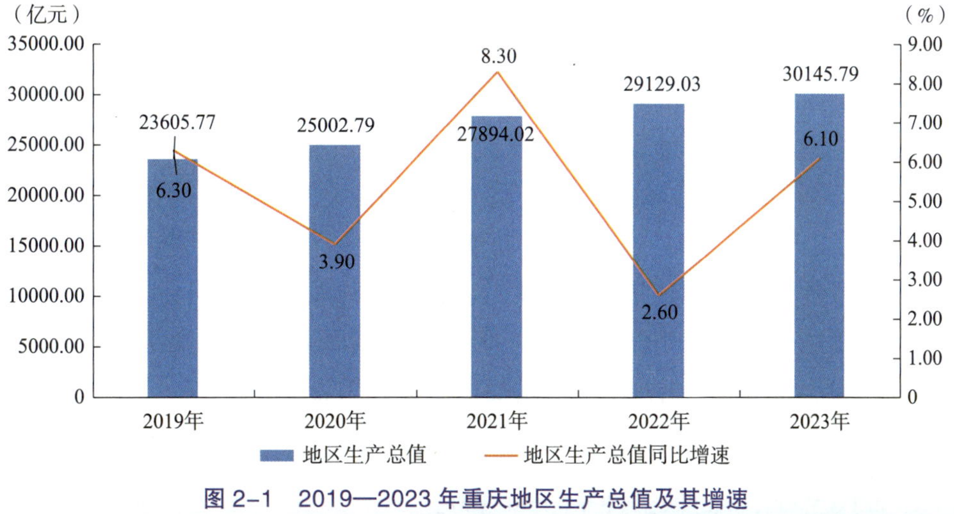

图 2–1　2019—2023 年重庆地区生产总值及其增速

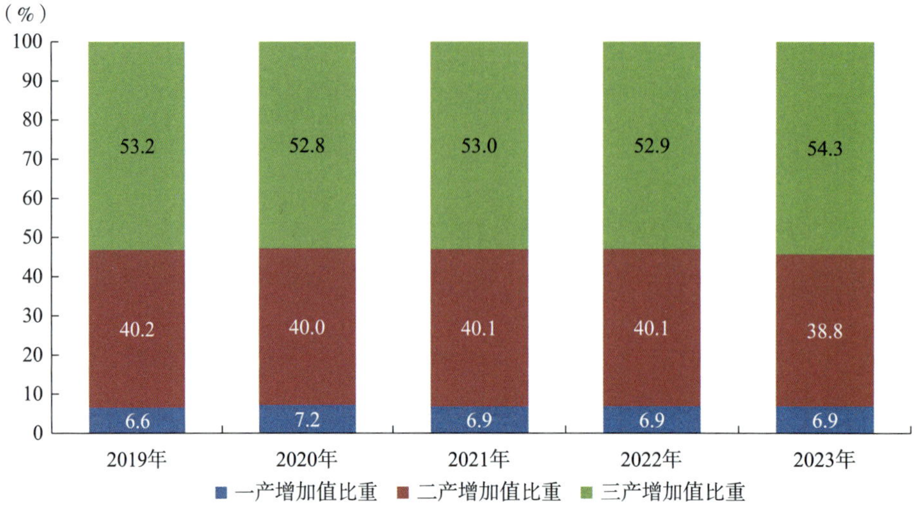

图 2-2　2019—2023 年重庆三次产业增加值占地区生产总值比重[①]

三是经营主体活力显著增强。启动实施高新技术企业和科技型企业“双倍增”行动计划，推进企业上市“千里马”行动和“独角兽”企业培育计划，科技型企业、高新技术企业、“专精特新”企业分别达到 5.85 万家、7565 家、3694 家，新增上市企业 10 家，全年新增经营主体 64.8 万户，增长 21.8%。

2. 需求动力不断增强

2023 年以来，重庆坚持扩大内需战略，加快建设现代化经济体系，全市经济发展的内生动力持续增强。一是投资质量稳中有升。各地全面落实“抓项目促投资”专项行动，扎实推进稳投资各项政策举措，带动全市固定资产投资增长 4.3%，高于全国 1.3 个百分点，增速居全国第 13 位，较 2022 年提升 8 位（见图 2-3）。其中，工业、基础设施投资发挥主力军作用，分别增长 13.3%、7%，分别高于全国 4.3 个、1.1 个百分点。二是消费市场持续回升。在一系列提振消费政策举措支持下，全市消费市场回升向好，市场规模稳步扩大。2023 年，全市实现社会消费品零售总额 1.51 万亿元，总量超过北京，居直辖市第 2 位；社会消费品零售总额同比增长 8.6%，高于全国 1.4 个百分点，增速居全国第 12 位，较 2022 年提升 4 位。三是新兴动能加速发展。2023 年，全市智能网联新能源汽车产业增加值同比增长 10.5%，功率半导体及集成电路、传感器及仪器仪表产业增加值分别同比增长 15%、11.2%，液晶面板产能产量跃居全国前列，战略性新兴产业增加值占规上工业增加值比重达 32.2%。

---

① 由于数据修约，存在分项合计不等于 100% 的情况。

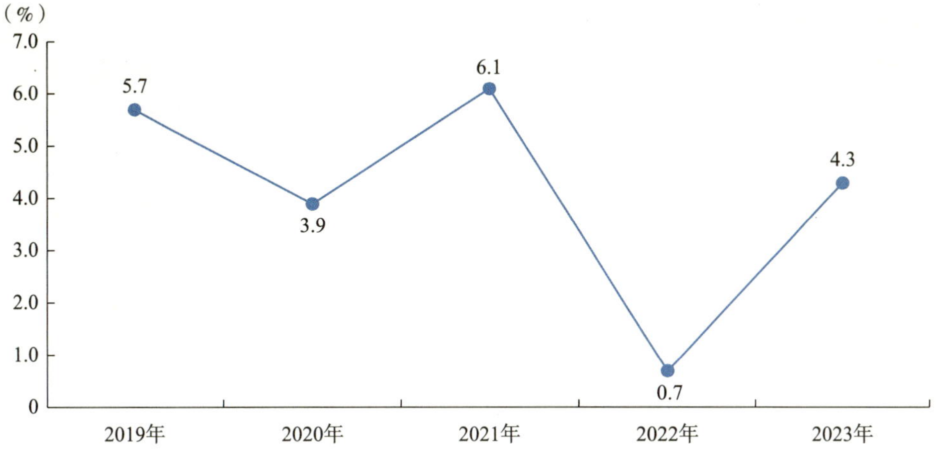

图 2-3　2019—2023 年重庆固定资产投资增速

（二）空间发展格局持续优化

以建成高质量发展高品质生活新范例为统领，主城都市区极核引领不断深化，山区、库区富民强县稳步推进，全市空间发展格局持续优化。

1. 中心城区强核能级不断提升

大力推动中心城区强核提能级，国家中心城市国际影响力和区域带动力不断增强。2023 年，中心城区 GDP 突破 1.2 万亿元，占全市比重稳定在 40%，同比增长 5.3%。一是国家中心城市核心承载能力加速提升。国际金融、高端消费、创新研发等功能更加完善，西部金融中央法务区（重庆中央法务区）加快建设，西部陆海新通道金融服务联合体成功组建，银行同业资金交易中心等 30 家功能性总部先后落户，金凤实验室、明月湖实验室等创新平台投入运营，80 余个城市消费新地标陆续建成。二是城市功能品质不断提升。深入实施城市更新提升行动，开展“两江四岸”治理提升，加快打造 100 千米滨江公共空间，长滨路、北滨路岸线全线贯通，朝天门广场初步建成，西部金融广场、“两江四岸”弹子石段等核心区重点项目加快推进，累计启动改造老旧小区超 1 亿平方米、棚户区 35 万余户，海绵城市达标面积 729.5 平方千米。

2. 主城新区一体化高质量发展提速

主城新区发展能级和综合承载力不断提升，工业化和城镇化主战场地位更加凸显。2023 年，主城新区 GDP 突破 1.1 万亿元，占全市的 36.7%。一是渝西地区一体化高质量发展加快推进。编制形成《渝西地区国土空间规划》，规划渝西国际开放枢纽等重要空间，重庆枢纽港产业园、中新生命科技城等实体化项目稳步推进。汽车、电子信息等千亿级产业集群加快培育，比亚迪电池研究院总院等项目加快建设，重庆康佳半导体光电产业园等建成投产，规上工业总产值占全市的比重达26.5%。市域铁路璧铜线全线贯通、永川线开工建设，江津燃机、川渝1000千伏特高压铜梁变电站等一体化重大工程加快推进。二是渝东新城加快发展。城市功能持续完善，重庆大学附属涪陵医院高新院区开诊，涪陵展销中心主体完工，綦江城市规划展览馆正式开馆。产业发展平台能级不断提升，涪陵入选国家级粮食物流核心枢纽承载城市、工业园区升级为国家级经济技术开发区，綦江获评全国城乡交通运输一体化示范区县，长寿生产服务型国家物流枢纽加快建设。渝长高速、长寿至两江新区快速通道加速建设，与重庆中心城区的协同互动步伐明显加快。

3. 山区、库区富民强县取得明显成效

以区县为重要载体的新型城镇化建设加快推进，“小县大城”“强镇带村”试点工作有序推进，美丽宜居示范乡镇建设加快，山区、库区高质量发展取得积极进展。一是新型城镇化建设稳步推进。编制完成山区、库区“一县一策”“17+1”指导意见或实施方案，初步形成山区、库区富民强县的“四梁八柱”。区县城市规模进一步提升，万州、开州、云阳、梁平4个区县建成区面积超30平方千米，万州、开州达到中等城市规模，云阳、梁平、奉节、黔江等达到Ⅰ型小城市规模，45个全国重点镇常住人口达124万人，城镇人口承载空间进一步拓宽。开展国家县城新型城镇化建设示范，启动“小县大城”“强镇带村”试点。二是区县功能品质加快提升。“山城”“江城”城镇特色进一步彰显，产城景文、山水林草融合发展的高品质城镇风貌更为浓郁。市政公用设施扩面提质，城市供水、燃气普及率均超过90%，城市生活垃圾无害化处理率达100%，污水处理厂实现全覆盖。“三通”（医通、人通、财通）医共体建设实现全覆盖，三级医院达17家，每千人口拥有执业医师数接近3人。中小学教学点数字资源实现全覆盖，“宽带网络校校通”开通率达100%。三是农村改革效能不断释放。集体经济“空壳村”全面清零，山区、库区村级集体经济组织经营性收入均值分别达12.5万元、9.96万元，经营收入超过10万元的村集体达2018个，占比37%。

（三）基础设施体系日渐完善

统筹传统基础设施和新型基础设施，扎实推进建设现代基础设施网络行动，基础设施网络持续织密建强。

1. 综合交通运输体系加快构建

大力实施“建设现代基础设施网络行动”，公铁水空交通基础设施加快建设，内联外通水平持续提升。一是国际航空门户枢纽能级加快提升。重庆新机场选址获批，万州机场和潜江机场 T2 航站楼建成投用，“一大四小”运输机场体系全面建成。江北国际机场 2023 年旅客吞吐量超过 4000 万人次，江北机场 T3B 航站楼及第四跑道建设进入收官阶段。支线机场建设有序推进，巫山机场、武隆机场常态化运行。二是轨道交通网络持续完善。强力推进“米”字形高铁网建设，郑万铁路建成通车，渝宜高铁重庆段、渝湘高铁黔江至吉首段等工作加快推进，渝西高铁、成渝中线高铁、渝万高铁等加快建设，在建铁路规模 1010 千米，居全国前列。深入实施城市轨道交通成网计划，轨道 18 号线、5 号线中段、10 号线南延伸段开通运营，市域（郊）铁路璧铜线进展顺利，全市轨道交通运营及在建里程超过 800 千米，其中运营里程突破 500 千米，中心城区“环线 + 放射”轨道交通运营网络基本形成。重庆东站建设站城一体化高铁新城成为全国示范样板。三是长江上游航运中心加快建设。“一干两支”国家高等级航道体系基本建成，长江朝天门至涪陵段、渠江等航道整治加快推进，长江涪陵至丰都段航道整治开工，乌江白马至彭水等航道整治前期工作加快推进，嘉陵江利泽航电枢纽船闸建成通航，首台机组已具备并网发电条件。涪江双江航电枢纽土建工程已基本完成。新田港二期工程已完成 4 个 5000 吨级泊位的主体工程，寸滩邮轮母港工程提速推进，黄磏一期工程开展陆域施工。四是公路网络织密建强。“4 环 22 射 60 联线”高速公路网加快建设，重庆省际出口通道达到 36 个，高速公路运营里程突破 4000 千米。永川至泸州、大足至内江、合川至安岳 3 条高速全线通车。潼南至南充、铜梁至安岳、江泸北线 3 条高速公路重庆段建成通车。梁平至开江的高速公路实现同步开工。成渝高速加宽、渝遂扩容前期准备工作加快推进。涪陵北环等项目顺利开工，合川至广安至长寿、城口至宣汉等项目前期工作加快推动。

2. 能源水利保障能力持续提升

能源输送网络、能源储运设施和调峰应急体系持续完善，水利水资源调配能力显著提高。一是能源基础设施加快建设。实施“千万千瓦”电源工程，开工渝北等 3 个天然气发电项目和奉节、丰都 2 个抽水蓄能电站，在建燃机发电、抽水蓄能电站总装机规模分别达 475 万千瓦、500 万千瓦。电网方面，新开工哈密—重庆 ±800 千伏特高压直流工程，建成 500 千伏线路 159.5 千米、

220千伏线路216.4千米，分区分层供电格局更加坚强。油气方面，开工川气东送二线（川渝鄂段），建成临江—港桥B段等多条天然气管道，铜锣峡、黄草峡储气库有序推进，推进中缅原油管道（二期）前期工作。能源储备方面，中航油西南战略储运基地主体完工，涪陵、奉节储煤基地纳入中央政府储煤基地，实现该类型项目“零的突破”。二是持续推进重大水利基础设施建设。渝西水资源配置等重要水网节点工程提速建设，川渝东北一体化（重庆中部）水资源配置工程前期准备工作持续推进，2023年全市新开工水利工程659处，在建1064处，投资规模达1622亿元，观景口、左柏水库获“大禹奖”表彰。建立健全雨水工情信息共享、水库河流联合调度机制，成功联合应对长江、嘉陵江洪水，调度水库消峰错峰。

3. 新型基础设施建设稳步提速

持续推进智慧应用、数字化平台建设，数字经济发展基础进一步夯实。一是数据通道更为畅通。加速推动千兆光纤网络覆盖城乡，全市千兆光纤端口（10G—PON端口）达到32万个。全国一体化算力网络成渝国家枢纽节点重庆集群基本实现成渝“5毫秒”城市圈。中新（重庆）国际互联网数据专用通道加大应用推广力度。5G基站每万人拥有数近29个，乡镇5G网络到达率达到100%，5G建设发展继续保持西部第一。二是枢纽节点功能持续增强。中国移动“移动云·西南算力节点”基本建成，持续打造中西部地区算力高地。中国电信加快推进超大型数据中心建设，水土节点智算中心建设持续开展。建成全国首个五金行业工业互联网平台及工业互联网标识解析二级节点，标识注册量和解析量均已突破6亿个。

（四）现代产业体系加快建设

统筹推进先进制造业、现代服务业和山地特色高效农业协调发展，现代化产业体系建设提速。

1. 制造业发展提质增效

围绕构建“33618”现代制造业集群体系，持续推动制造业高质量发展，国家重要先进制造业中心地位持续巩固。2023年，全市规上工业总产值超2.6万亿元，工业增加值达8333.4亿元，居西部第4位，同比增长6.6%，高于全国平均2.4个百分点（见图2–4）。规上工业企业新增超200家、累计7814家，制造业上市企业新增10家、累计55家。一是制造业规模优势扩大。汽车、电子信息、先进材料、装备制造等优势产业集群产品全局市场分量持续提升，2023 年，重庆汽车产量达 231.8 万辆、排全国第 2 位；微型计算机产量达 7400.53 万台，笔记本电脑产量全球占比接近一半，连续 10 年成为全球产量最大的笔记本电脑生产基地；功率半导体年产量超 200 万片，跻身全国前三；己二酸产量居全球第 1 位，氨纶产能居全球第 2 位；微耕机产量占全国的 2/3。二是制造业结构不断优化。制造业向“新”，2023 年，全市战略性新兴制造业增加值较上年增长 4.8%，高技术含量、高附加值工业新产品产量稳定增长。其中，太阳能工业用超白玻璃增长 5.6 倍，服务机器人增长 59.1%，智能手表增长 44.6%，智能网联新能源汽车突破 50 万辆、增长 30.3%，光伏电池增长 27.6%，工业机器人增长 25.7%，液晶显示屏增长 13.6%。制造业向“智”，出台《重庆市制造业数字化转型行动计划（2023—2027 年）》，启动实施八大行动，2023 年智能工厂、数字化车间、国家级工业互联网“双跨”平台、“一链一网一平台”试点分别新建 17 个、224 个、1 个、4 个。制造业向“绿”，加快推动园区循环化和节能降碳改造，累计创建国家级绿色园区 12 个、绿色供应链管理企业 17 家、绿色工厂 133 家，2023 年全市单位 GDP 能耗比上年下降 0.8%。制造业向“西”，实施先进制造业发展“渝西跨越计划”，渝西地区汽车、电子信息等千亿级产业集群加快培育，规上工业总产值占全市比重达 26.5%，制造业空间布局更加优化。

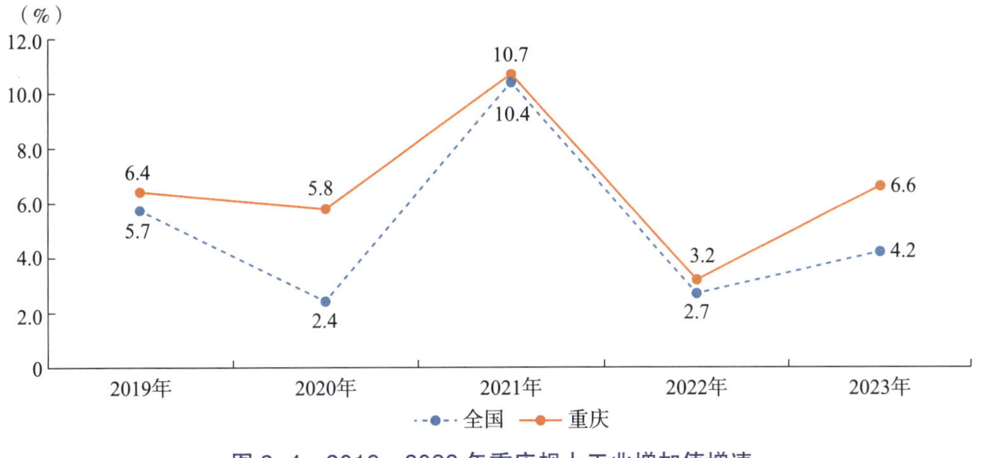

图 2-4　2019—2023 年重庆规上工业增加值增速

2. 现代服务业加快发展

聚焦重点领域和关键环节，推动服务业扩大开放试点各项任务落地，现代物流、金融等重点服务业开放成色更足，内陆现代服务业发展先行区加快成型成势。2023 年，服务业增加值达 1.64 万亿元，比上年增长 5.9%，占全市 GDP 比重从 2022 年的 54.0% 提升到 54.3%。一是服务业制度创新取得突破。2023 年，重庆服务业扩大开放试点累计改革探索 120 余项，其中 24 项改革举措入选国家最佳实践案例，试点任务实施率达 95.3%，在商务部第二批试点评估中排第 2 位。从空间上看，中心城区作为引领全市服务业开放“领头羊”，开放先行先试取得重大进展。其中，渝中区作为服务业大区，落地全市首个外资旅行社，涌现探索涉外法律服务新模式、汇保通、汇率避险新模式等多项“全国首创”“重庆首创”。江北区在全国首创植物新品种权质押融资模式，填补种业领域空白，打造全市首个知识产权运营公共服务平台，线上专利数据覆盖全球超百个国家和地区。二是内陆国际物流枢纽能级稳步提升。制定实施西部陆海新通道五年行动方案，一体打造大通道、大枢纽、大口岸、大物流、大平台，更高水平开放型经济体系加快构建。2023 年，新增 5A 级物流企业 3 家，新增限额以上物流企业 42 家，货物运输总量 14.05 亿吨、货物运输周转量 3917.19 亿吨千米，分别比上年增长 3.8%、1.2%，国际标准集装箱吞吐量 187.86 万标准箱，较上年增长 11.32 万标准箱。通道枢纽功能持续完善，西部陆海新通道通达全球 120 个国家和地区的 490 个港口，成功开行中老泰国际铁路测试班列，全年运输箱量增长 21%；中欧班列（成渝）覆盖欧亚 110 个城市；果园港大件码头、鱼嘴铁路货运站南货场等建成投用，沪渝直达快线集装箱班轮开行量增长 8.9%；江北机场国际航线恢复至 33 条，旅客吞吐量增长 106%，成为全国首个“五型”国家物流枢纽城市。三是西部金融中心集聚辐射能力持续提升。启动实施“智融惠畅”工程，挂牌成立西部金融中央法务区。创新组建全国首个覆盖陆海新通道全域的跨区域、跨境金融服务网络项目“陆海新通道金融服务联合体”。在全国率先实施铁路运输单证金融服务试点，上线“跨境易融”陆路贸易金融服务平台。拓展全国首个跨境金融区块链融资结算应用场景，便利 680 余家企业贸易结算与融资超 38 亿美元。2023 年，全市金融业增加值达 2591 亿元，占全市 GDP 比重达 8.6%；本外币存款余额、贷款余额分别达到 5.36 万亿元、5.67 万亿元，较 2022 年分别增长 8.0%、9.8%。新增上市企业 10 家（累计 79 家）。其中，新增境内上市公司 9 家，居西部第 1 位。四是其他服务业发展迅速。实施《重庆市提升科技服务能力推动科技服务业高质量发展三年行动计划（2023—2025 年）》，建成国家级工业设计中心 11 个、国际设计交流合作中心 14 个，被联合国教科文组织评为中国第 5 个、西部第 1 个全球“设计之都”。2023 年，全市设计企业达 5 万余家，从业人员超 50 万人，文化创意与设计服务业总产值超 2000 亿元，占 GDP 比重约为 8%。

3. 农业现代化水平提升

扎实推进“13432”农业农村工作部署[①]，加快农业现代化建设步伐，农业农村经济持续向好。2023 年，全市第一产业实现增加值 2074.68 亿元，同比增长 4.6%，增速较上年提高 0.6 个百分点。一是“三条底线”坚守有力。2023 年，重庆脱贫攻坚成果巩固拓展，特色产业覆盖 90% 以上的脱贫户和监测户，脱贫人口就业规模稳定在 80 万人左右，“一户一策”精准帮扶监测对象 3.8 万户、11.5 万人，脱贫人口返贫风险总体可控。粮食和重要农产品再获丰收，2023 年，重庆新建和改造高标准农田 200 万亩，建设耕地质量提升综合示范区 6 个，全年实现粮食产量 109.6 亿公斤，创 15 年新高，超国家下达任务 1.55 亿公斤，油菜产量 60.7 万吨，实现“16 连增”。耕地“非粮化”势头有效遏制，严肃查处违法占用耕地及永久基本农田行为，恢复补足耕地 34.1 万亩，复耕复种撂荒耕地 8.8 万亩。二是千亿级生态特色产业培育行动扎实推进。国家优质粮油保障基地、国家重要的生猪生产基地加快打造，新创建国家现代农业产业园 2 个、优势特色产业集群 2 个（麦制品、蔬菜）。累计获批创建国家优势特色产业集群 9 个、现代农业产业园 12 个，分别占全国总数的 5%、3.4%。2023 年，全市生态特色产业综合产值实现 5200 亿元、同比增长 5.2%，食品及农产品加工业总产值 2581 亿元、同比增长 4.2%。38 个区县立足“土特产”优势培育乡村产业 64 个，涪陵榨菜、奉节脐橙、巫山脆李等区域品牌价值均列相应品类全国首位。三是“三化”水平有效提升。农业机械化加快发展，建设 1 个部级丘陵山区耕作机械企业重点实验室、5 个全国农机装备熟化应用基地，补贴农机具 7.77 万台。着力打造“渝农大脑”，实施 6 个国家级数字农业创新应用基地项目，新增建成市级智慧农业示范基地 20 个（累计建成 290 个），建成 7 个单品种全产业链数字信息系统。2023 年，重庆数字乡村发展水平达到 43.3%，居西部第 1 位。累计培育发展“强村公司”4300 余家、市级以上农业龙头企业 1106 家。农民组织化程度显著提升，培育农民合作社 2.7 万家，吸纳农户 309 万户，健全联农带农利益联结机制，农业生产社会化服务覆盖 150 万农户。四是农业科技创新持续发力。科技创新多点突破，建设农业科技创新联盟 7 个，“渝香优 8133”荣获首届中国—东

① “1”指加快探索一条具有重庆特色的城乡融合推动山区、库区现代化和“三农”（农村、农业、农民）高质量发展新路子。第一个“3”指守住守牢防止规模性返贫、确保粮食安全、加强耕地保护“三条底线”。“4”指大力实施千万亩高标准农田改造提升、千亿级生态特色产业培育、千万农民增收致富促进、千个宜居宜业和美乡村示范创建“四千行动”。第二个“3”指着力提升农业机械化、乡村数智化、农民组织化“三化”水平。“2”指持续强化农业科技创新、深化农村改革“双轮驱动”。

盟优质籼稻品种食味品质鉴评金奖，“庆油3号”“庆油8号”推广面积超过800万亩，居全国第1位。檬泰生物、天友乳业、鑫源农机等3家企业获批农业农村部企业重点实验室。

（五）科技创新中心建设扎实推进

以西部（重庆）科学城为主平台、产业科技创新为主战场，加快构建“416”科技创新战略布局和“1458”科技创新工作体系，全面实施科技创新和人才强市，创新策源力稳步提升。

1. 高能级战略创新平台加快打造

持续实施创新驱动发展战略，创新资源加速集聚，国家重大战略性创新平台加快布局落地，科创核心承载区引领作用日益凸显。一是西部（重庆）科学城加快建设。金凤实验室、中子科学研究院（重庆）揭牌投用，超瞬态实验装置成功进入国家重大科技基础设施后备库，累计建成10个全国重点实验室。种质创制大科学中心开展规模化、工程化种质创制攻关。新取得“兆言”大模型等引领性成果16项，集中发布免疫病理基础研究、病理人工智能诊断等首创性科技成果7项。2023年，累计引进重大科创平台43个，实施科创项目132个，建设国家级科技创新平台139个，市级以上研发平台超330个，国家级孵化平台达13个，人才总数达11万人。二是两江协同创新区加快发展。2023年，实施创新空间项目7个，明月湖产学研合作基地、明月湖联合产业孵化基地、创新工坊等建成投用，明月湖孵化加速器、“一带一路”国际技术交流中心、基金小镇等项目加快建设。累计组建院士团队27个，搭建研发平台140余个，获批国家级博士后科研工作站5家，引进新型研发机构50家。明月湖累计孵化企业450余家。其中，科技型企业突破150家，国家高新技术企业达11家。组建智能网联产业创新联合体，与四川天府新区联手成立协同创新产业旗舰联盟。三是创新平台持续壮大。加快国家级创新研发平台基地建设，新增12个国家级科创平台，国家级基地平台累计达到112个，其中国家农业科技园区达到13个。建成投用重庆人工智能创新中心、重庆脑与智能科学中心等重大平台。全面完成10个全国重点实验室、168个市级实验室的优化重组，与四川合作共建全国重点实验室2个。市级以上科创平台累计超过1000个。持续健全科技创新孵化体系，建成大型科技企业孵化载体6个、特色科技企业孵化器60个、环大学创新生态圈10个。

2. 科技创新资源加速汇聚

推动创新要素不断集聚，创新服务持续优化，加快打造西部人才中心和创新高地，产业高质量发展动能加速蓄积。一是创新人才加速集聚。深入实施全球顶尖人才引进“渝跃行动”和新重庆引才计划，2023 年，新引进市外人才 7.4 万人、同比增长 19.4%，新认定高层次人才 895 人，在渝和柔性引进的“两院”院士突破 100 人。持续加强人才交流合作，成功举办重庆国际人才交流大会，组织召开科技创新和人才工作大会，全市研发人员总量达 24 万人，人才总量达 634.7 万人，人才密度居西部第 1 位。加强创新激励政策支持，制定实施完善科技激励机制若干措施、专利促进与保护条例，全市人才集聚水平、创新策源能力显著增强。二是创新投入稳步增长。2023 年，全社会研发投入总量达 750 亿元、同比增长 10%，研发投入强度达 2.45%、较上年提高 0.09 个百分点，跃升至西部第 1 位（见图 2-5）。获批国家自然科学基金项目资助 991 项，直接经费超过 4 亿元。实施重大科技项目引导社会投资超 30 亿元，综合科技创新水平居全国第 8 位、保持西部第 1 位。九龙坡等 5 个产业获批国家创新型产业集群，丰都县、石柱县入选全国创新型县。出台《重庆市加大力度支持科技型企业融资行动计划》，科技金融支持力度持续加强。三是创新型市场主体大幅增长。深入实施高新技术企业和科技型企业“双倍增”五年行动计划，高新技术企业、科技型企业数量分别同比增长 19.2%、36.1%。产业创新潜能加速释放，全市新增国家级创新型产业集群 5 个、累计 8 个，新获批国家级科技企业孵化器 3 家，累计达到 29 家，马上消费等获批国家企业技术中心，16 个高新区规上工业总产值占比达到全市 43.2%，创新链、产业链加速融合。

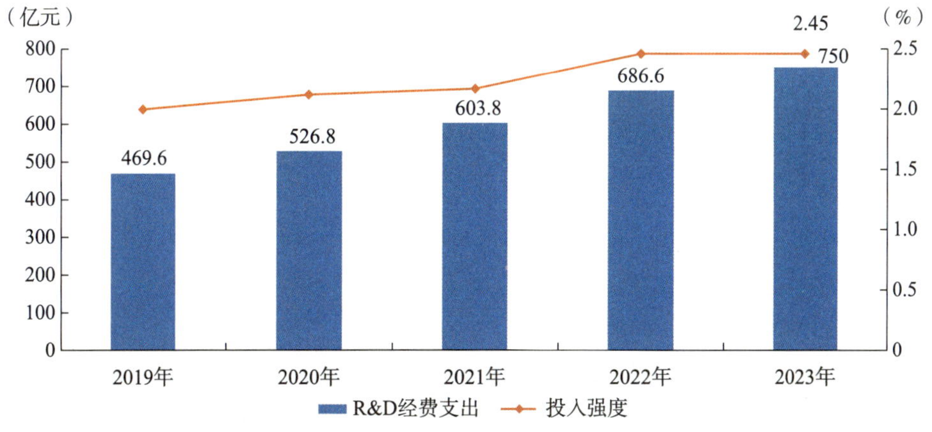

图 2-5　2019—2023 年重庆 R&D 经费支出与投入强度

3. 科技成果转化成效显著

建立健全科技成果转化机制，打通科技创新成果转化“关键一公里”，推动创新资源优势不断转化为产业胜势。一是创新成果转化环境持续优化。国家科技成果转移转化示范区加快建设，获批开展全国首批外籍“高精尖缺”人才认定标准试点，“创新优化外国人来华工作便利化服务”列入全国深化服务贸易创新发展试点第三批“最佳实践案例”。创新孵化平台进一步丰富，建设市级以上科技企业孵化器 135 家、众创空间 384 家。成功举办首届“一带一路”科技交流大会，实施国家及省市级国际科技合作项目 80 余个，布局建设“一带一路”联合实验室 1 个、国际科技合作基地 19 个、国际科技合作平台近 40 个。二是科技成果产业化成效显著。2023 年，全市实施高端器件与芯片、人工智能等重大科技专项 13 个，安排汽车核心软件等重点技术攻关项目 137 个。布局解决关键技术问题 311 项、“卡脖子”技术问题 60 项，发布首台（套）重大技术装备 96 个，国内首个燃煤燃机全流程 CCUS 装备取得重大突破，重庆造“天目一号”气象星座在轨组网运行，在全球首次利用三维电镜揭示纳米金属塑性变形微观机制，18 兆瓦集成海上风电机组、超级智能汽车平台等一批重大关键核心技术攻关和成果产业化实现突破。2023 年，重庆万人发明专利拥有量达到 19.75 件，技术合同成交额达到 865.1 亿元，同比增长 37.2%（见图 2-6）。高技术制造业增加值占规上工业增加值比重达 18.3%，全市科技进步贡献率达到 61.5%。

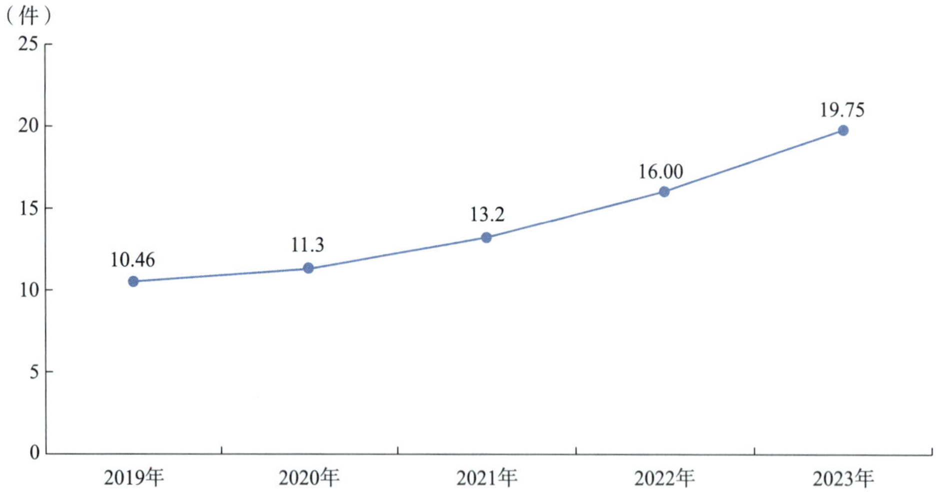

图 2-6　2019—2023 年重庆万人有效发明专利数量

（六）市场消费活力不断增强

大力开展“打造国际消费目的地”行动，聚力打造国际消费巴渝新地标、新品牌、新场景，国际消费中心城市建设取得积极成效，全市社会消费品零售总额迈上 1.5 万亿元台阶。

1. 国际消费空间版图加快拓展

突出“山城”“江城”“桥都”城市名片，积极打造具有“山水颜值”的消费载体，一批消费新地标、新场景不断涌现，高品质消费空间逐步优化。一是国际消费中心城市核心承载区提速建设。统筹推进中央商务区、寸滩国际新城国际消费“双极核”建设，重庆万象城二期、重庆印象城等品质购物中心如期建成投用，重庆新华万象城、中環万象城、陆海国际中心等高端商业项目有序推进，寸滩国际新城邮轮母港主体工程启动建设，解放碑中央商务区跻身全国中央商务区前五[①]。解放碑—朝天门、观音桥等世界知名商圈建设稳步推进，其中观音桥商圈日均人流量超 50 万人次，节假日单日人流量最高超 100 万人次。二是城市消费新地标、新场景提质打造。建成长嘉汇购物公园、重庆万象城、光环购物公园、来福士购物广场、十八梯特色商业街区等消费新地标，兼具国际范、巴渝味的品质消费载体集聚力、吸附力进一步提升。“江崖街洞天”特色消费新场景持续涌现，“大九街”、紫薇路等夜市街区提质建设，三洞桥美食风情街、龙门浩老街、“云端之眼”等融合消费场所陆续推出。

2. 优质消费供给不断丰富

突出“引进来”“走出去”并重，汇聚“国际优品”，做优“渝货精品”，国际国内两个市场实现开放共享，重庆连续 4 年获评“中国十大夜经济影响力城市”榜首。一是世界品牌不断汇集。实施消费品牌提质拓展行动，累计集聚国际国内知名品牌超 1800 个。大力发展首店经济，印发《支持首店经济发展若干措施》，2023 年重庆引进首店 469 家，同比增长 240%。二是渝货精品做大做强。“重庆味道”“重庆工艺”“重庆制造”品牌影响力持续提升，累计培育中华老字号 31 个、重庆老字号 368 个。2023 年，“重庆造”手机出口超过 370 亿元，同比增长 11.5%，“重庆造”汽车出口超过 330 亿元，同比增长 51.9%。奉节脐橙、涪陵榨菜、巫山脆李品牌价值均居全国同类产品第 1 位。三是特色消费提档提质。2023 年，餐饮收入增长 20.6%，美食消费、夜间消

① 2023 福布斯中国解放碑论坛面向全球首发《中国中央商务区竞争力评选》榜单。

费、文化消费等特色消费持续扩大，“重庆火锅”“重庆小面”等美食全产业链初步形成。2023年，全市新增市级文化产业示范园区6个、基地16个，文化产业增加值突破1200亿元。

3. 多元融合模式加速涌现

加快构建多元融合消费新业态、新模式，推动数字化赋能消费发展，消费活力持续激发。一是数字消费扩容提质。推动大型连锁商贸企业数字化转型，限额以上实体零售企业触网营销超700家，住宿餐饮单位通过互联网实现的餐饮收入增长超5%，2023年重庆网络零售额增长19.04%，高于全国5.93个百分点。“互联网＋社会服务”数字化消费业态加快发展，智博会、西洽会展馆上网上线。引导商品交易市场和农贸市场等加快数字化重构，10余家专业市场率先实现统一收银和信息化管理，打造市级示范智慧菜市场14个。二是会展赛事经济加快发展。成功举办智博会、西洽会、中新（重庆）战略性互联互通示范项目金融峰会、“一带一路”陆海联动发展论坛等重要展会和活动，成功举办第九届中俄青少年运动会、“一带一路”中欧篮球冠军杯、重庆国际马拉松等国际国内知名体育赛事活动，为体育消费市场增长按下“快进键”。三是消费品牌活动持续做强。以“爱尚重庆·渝悦消费”为主题，统筹实施跨越全年、联动全域、融合全行业的中国（重庆）国际消费节、成渝双城消费节等系列主题节庆活动2000余场次。

（七）生态环境保护成效明显

持续推进生态优先、绿色发展，生态环境质量持续改善，发展方式绿色转型持续深入，长江上游重要生态屏障全面筑牢，人与自然和谐共生的美丽中国先行区的引领示范效应加快显现。

1. 生态保护修复力度持续加强

坚持“共抓大保护、不搞大开发”，加快实施重要生态系统保护和修复重大工程，巴渝美丽生态画卷长廊加快形成。一是生态保护建设持续强化。持续完善生态环境保护制度，全面划定并严守生态保护红线，自然保护地和生态保护红线监督有效开展，2023年通过“绿盾行动”整治自然保护地环境问题2118个。强化生态保护数智化赋能，构建完善生态环境数据资源目录，加快推进治水、治气、治废3个重大应用建设。在全国率先建设生态环境分区管控信息平台，首创首发“建设项目选线选址环境准入自助查询系统”App，打造建设项目选线选址“云”模式，国土空间分区管控持续强化。二是生态修复标志性成果显现。近 3 年，累计建成“两岸青山・千里林带”120 万亩，新增国家储备林 101.5 万亩、国土绿化营造林 503 万亩，森林覆盖率稳定在 55% 以上，居西部前三位。三峡库区生态保护带修复成效凸显，库区生态屏障区森林覆盖率提高 20 余个百分点，超过 50%。成功创建忠县三峡橘乡田园综合体等一批全国“两山”实践创新基地，双桂湖国家湿地公园等 6 个项目荣获 2023 年中国人居环境奖。自然保护地体系建设稳步推进，累计创建国家自然保护区 7 个，建成湿地自然保护区 10 个、湿地公园 26 个。三是生物多样性进一步凸显。长江“十年禁渔”扎实推进，禁捕水域动态实现“四清四无”，长江监测鱼类较禁捕前增加 13 种，资源量增长 147%。建立渝东北（阴条岭）、渝东南（武陵山）、三峡库区（涪陵）、金佛山（南川）等综合观测站，生态屏障区生物多样性突出，自然生态系统得以有效恢复。

2. 污染综合治理持续加强

一体化提升“九治”水平，全市山更绿、水更清、天更蓝。一是水污染治理成效显著。深化拓展“巴渝治水”应用，全面强化“河长制”，迭代升级“河长制”组织体系，全市累计设立分级分段河长 1.83 万人，“河长制”工作连续 4 年入选水利部全面推行“河长制”“湖长制”典型案例。推进长江、嘉陵江、乌江干流入河排污口整治，累计排查点位 40 万余个，整治完成率达 93%。启动 50 个美丽幸福河湖建设。74 个国控断面水质优良比例为 100%，长江干流重庆段水质已连续 7 年保持为Ⅱ类。实施农村黑臭水体治理清零行动，农村生活污水治理率同比提高 12 个百分点。二是大气污染得以有效遏制。加大综合“治气”力度，全面推动重点领域污染物减排，推广执行治气攻坚 8 项惠企政策，加强交通、扬尘、工业、生活污染防治，化学需氧量、氨氮、氮氧化物和挥发性有机物持续减排减量。推动公共领域用车纯电动化，全市淘汰治理老旧车辆 11.2 万余辆，新增新能源汽车 18.2 万辆，空气质量优良天数达到 325 天，连续 4 年稳定在 320 天以上，连续 6 年无重污染天气（见图 2–7）。三是全域“无废城市”建设加快推进。城市生活垃圾分类体系全面建立，危险废物跨省转移“白名单”增加至 59 种，累计建成“无废城市细胞”1500 余个，一般固体废物综合利用率达 80%，中心城区工业固体废物产生强度 0.09 吨 / 万元。建设用地土壤污染程度分级和用途分类管理成效明显，2023 年修复污染地块 24 块，提供净地 2260 亩，累计完成 36.7 万立方米污染土壤修复。积极探索农业废弃物资源化利用，畜禽粪污综合利用率稳定在 80% 以上，累计建设秸秆综合利用示范县 17 个，秸秆综合利用率达 91.44%。

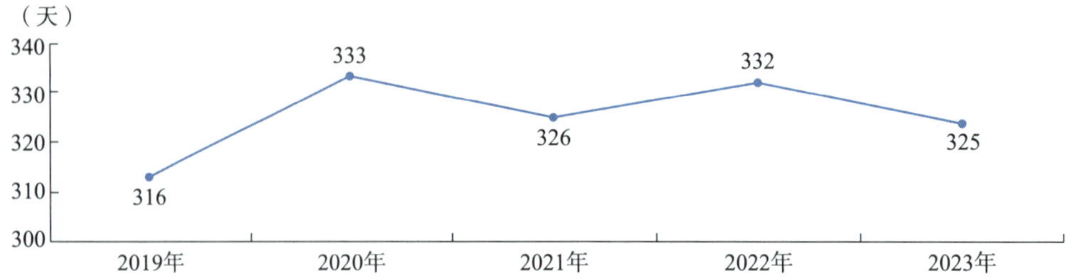

图 2-7　2019—2023 年重庆空气质量优良天数

3. 绿色低碳转型全面提速

加快经济社会绿色低碳发展，生态效益、经济效益、社会效益显著提升。一是重点领域节能减排降碳纵深推进。深入推进重点行业、领域绿色化改造升级，加强“两高”（高耗能、高排放）项目整改，锰行业落后产能实现全面淘汰，万元地区生产总值能耗持续下降，节能降耗减排成效持续显现。加快推动园区低碳节能和循环化改造，全年单位 GDP 能耗下降 3% 左右。累计创建国家级绿色园区、绿色工厂分别达到 12 个和 133 个，创建绿色供应链管理企业 17 家。大力推进重点领域节能减排降碳，深入实施节能、节水、节地、节材、节矿“五项工程”，绿色生产生活方式加快形成。二是稳步推进碳达峰碳中和。构建完善碳达峰碳中和“1+2+6+N”政策体系，加快推动能耗“双控”向碳排放“双控”转变。率先实施横向森林生态补偿改革，制定实施重庆市碳排放权交易管理办法，升级完善碳排放权交易市场，全市碳排放权交易市场工业企业增加到 308 家，碳市场累计成交量达 4753 万吨、10.6 亿元。三是强化绿色金融支撑。两江新区国家气候投融资试点项目入库累计达到 497 个、意向融资超过 4500 亿元。启动实施市级生态产品价值实现机制试点，全市林业及相关产品增加值占 GDP 比重超过 5%。全域绿色金融改革创新试验区建设扎实推进，大胆创新绿色保险产品和服务，推出气象指数保险、新能源汽车保险等绿色保险产品逾 50 款，绿色贷款余额超过 6600 亿元。

（八）内陆改革开放迈出新步伐

加快构建更高水平开放型经济体系，持续深化深层次改革创新，经济社会发展动力活力持续增强。

1. 开放型经济发展质量持续提升

深入实施贸易促进、补链强链、“渝商出海”等八大行动，多措并举稳外贸、稳外资，开放经济保持平稳运行。一是外贸新业态、新模式亮点纷呈。

2023 年，重庆市外贸进出口总值达 7137.4 亿元，居西部第 2 位。贸易结构持续优化，一般贸易进出口额达 2776.45 亿元，占进出口总值的 38.9%。“新三样”（电动汽车、锂电池、光伏产品）出口实现翻倍，市场采购贸易方式出口实现“零的突破”，汽车出口额增长 51.9%。二是外资保持平稳运行。重庆新设外商投资企业 286 家，同比增长 20% 以上。合同外资突破 100 亿美元，同比增长 365.3%。制造、金融、商贸服务、地产四大板块分别吸引投资 18429 万美元、8460 万美元、19349 万美元、2062 万美元，从行业看，汽车零部件及配件制造、计算机整机制造、电子设备制造、食用植物油加工等领域为吸收外资主要来源。从来源地看，中国香港、新加坡、英属维尔京群岛、开曼群岛、中国台湾、美国、日本、意大利、法国等地成为重庆外资的主要来源地。

2. 通道枢纽功能持续完善

全面融入共建“一带一路”和长江经济带发展，西部陆海新通道战略牵引作用和通道集聚辐射优势不断放大，出海出境大通道体系持续完善，物流枢纽体系不断健全，通道经济、枢纽经济发展活力强劲。一是通道服务运营不断优化。2023 年，重庆经西部陆海新通道运输货物 17.8 万标准箱、货值 279.2 亿元，同比分别增长约 21%、11%，占通道沿线地区总量的 28%（见图 2–8）。中欧班列（成渝）开行量超 5300 列、运输箱量超 43 万标准箱，均居全国第 1 位。挖掘长江水道货运潜能，推动三峡船闸通过货物量近 2 年净增 3000 万吨，带动新增产值近 1000 亿元。开行沪渝直达快线 1300 艘次、增长 9%。国际航空持续恢复，江北机场完成旅客吞吐量 4465.7 万人次、增长 106%，货邮吞吐量 38.8 万吨，总量分别排在全国第 6 位和第 8 位。二是物流枢纽体系持续

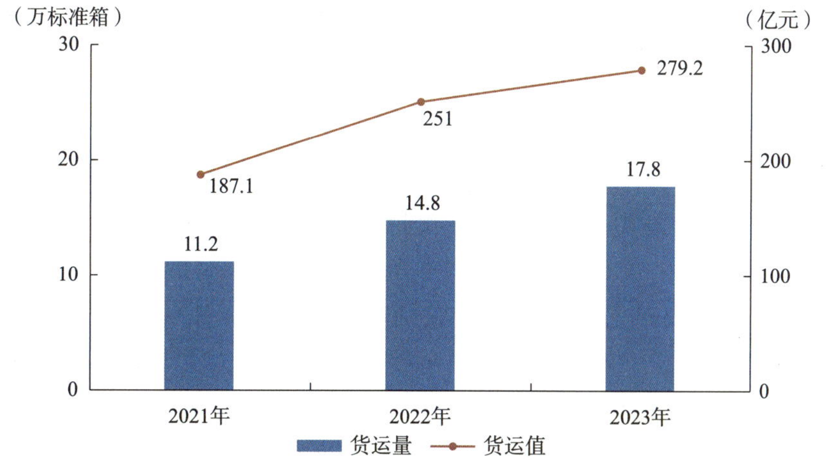

图 2–8　2021—2023 年西部陆海新通道货运量、货运值

完善。重庆商贸服务型国家物流枢纽申报成功，成为全国首个“五型”国家物流枢纽城市，秀山纳入商贸服务型新增名单。西部陆海新通道集装箱多式联运示范工程成为重庆市第三批国家多式联运示范工程，顺利完成国家验收并正式命名，重庆珞璜与万州“双港联动、铁水一单、干支衔接、集散转换”多式联运示范工程入选第四批国家多式联运示范工程创建项目名单。

3. 开放平台能级持续提升

围绕内陆开放高地建设，不断深化拓展开放平台功能，持续提升口岸服务能力，口岸平台能级不断跃升，国际交往能力明显增强。一是开放平台效能不断提升。永川综保区、两路果园港综保区封关运行。中新互联互通项目成为“一带一路”国际合作新名片，中德、中瑞等国际合作园区建设深入推进。成功举办智博会、西洽会等重大活动。打造首批“一带一路”进出口商品集散中心示范基地5个、示范项目8个。二是口岸服务能力不断提升。重庆正式开放口岸数量达到3个，居西部内陆地区第1位。规范和引导口岸收费行为，指导口岸相关收费主体通过重庆国际贸易“单一窗口”主动公开收费目录清单，加强口岸收费监督，每年常态化开展口岸收费联合督导，规范口岸收费行为。三是国际交往水平持续提升。设立中希文明互鉴中心，在渝设立的外国领事机构达到14家，居全国第4位，新增国际友城和友好交流城市10个。成功举办2023年川渝地区—湄公河国家地方合作论坛、第十四届中国—拉美企业家高峰会、2023年中国—拉美和加勒比国家数字技术合作论坛，推动物流、经贸、产业合作向拉美方向延伸。

4. 改革创新取得明显成效

以数字重庆建设引领全面深化改革，加快各领域各层级体系重构、流程再造、能力跃升。一是数字重庆加快建设。聚焦“1361”整体构架，建成投用一体化、智能化公共数据平台，23个重大应用上线运行，形成了市、区县、乡镇（街道）三级治理体系。上线“一件事”集成服务80件，覆盖90%以上高频事项，日均办理群众诉求2000余件。二是重点领域改革探索多点突破。出台建设用地转让、出租、抵押二级市场实施细则，累计盘活工业项目55个、2050亩。新一轮农村集体经营性建设用地入市试点范围拓展至6个区，已成交76亩、3297万元。持续深化大数据普惠金融应用，在“渝快融”融资平台发布企业融资需求超1.8万项，累计助企融资1690余亿元。三是一流营商环境持续营造。迭代升级“渝快办”政务服务平台，2866项政务服务在重庆实现“同事同标”，综合窗口设置和进驻事项比例均超过90%。加快推进“渝快码”试点，申领用户数达 555 万人，实现 249 类电子证照亮证使用，关联景点购票、酒店入住等 2463 个场所服务。

（九）城乡融合发展纵深推进

紧扣国家城乡融合发展试验区重庆西部片区建设，推动乡村振兴、城乡融合发展，全市城乡融合发展水平迈上新台阶。2023 年，重庆居民人均可支配收入 37595 元，比上年增长 5.4%，城乡居民收入比由 2020 年的 2.45∶1 缩小至 2.28∶1。

1. 城乡要素双向流动更加通畅

城乡“人、地、钱”等要素平等交换、双向流动的体制机制不断健全，城乡要素自由流动更加通畅。一是城乡人口自由流动加快实现。20 余万新增农业转移人口落户城镇，推进户籍迁移“跨省通办”5 万人次，四川迁入重庆 4.1 万人。全市常住人口城镇化率达 71.67%、高于全国 5.5 个百分点。黔江、巴南、永川、綦江、铜梁、潼南、开州 7 个区（县）成为首批乡村人才振兴示范区县。采用“揭榜挂帅”方式，近 3 年选派专家团队 324 个、专家 2590 人，开展讲学、指导、咨询、示范活动，常态化服务乡村。二是农村土地改革试点纵深推进。扎实推进合川、璧山第二轮土地承包到期后再延长 30 年试点，建成市、区县、乡镇、村“四级”农村产权交易市场，完成农村承包地确权登记颁证工作，累计完成农村产权流转交易 35.8 亿元，累计流转承包地经营权 1466.88 万亩、流转率 40.5%。巴南等 6 区获批开展农村集体经营性建设用地入市试点，累计交易土地 9 宗、共 4933 万元。大足创新开展农村“五合一”综合改革，推动农村土地有效整合、高效利用。三是城乡发展的资金保障持续增强。印发实施《重庆市金融支持全面推进乡村振兴的指导意见》，创新推出“富民贷”“渝快助农贷”等信贷产品，彭水发放全国首笔“乡村人居环境贷”4800 万元，全市涉农贷款余额累计达 8500 亿元左右。

2. 城乡资源均衡配置稳步推进

城乡发展规划持续优化，基础设施和公共服务不断向乡村延伸，城乡公共资源配置更加均衡。一是城乡基础设施一体化步伐加快。积极推广“千万工程”经验，深化厕所、污水、垃圾“三个革命”，农村卫生厕所普及率达 85.9%，农村生活垃圾有效治理率 100%，农村人居环境整治成效连续 5 年获得国务院督查激励，激励次数居全国第 1 位。巴渝和美乡村示范创建纵深推进，发布全国首个《和美乡村宜居指数》地方标准，创建巴渝宜居宜业和美乡村 269 个、和美乡村示范村 107 个、美丽庭院 8123 个，完成 5209 户农村危房改造。深化城乡水、电、路、气、讯“五网”建设，新（改）建“四好农村路”3360 千米，全市农村公路网密度居西部第 1 位，全市具备条件的行政村通客车率达 100%。二是城乡基本公共服务均等化提速推进。持续深化城乡教育联合体建设，全市学区化、集团化办学占比超过 80%，2023 年义务教育巩固率达 95.9%，较上年提高 0.2 个百分点。“三通”（政通、人通、才通）医共体建设稳步推进，2023 年每千人口拥有执业（助理）医师 3.2 人。建成乡镇养老服务中心 700 余个，设置村级互助养老点 8000 余个。2023 年，城乡居民基本养老保险人数达 174.97 万人，比上年增长 3.0%，城乡居民基本医疗保险参保率 97.8%，城乡居民最低生活保障标准分别提高 2.5%、3.3%，城乡低保标准差距缩小到 1∶0.82。

3. 城乡产业协同发展成效明显

积极搭建城乡产业发展平台，城乡产业融合取得新进展。一是农业“接二连三”加快发展。食品级农产品加工产业加快发展，2023 年新建成 50 亿级农产品加工园区 3 个（累计 18 个），规上食品及农产品加工企业增至 886 家、增长 6%，食品及农产品加工业产值 2581.4 亿元、增长 4.2%。农产品网络零售额、乡村休闲农业经营收入分别达 208 亿元、1009 亿元，分别增长 12%、11.8%。二是城乡产业平台功能优化提升。2023 年，新创建国家农村产业融合发展示范园 3 个，涪陵区珍溪镇、铜梁区大庙镇、綦江区安稳镇、石柱土家族自治县龙沙镇入选 2023 年国家农业产业强镇创建名单。累计创建农民工返乡创业园 69 个，全年吸引 87 万农民工返乡，其中市外返乡 73.2 万人。三是强村富民综合改革强力启动。2023 年，新培育“强村公司”近 500 家，开展集体经济组织有关问题专项整治，集体经济组织经营性收入达 54.86 亿元、同比增长 126%，村集体经济组织经营性收入 5 万元以上占比达 100%、10 万元以上占比达 90%。铜梁探索“巴岳农庄”集体经济发展新模式，试点村集体经济经营性收入同比增长 259%。累计培育家庭农场 3.4 万个、农民合作社 3.7 万个，农产品网络零售额、乡村旅游经营收入分别增长 12%、11.8%。

（十）公共服务效能持续提升

围绕教育、医疗卫生、文化体育、社会民生保障等公共服务重点领域，持续提升公共服务供给质量和水平，高品质生活宜居地建设取得重大进展。

1. 教育现代化水平持续提升

以竭尽全力办好人民满意的教育为目标，全面推动教育体系高质量发展，持续提升优质教育供给能力。一是学前教育供给质量大幅提升。强化普惠性学前资源供给，每千人口拥有 3 岁以下婴幼儿托位数由 2022 年的 2.02 个上升到 3.28 个，大力发展公办幼儿园。2023 年，全市新增公办幼儿园学位 1.7 万个，公办幼儿园在园幼儿占比由 2022 年的 53.74% 上升到 56.56%，积极扶持普惠性民办园。积极探索满足群众托育需求措施，出台《重庆市托幼一体化管理办法（试行）》，积极引导幼儿园招收 2~3 岁幼儿，提供符合当前需求、更加优质普惠的托育服务。二是义务教育阶段改革成效渐显。新建、改（扩）建义务教育学校 126 所，新增学位 9.8 万个；投入农村学校及薄弱学校改善资金 12.63 亿元，推进教育资源向渝东南、渝东北地区倾斜，带动城乡初中综合差异系数降至 0.415。全市义务教育巩固率达到 95.8%，课后服务学生参与率达 98.3%。江北区、沙坪坝区、南岸区、两江新区入选全国义务教育优质均衡先行创建区。三是职业教育优化发展能力不断增强。印发实施《打造市域产教联合体深化现代职业教育改革实施方案》，推动重庆打造全国职业教育高质量发展引领区，促进形成同市场需求相适应、产业结构相匹配的现代职业教育体系。扎实推动职业教育专业动态调整机制，重庆市职业院校专业与产业匹配度在 86% 以上，职业教育国家级教学成果奖排名全国第 5 位、中西部第 1 位，赛力斯、立信职业教育中心 2 个案例入选全国首批职业教育产教融合典型案例。四是高等教育实现量质齐升。作为直辖以来新设置的第一所公办普通本科院校，重庆中医药学院 9 月正式开始招生，重庆科技学院获批更名为重庆科技大学，推动重庆高等院校结构进一步优化。持续推动“双一流”建设，新增国家级一流本科课程 140 门，重庆大学、西南大学等 12 所高校 62 个学科进入 ESI 世界学科排名前 1%，高等教育内涵式发展稳步推进。

2. 医疗卫生服务能力稳步增强

全市围绕构建优质高效医疗卫生服务体系，促进医疗卫生服务能力持续提升，推进健康中国重庆行动迈出新步伐。一是医疗服务能力不断提升。优质医疗资源总量不断扩大，成功创建 6 个国家区域医疗中心、总数居西部第 2 位，三级医院新增 23 家、累计 97 家，三甲医院新增 8 家、累计 45 家，互联网医院累计 86 家。推动优质医疗资源扩容下沉，二甲医院实现区县全覆盖，推进“千县工程”县医院综合能力提升，全市 16 家县医院医疗服务能力基本标准和推荐标准符合率均排名全国第 1 位。新增荣昌区人民医院、奉节县人民医院等一批三甲医院，市中医院国家中医药传承创新中心项目稳步推进，市急救医疗中心、市人民医院分别纳入国家紧急医学救援基地、国家中西医协同“旗舰”医院储备库。二是医疗卫生领域体制机制改革取得新突破。基层医疗卫生改革成效显著，创新实施基层卫生人才“县聘乡用”政策，引流近千名卫生医疗人员流向基层，助力基层公共卫生服务提质发展。医保、医疗、医药“三医”协同发展治理工作机制加快完善，药品耗材集中带量采购改革深化实施，多元复合式医保支付方式改革持续推进，深化医疗服务价格改革，健全药品网络销售监管机制。市区（县）两级疾控局挂牌成立，疾控体系及医防协同改革加快推进，将进一步增强重庆公共卫生专业能力，提升重大传染病和重大慢性病防治水平。三是促进群众就医体验持续改善。2023 年，重庆 40% 二级以上医疗机构开展“互联网 + 护理”服务和康复延伸服务，满足老年、行动不便的患者多层次居家护理和康复需求。数字健康体系构架基本形成，全生命周期应用场景有序上线，依托市级“医学影像云中心”，推动全市二级及以上公立医疗机构间检查资料互联互通互认，“医检互认”累计调阅 82 万次，促进健康服务智能化、便利化、惠民化发展，带动医疗服务效能进一步提升，公共服务医疗服务满意度排名全国前五。

3. 文化体育惠民发展提质跃升

以文体惠民为导向，不断提高公共文化体育供给质量，促进文体基础设施日臻完善，文化服务、全民健身等公共服务体系不断提升，人民群众美好生活需要得到更好满足。一是基本公共文化服务能力不断增强。2023 年，重庆每万人拥有公共文化设施（“三馆一中心”）面积 746 平方米、同比增长 6.5%，文化馆一级馆率达到 95%，居全国第 2 位，公共图书馆一级馆率达到 90.7%，位居全国前列，为更好服务全市群众奠定了坚实基础。文化惠民工程实现创新提质，“三馆一中心”年均免费服务群众 7600 万人次。智慧图书馆体系初步建成，助推全市图书资源内容集成仓储，为读者提供数字阅读、线上续借等“一站式”、一体化服务，公共文化云平台实现推广应用，累计提供数字资源 97.6 万个、访问量 3.17 亿次，用户达 84 万个。二是全民健身服务水平全面提升。全市持续推动公共体育设施建设，2023 年建设大足区万古鲤鱼灯舞体育公园等 12 个，惠及健身群众近 100 万人。2023 年，全市体育场地超过 15 万个，人均面积约 2.5 平方米，同比增长 5.4%，实现全市城市社区公共健身设施“15 分钟健身圈”全覆盖。群众性体育活动广泛开展，全年举办市级全民健身活动 60 场次、市级青少年比赛 90 场次，区县级比赛活动超 1000

场次，经常参加体育锻炼人数比例达到47.65%，公共体育服务满意度居全国第1位。

4. 社会民生保障体系不断健全

着眼重点人群和突出领域，聚焦解决人民群众最关心最直接最现实的利益问题，推动社会保障治理效能持续提升，稳步织密织牢民生保障网。一是兜底性民生保障水平持续提升。深入推进全民参保计划，116.32万困难群众基本实现应保尽保。城乡居民低保标准每人每月分别提高到735元、600元。特困人员基本生活标准提高到每人每月955元、增长2.5%。累计发放1.48亿元保障1.2万余名孤儿、事实无人抚养儿童基本生活。巩固拓展残疾人脱贫攻坚成果，21.11万脱贫及防止返贫监测对象纳入农村低保或特困救助供养范围，脱贫人口、监测对象参保率稳定在99%以上，实现动态参保全覆盖。2023年，全市城乡养老保险参保率巩固在95%以上，基本医保参保率超过97%，持续高于全国平均水平，“渝快保”参保人数超过620万人。二是多措并举推动就业保持稳定。以“就在山城·渝创渝新”就业服务机制改革、“百万青年就业促进计划”、健全就业帮扶长效机制及就业援助制度等措施和行动，精准帮扶高校毕业生、脱贫群众、农民工等重点群体就业，促进重点群体就业稳中向好，带动2023年全市城镇新增就业73.9万人，完成全年目标的123.1%，同比增长4.5%，调查失业率稳定在年度控制目标内并总体呈下降趋势。推出“降、补、减、贷”政策包，发放低利率“稳岗贷”96.3亿元，稳定就业岗位627万个。通过“岗位+培训+就业”的组训模式，提高职业技能人才与重点产业匹配度，促进就业与产业良性互动。三是养老服务不断健全。持续推进普惠养老城企联动专项行动，养老床位数增至23.3万张。打造“中心带站”联合体216个，整合社区养老服务站2728个，推动形成街道社区“一网覆盖、一体服务”联网运营。加强农村养老服务设施建设，改造提升乡镇敬老院35家，441家乡镇敬老院开展公建民营，累计为农村老年人提供服务70余万次。完成特殊困难老年人家庭适老化改造8000余户，建成老年食堂365家。四是住房保障体系建设有效推进。《重庆市保障性住房专项补助资金管理办法》出台实施，推动保障性住房资金支持力度和使用效率进一步提高，更好服务公共租赁住房建设运营管理、保障性租赁住房建设、城镇住房保障对象补贴发放。2023年，全市新增分配公租房3.67万套，累计惠及140余万住房困难群众，筹集保障性租赁住房24.39万套（间）、投用14.7万套（间），有效解决37.5万余新市民、青年人等重点群体住房问题。

二、主要困难和问题

当前，全市加快构建推进成渝地区双城经济圈建设的“四梁八柱”，但综合经济实力不强、科技创新在发展中的驱动作用仍未充分发挥、生态环境保护任重道远等问题依然存在。

（一）极核引领作用不够突出

重庆主城都市区功能定位有待完善，在提升城市发展能级、优化功能承载等方面还需下更大功夫。一是空间布局不够优化。区域性中心城市发育不足，未完全形成发展梯度和辐射层级，对成渝中部地区融合发展支撑不够，对贵州、陕西等周边地区辐射带动力不强。除中心城区外，2023 年地区生产总值超过千亿元的仅涪陵、江津、永川、合川等 5 个城市，且经济规模均不足 2000 亿元，与四川泸州、宜宾、南充、达州、绵阳等省域副中心城市均超过 2500 亿元的差距较大。二是主城新区产业能级不高。主城新区规上工业企业营业收入超过 2000 亿元的仅有涪陵，超过 1000 亿元的仅有江津、永川、长寿、璧山 4 个区，而四川的宜宾接近 5000 亿元、绵阳接近 4000 亿元、泸州超过 2000 亿元，差距较大。

（二）现代化产业发展水平不高

全市产业整体“大而不强”，发展水平有待提升。一是制造业长期处在价值链中低端。制造业高端要素集聚不足、产品整体处在价值链中低端、关键技术和零部件“卡脖子”等问题依然较为明显。2023 年，重庆上市企业仅 79 家，不到四川的一半（171 家），首批 70 家领军链主企业总部在渝的仅 31 家、制造业单项冠军仅占全国的 1.1%，规上工业利润率低于全国 0.64 个百分点，制造业 16 条标志性产业链 470 项关键环节中尚处空白、发展不足的合计占比达 63.6%。二是服务业质效还需提升。缺乏具有引领力、带动力的全国性金融机构、交易场所和金融基础设施，缺少系统重要性银行、高评级保险和证券公司，仅 1/3 银行有专门授信评价模型，私募基金直接投资企业占比不到 1/3。三峡船闸通过能力不足，水运企业经营效益持续降低，港口吞吐量等指标增速逐年放缓。三是农业加工和机械化水平不高。食品及农产品加工规模小、带动弱，2023 年重庆农产品加工业总产值与农业总产值比为 1.67∶1，远低于全国 2.52∶1 的平均水平，规上农产品加工企业数量 1328 家，仅占全市农产品加工企业的 10%。主要农作物耕种收综合机械化率仅 56.8%，比全国平均水平约低 17 个百分点。

（三）科技创新能力较为薄弱

重庆创新能力不强，正向转化机制不畅通，新产业、新模式、新动能创新发展不足。一是企业应用创新活力不足。2023 年全市制造业百强企业中，超过 30% 的企业科研投入占当年销售收入比重低于 1%，其中研发属性较强的医药行业研发投入强度也仅为 3%。全国民营企业研发投入 500 强中重庆仅 11 家，远低于浙江（90 家）、江苏（71 家）。二是基础研究支撑的原始动力不足。2023 年，重庆全社会基础研究经费投入 36.3 亿元，仅占 R&D 经费的 4.9%，低于全国 1.9 个百分点，远低于上海（10%）。全市“双一流”高校仅 2 所，17 所研究生培养高校的硕士、博士授权点学科中，数学、物理等基础学科仅占 8.5%。全国（国家）重点实验室仅 12 个，明显低于上海（46 个）、陕西（21 个）、四川（16 个）。三是科技成果转化推广不足。2023 年，重庆每万人口高价值发明专利拥有量不足 10 件，不到上海的 1/5、武汉的 1/3。技术合同交易额为 865.1 亿元，居全国第 17 位，仅为成都的一半。高校专利转化率 2.7%，低于上海（5.1%）、北京（4.6%）、四川（2.9%）。

（四）基础设施支撑能力仍然不足

基础设施承载力总体不足，战略基础设施缺乏，战略物资保障能力较低，内外联通、保障、互济水平不高。一是内外联通能力亟待提高。“米”字形高铁网形成尚需时日，基地航空建设、国际航线航权分配和时刻资源释放等在西部地区仍处于劣势，重庆第二国际机场处于规划阶段，毗邻地区航空客流虹吸现象较为突出。三峡船闸常态化拥堵现象突出，部分港区集疏运条件不完善。核心城市与周边城市间轨道交通公交式运营的快速轨道交通线网仍空白。二是能源水利保障压力较大。重庆能源需求缺口大，本地供应能力不足，电力、石油等对外依存度不断攀升，省际受电、运煤通道不足，能源保供压力依旧较大。常规水电资源开发殆尽、风光资源有限，能源结构调整步伐缓慢，能源储备、调峰能力不足，对外资源协调与市内生产组织平衡难度较大。

（五）生态环保压力持续增大

生态保护负重前行的阶段性特征仍然没有发生根本变化，环境保护、生态治理任务依然较重。一是生态环境稳中向好的基础还不稳固。个别支流存在黑臭风险，壁南河、临江河、濑溪河等河流水质仍不稳定，汛期污染强度较高，水环境质量改善成效有待巩固提升。空气质量还处于“气候影响型”阶段，冬春季细颗粒物、夏秋季臭氧超标易发，公交车、出租车纯电动化率远低于深圳“双 100%”、成都“双 80%”的水平。二是重点区域生态治理任务重、成本高。三峡库区生态环境脆弱，水土流失面积达 1.55 万平方千米、占库区总面积的 33.6%，危岩地灾治理难度大、成本高、周期长，需持续加大生态环保投入。

（六）城乡融合发展面临诸多困难

重庆整体还处于欠发达阶段，区域城乡发展差距仍然较大，城乡融合发展依然面临较多问题。一是以城带乡的动力不足。中心城区高端要素集聚不足，区域性中心城市发育不足，未完全形成发展梯度和辐射层级。区县综合承载能力、辐射带动能力和吸纳农村转移劳动力就近就业能力还不足。小城镇联结城乡、服务农村功能严重衰退。二是城乡要素双向自由流动不足。农业转移人口市民化质量还不高，以常住地提供基本公共服务制度有待完善。农村权益制度退出制度还不健全，农民“弃土”动力不足，“两头占”现象较为普遍。农村产权制度等改革还不到位，城市资本入乡缺乏制度保障。三是重大改革集成效应发挥不足。农村集体经营性建设用地入市、宅基地制度改革等国家授权给重庆西部片区的重点任务尚未全面落地，改革事项不系统、不集成，影响整体成效。四是川渝合作深度不足。覆盖常住人口的城镇公共服务“同标同质”存在差距，重庆中心城区、成都城镇落户条件尚未统一。重大改革等“看不见”的领域协同联动还不够，重庆西部片区和成都西部片区改革任务互学互鉴难度仍然较大。

三、2024年重庆市推动成渝地区双城经济圈一体化发展的总体思路

（一）基本思路

2023年，重庆持续深化上下联动，积极融入国家重大战略，找准国家发展大局需求与成渝地区双城经济圈建设的共同点和发力点，主动谋划争取国家战略赋能、政策赋能、项目赋能；持续加强市域联动，高规格部署现代制造业、科技创新、数字重庆、美丽重庆、民营经济等重点工作；纵深推进川渝联动，聚力“一盘棋”“一体化”提升全方位合作水平，协同推动国家战略落地落实。

2024年，重庆推动成渝地区双城经济圈一体化发展，将以习近平新时代中国特色社会主义思想为指导，锚定“打造带动全国高质量发展重要增长极和新的动力源”总目标和“两中心两地”战略定位，牢牢把握高质量发展这个首要任务和构建新发展格局这个战略任务，不断强化成渝地区双城经济圈建设与西部陆海新通道建设、长江经济带高质量发展、国家战略腹地建设等协同联动，强化“川渝一盘棋”，强化全市域融入、全方位推进，迭代升级重庆推进成渝地区双城经济圈建设的总体思路、目标任务和举措抓手，加快建设新时代西部大开发重要战略支点和内陆开放综合枢纽，着力构建具有全国影响力、重庆辨识度的标志性成果体系，更好地在西部地区现代化进程中发挥引领示范作用，在服务国家大局中实现自身发展。

必须抢抓实现新的更大发展的战略机遇。在世界百年变局全方位、深层次加速演进背景下，进一步加快推动成渝地区双城经济圈建设，通过做大经济总量、提高发展质量、增强全局分量和综合竞争力，推动经济实现质的有效提升和量的合理增长，打造高质量发展的重要增长极，进一步提升经济和人口承载能力，释放巨大投资消费潜力，能够极大拓展我国战略回旋空间，有利于有效应对国内外政治经济形势日益复杂、不确定性因素明显增多的外部

环境，助力巩固国家战略安全。

必须强化国家重大战略协同联动。党的十八大以来，“一带一路”、长江经济带、西部陆海新通道、成渝地区双城经济圈、国家战略腹地建设等国家重大战略先后实施，在重庆形成战略叠加地和交汇区，重庆在全国发展大局中的战略位势快速提升，极大提振了市场预期和社会预期，为重庆带来诸多利好，重庆也逐步成为重大项目的首选地、重大政策的试验田、重点产业的集聚区。进一步加快推动成渝地区双城经济圈建设，必须围绕国家战略需求，立足重庆自身基础和优势，发挥重大战略交汇和政策密集投放优势，不断催生新动能、激发新活力、塑造新优势，在服务国家大局中实现自身更好发展。

必须迭代升级总体思路、目标任务和举措抓手。推动成渝地区双城经济圈建设是全市工作总抓手、总牵引。成渝地区双城经济圈的内涵和外延也在随着形势和实践的发展而不断丰富拓展。要从深刻领会习近平总书记对成渝地区双城经济圈提出的新任务新要求出发，强化前瞻性思考、全局性谋划、整体性推动，以理论提升认知、以认知指导实践、以实践推动发展，对重大意义再学习再认识、对总体要求再领会再落实、对重点任务再优化再细化，着力增强川渝合作能级，加快打造全国高质量发展的重要增长极和新的动力源。

（二）发展目标

2024 年是成渝地区双城经济圈建设的第五年，是实现“十四五”规划目标任务的关键之年，是现代化新重庆建设从全面部署到纵深推进的重要之年，也是改革攻坚突破的奋斗之年。要锚定“打造带动全国高质量发展重要增长极和新的动力源”总目标和“两中心两地”战略定位，奋力打造成渝地区双城经济圈建设标志性成果，努力在争当西部地区高质量发展“排头兵”上实现新突破、在建设新时代国家战略服务核心承载区上实现新突破、在打造具有全国影响力的科技创新基地上实现新突破、在勇当内陆省份改革开放探路先锋上实现新突破、在以城带乡推进山区库区高质量发展上实现新突破、在推进高品质生活示范区建设上实现新突破。

区域协同联动融合成效明显。主城都市区发展能级和综合竞争力显著提升，创新之城、开放之城、便捷之城、宜居之城、生态之城、智慧之城、人文之城建设取得重大进展，城市首位度和经济发展密度持续提升，美丽重庆建设取得新成效。中心城区核心带动能力和质量进一步提升，渝西高质量发展进程加快，经济增速高于全市平均水平。渝东新城建设进入起步加速期，以新型城镇化为引领的山区、库区现代化发展加快推动，小县大城、产城融合、组团发展态势明显。川渝毗邻地区融合发展、一体发展态势良好，“一体两核多点”新格局全面构建。

以科技创新为引领的现代化产业体系加快构建。“33618”现代制造业集群体系建设取得突破性进展，综合科技创新指数稳居中西部前列，支柱产业转型升级步伐加快，战略性新兴产业规模加快提升，未来产业加快培育，产业数字化新生态持续完备，国家重要先进制造业中心、成渝现代高效特色农业带建设成效明显，承接战略性产业基地建设加快，西部金融中心、国际消费中心城市建设迈上新台阶。市场竞争力强、可持续的现代化产业体系加快构建。

高水平对外开放取得新突破。西部陆海新通道物流和运营组织中心国际物流中转集结中心、国际供应链产业链组织中心、枢纽港产业园、生命科技城等功能平台作用进一步完善，跨区域综合运营平台加快培育，中新互联互通项目在合作领域、合作方式上不断拓展，实体化平台加快建设。中欧班列（成渝）综合运行指标保持全国第1位，初步形成“一带一路”、长江经济带、西部陆海新通道联动发展的战略性枢纽。自贸试验区建设进一步深化，国际贸易“单一窗口”功能持续拓展，铁路运输单证金融服务等试点成效明显。

公共服务质量和区域辐射力显著提升。人的全生命周期民生服务加快完善，百万青年就业促进计划深入开展，惠民暖心优服行动继续迭代升级，“一老一小”服务体系加快完善，教育、医疗、住房、社会保障等公共服务短板继续补齐，打造形成一批“15分钟高品质生活圈”。“川渝通办”持续提质扩面，实现从“能办”“通办”向“易办”“好办”的全面升级，成为跨省市统一政务服务标准合作标杆。

四、2024年重庆市推动成渝地区双城经济圈一体化发展的重点任务

（一）在争当西部地区高质量发展“排头兵”上实现新突破

进一步优化市域生产力布局、提升产业现代化水平、释放消费活力，更好地在全国经济版图中挑起大梁，带动成渝地区和西部地区高质量发展。

1. 优化生产力空间布局

着力提升主城都市区发展能级和综合竞争力，推动山区、库区高质量发展，加快形成全市全域协调发展格局，切实增强重庆作为国家中心城市的国际影响力和区域带动力。

提升中心城区强核能级。深入实施中心城区强核提能级行动，推动中心城区城市经济提质、城市功能升级、城市品质提升。一是优化城市服务功能。支持中心城区扎实推进“三攻坚一盘活”（国企改革、园区开发区改革、政企分离改革攻坚，有效盘活国有资产），着力提高经济密度、亩均产出，持续推动经济规模和效益提升。高标准建设两江新区、西部（重庆）科学城、中国（重庆）自贸试验区等重大平台，加快推进重庆国际生物城、全球内河邮轮大港等新增平台建设。支持中心城区率先承接国家重大改革和开放试点，优先布局国家级、区域性重大战略性项目，加快集聚国际人才、全球资本等高端要素，全面提升科技创新策源、高端产业引领、国际金融、国际交往等核心功能，同时逐渐向渝西地区、渝东新城以及库区、山区梯度转移非核心功能，实现更高效高质集聚和更广更大辐射。二是提升城市品质。提升“两江四岸”国际化山水都市风貌，全面开展“城市体检”，推进城市更新，持续完善城市轨道交通体系，扎实开展城市绿化美化工程，建设一批“精细化”“人文化”“全龄化”的未来社区。

推进渝西地区一体化高质量发展。渝西地区应紧扣“成渝地区双城经济圈建设先行区、现代化城市群协同发展样板间、现代化新重庆建设新的经济

增长极”战略定位，近期重点在提升经济和产业能级、提升城市能级上着力。一是提升经济和产业能级。聚焦重庆全市“33618”现代制造业集群体系，扎实推进重庆先进制造业发展“渝西跨越计划”、渝西地区智能网联新能源汽车零部件产业发展倍增行动计划，聚焦智能网联新能源汽车、电子信息、先进材料、智能装备、新能源及新型储能、消费品等重点领域，深化与中心城区、成都“双核”产业承接配套，“一园一链”“一链一策”推进强链补链稳链，培育一批高能级链主企业，形成一批千百亿级产业集群。以汽车产业为例，渝西地区应面向重庆中心城区与成都市智能网联新能源汽车整车需求，积极发展动力电池、智能座舱、汽车软件等配套产业。二是提升城市发展能级。一方面要扩大城市规模，推动常住人口 100 万人以上的江津、永川、合川等建设“城区人口破 100 万、建成区面积达 100 平方千米”的“双百城市”，支持其他城市建设城区常住人口 50 万人以上的中等城市。支持渝西八区完善“宜居宜业”高品质城市综合服务配套，畅通与中心城区和四川周边的交通联系，承接中心城区和成都学校、医院等公共服务功能延伸，强化优质购物、标志性文化设施、特色化休闲娱乐等生活性服务配套，推进城市景区化建设，提升城市形象。

加快建设现代化渝东新城。支持中心城区东南方向的涪陵、长寿、南川、綦江等城市抱团发展，打造现代化渝东新城。一是明确发展定位。主动承接中心城区产业转移和功能疏解，建设“与中心城区功能互补、融合互动的现代化渝东新城”，打造成主城都市区辐射带动山区、库区乃至引领川东北地区高质量发展的新增长点，以及成渝地区双城经济圈向东融入长江经济带、向南融入西部陆海新通道等国家战略的新空间。二是强化产业支撑。依托长寿国家级经开区、涪陵国家级综保区等开发开放平台，积极承接国内外产业转移，建设成为重庆“33618”现代制造业集群体系尤其是三大万亿级产值主导产业集群的核心承载区。聚焦新能源汽车、电子信息、新材料、精细化工、现代中药及生物医药、绿色食品加工等区域优势产业，依托小康动力、华晨鑫源、华峰化工、太极集团等制造业龙头企业，打造产业转移“拦水坝”，构建企业聚集“蓄水池”。

推动山区、库区现代化发展。山区、库区经济社会发展欠发达，是重庆解决发展不平衡不充分问题的关键区域，应加快现代化发展，提升区域协调、城乡融合发展水平。一是强化山区、库区发展外力带动。针对各区县个性化特征和需求，谋划好“一县一策”，打造区县对口协同升级版，推动三峡库区对口支援、鲁渝协作迭代升级。鼓励主城都市区围绕产业协同、市场互通、科技协作、城乡互动等重点任务，加大对山区、库区的协同帮扶力度。二是提升山区、库区自身发展能力。持续优化山区、库区城镇体系布局，深化“小县大城”“强镇带村”试点，促进区县城扩容提质和县乡村功能衔接互补。推动万开云板块同城化发展，协同辐射带动库区发展。支持开州、梁平、丰都、云阳、秀山、城口等“小县大城”试点 8 个区县，加快补齐区县产业配套、市政公用、公共服务等设施短板。三是打造一批精致山水城市。支持云阳江口镇、奉节兴隆镇、石柱冷水镇、酉阳板溪镇等 5 个“强镇带村”试点镇强化农产品加工、商贸物流、文化旅游等专业功能，承接区县基础设施和基本公共服务延伸，吸纳产业和乡村人口。建立健全山区、库区特色经济体系，引导区县培育自身优势主导产业，因地制宜打造高质量“产业飞地”“科创飞地”、高品质县城 CBD、高能级交通门户枢纽等。

2. 构建现代化产业体系

重庆作为国家六大老工业基地之一，具有国家战略叠加、城市规模、产业基础、交通枢纽、人文生态、创业成本、创新潜力等七大优势，应着力构建三次产业协同发展的现代化产业体系。

壮大现代制造业集群。以产业创新为引领，实施重点产业链高质量发展行动和招大引强行动，构建“33618”现代制造业产业集群体系，筑牢提升重庆作为国家重要先进制造业中心的产业规模优势、体系优势和部分领域先发优势，强化新质生产力的产业基础。一是推进产业集群“再进位”。推动智能网联新能源汽车、新一代电子信息制造业、先进材料加快打造三大万亿级产值主导产业集群。促进长安系、赛力斯等龙头车企加速整车产能释放，推动新能源汽车产量提升全国份额。推动安意法、芯联等项目建设，加强 AI 及机器人、算力设备等产业培育，拓展电子终端品类。提速建设西南铝升级扩能、华峰新材料一体化、东方希望玻璃纤维等百亿级项目，推动千亿级炼化项目进入国家“盘子”。布局建设未来产业先导区，推进未来工厂、卫星互联网产业园建设，推动空天信息、生物制造、元宇宙、未来能源等未来产业加速集群成势，开辟低空经济、生物制造等新赛道。二是推动产业创新“再突破”。强化企业创新主体地位，支持领军链主企业瞄准产业未来发展方向，联合行业上下游、产学研力量，建设联合实验室、产业创新中心、技术创新中心、制造业创新中心等创新平台，超前部署前沿技术和颠覆性技术研发，推进产业创新实现原创性突破、应用性转化和规模化量产。聚焦制造业基础领域和重点产业链关键环节，滚动实施重庆制造业科技攻关“揭榜挂帅”项目，支持重庆科研院所、企业等主体深化产学研协同创新模式，推动一批“卡脖子”关键核心技术在国内率先实现突破，并加快落地应用到产业链、转化为新质生产力。三是推动产业转型升级“再出新”。聚焦数字化、绿色化和提升亩均效益三个方向，促进制造业转型升级。数字化上，加快构建“产业大脑＋未来工厂”产业数字化新生态，加快建设一批重点行业产业大脑、AI 领航工厂、链网平台工厂、未来工厂、智能工厂、数字化车间等，打造具有重庆辨识度、丰富多元的制造业数字化转型核心场景。绿色化上，推动工业园区循环化和节能降碳改造，引导分散在产业园区外的企业搬迁入园，持续建设一批绿色工厂、绿色供应链管理企业、绿色园区、近零碳园区试点。提高制造业亩均效益上，推进制造业亩均论英雄改革，开展亩均效益示范引领、低效闲置用地处置等专项行动，注重支持两江新区、重庆高新区、重庆自贸试验区等“国字号”园区开发区在科技创新、技改扩能等方面，探索提高亩均产出新模式，示范带领全市制造业亩均增加值增长。四是推动优质企业“再扩容”。启动实施领军链主企业跨越发展“鲲鹏”行动，力争集聚一批五百亿级企业。实施中小企业梯度培育和“独角兽”“瞪羚”企业培育行动，强化技术、市场、金融等要素保障，促进“独角兽”和“瞪羚”企业加速生成、发展壮大。

提升现代服务业能级。深化服务业扩大开放试点，以现代金融、现代物流、设计产业建设为“先手棋”，提升重庆现代服务业的区域辐射力和国际影响力。一是提升西部金融中心能级。壮大科技金融、绿色金融、普惠金融、养老金融、数字金融“五个金融”，高水平建设国家金融科技认证中心、绿色金融改革创新试验区、普惠金融发展示范区、商业养老金业务试点，促进金融资产规模倍增。优化资金供给结构，深入实施“智融惠畅”工程，强化金融数据归集和服务推送，引导资本向高技术产业、先进制造业、战略性新兴产业等领域汇聚，提升金融服务企业尤其中小企业、现代产业体系建设以及国家重大区域战略的能力。深化金融高水平开放，持续扩大中新互联互通项目、中新金融峰会的国际影响力，推动重庆并带动西部省市与东盟国家在跨境投融资、跨境结算、金融机构互设等方面合作取得更多成果。二是增强“五型”国家物流枢纽功能。持续强化西部陆海新通道、中欧班列、长江黄金水道等大通道“硬联通”，深化大通道带大物流带大产业，促进产业高度开放和市场化、货物和人跨境自由便利流动，强化重庆链接全球的超级枢纽功能。强化物流企业集聚，壮大普洛斯、京东物流、顺丰速运等龙头物流企业，适时推动重庆国际物流集团、渝新欧（重庆）物流有限公司等优化重组，引进培育跨境结算、数字贸易、航空物流等枢纽偏好型总部企业，培育集聚一批5A 级物流企业、国家物流枢纽运营标杆企业。提升多式联运服务水平，强化枢纽与通道、产业园区统筹衔接。塑造枢纽经济新优势，壮大临空经济、临港经济、高铁经济等物流指向型产业，提升跨境贸易、口岸服务等新型服务功能，推进重庆东盟农产品集散中心、海外仓、西部陆海新通道特色进出口数字贸易平台建设。三是加快建设中国软件名城和全球设计之都。以“数字重庆”建设、国企“智改数转”为契机，实施软件和信息服务业“满天星”行动计划 2.0 版，加大培育“启明星”“北斗星”企业，强化软件人才“超级工厂”建设，鼓励企业强化工业软件、汽车软件等产品（服务）研发，支持两江软件园、仙桃数据谷软件园、重庆软件园、重庆软件天地等园区创建中国软件名园，支持中冶赛迪信息、紫光软件等发展基础较好的软件企业挂牌上市，促进软信产业总产值和主营业务收入倍增。围绕“工业设计、工程设计、时尚设计”三个领域尤其工业设计领域，聚集工业设计企业、设计大师等，强化培育壮大全链条设计产业集群，推动工业设计成为先进制造业、现代服务业“两业融合”的重要联通基础，深化全球设计交流，擦亮重庆的“全球设计之都”名片。

提升农业现代化水平。持续推动重庆农业现代化发展，为建设农业强国贡献重庆力量。一是强化粮食和重要农产品稳产保供。践行大农业观、大食物观，深入实施“藏粮于技、藏粮于地”战略，提升粮食保供能力，助力国家“把饭碗牢牢端在自己手上”。提升开州、梁平、丰都、垫江、忠县、潼南、荣昌等农产品主产区的农业生产能力，稳定口粮、玉米、大豆等粮食的播种面积和产量，扩大油菜种植面积，大力推广“庆油 3 号”“庆油 8 号”等高含油优质油菜品种，提高农业亩均产出，加强“菜篮子”产品生产供给。针对西南地区常见的极端高温干旱、暴雨泥石流、病虫灾害等农业自然灾害，加强灾情监测调度和预警信息发布，增强物资储备和技术准备，提高防灾救灾能力，强化农产品质量安全监管。严格管控耕地“非粮化”，因地制宜“治撂荒”，推动坡度 25 度以下撂荒耕地应种尽种，牢牢守住粮食安全的生命线。二是构建“接二连三”的现代农业体系。做深“土特产”文章，聚焦打造具有重庆辨识度的“3+6+X”① 农业产业集群，抓好千亿级优势特色产业培育，推动火锅食材、荣昌猪、柑橘、榨菜等具有重庆辨识度的特色产业全环节升

① “3”是指发展火锅食材、粮油加工、生态畜牧三大千亿级产业，“6”是指壮大预制菜、柑橘、中药材、榨菜、茶叶、重庆小面六大特色产业，而“X”则代表做优竹木、烟草、蚕桑等传统产业，支持各区县重点培育“一主两辅”乡村产业。

级、全链条增效，加快建设西南预制菜产业园、乌江涪陵榨菜绿色智能化生产基地等 10 亿级以上重点项目，打造 10 条 100 亿级以上的生态特色产业链。持续打造“巴味渝珍”“三峡柑橘”等区域公用品牌，实施地理标志农产品提质工程，推进绿色食品、有机农产品等绿色优质农产品认证。围绕打造五千亿级食品及农产品加工业集群，实施食品及农产品加工能力提升工程，扎实推进加工示范园区创建，培育引进一批农产品加工领军企业、高成长性企业、服务保障性企业。推动乡村休闲旅游业高质量发展，打造精品旅游线路。三是大力推动科技兴农。依托国家生猪技术创新中心、长江上游种质创制科学中心重庆（潼南）农科城等平台建设，强化生态种养、精深加工、生物育种等关键核心技术攻关。实施农机装备补短板行动，重点围绕破解“一大一小”农机装备卡点难点，加快先进农机研发推广，研制推广丘陵山地拖拉机、再生稻收获机、大豆玉米带状复合种植专用机械等农机，积极申报建设国家“一大一小”农机装备推广应用先导区。推动“智慧农业 · 数字乡村”建设，探索发展“产业大脑 + 未来工厂”模式，新建一批市级智慧农业示范基地。

3. 加快建设国际消费中心城市

补齐消费短板，集聚优质消费资源，推动消费迭代升级，提高消费服务品质，加快建设国际消费中心城市。一是提升国际消费品质。大力发展“四首经济”，促进优质消费资源集聚发展。提档升级城市核心商圈和特色商业街区，构建国际消费新空间。持续拓展智博会、西洽会等重点国际展会功能，培育陆海新通道国际合作论坛等特色会议，提升重庆对外影响力和集聚辐射力。二是促进消费迭代升级。培育新型消费场景，重点发展都市娱乐、主题乐园等潮流业态，推行餐饮定制、旅游定制、医疗健康定制等服务。推进数字消费融合，推动商贸企业数字化转型，建设一批智慧购物示范新场景，集聚发展一批引领行业发展的直播电商新平台。三是打造消费专属品牌。打造渝货名品精品，推动“重庆造”中高端品牌及“非遗精品”“渝货精品”向“重庆优品”“产业精品”“世界名品”转变。紧跟国际消费新趋势，植入重庆历史文化、民俗风情、生态美景等特色元素，加快商文旅体健消费深度融合发展。四是提高消费服务质量。优化消费服务，健全消费服务标准和规范，持续营造国际一流营商环境，提高国际消费环境安全度、经营者诚信度和消费者满意度。持续举办中国（重庆）国际消费节、成渝双城消费节、不夜重庆生活节等特色消费促进活动，做亮“爱尚重庆 · 渝悦消费”品牌，持续营造浓厚消费氛围。

（二）在建设国家战略腹地核心承载区上实现新突破

围绕在建设新时代国家战略腹地核心承载区上实现新突破的目标，强化战略性产业承接、战略物资备份和战略性基础设施布局，构筑国家产业转移“拦水坝”和战略物资“备份地”，提升支撑战略腹地经略周边的基础能力。

1. 建设承接战略性产业基地

发挥重庆作为成渝地区双城经济圈、西部陆海新通道、长江经济带等国家战略交汇点，工业门类齐全、产业基础良好等优势，积极承接东部地区产业转移，构筑产业转移“拦水坝”，助力国家产业链安全。一是优化承接产业转移空间布局。支持中心城区突出“知识和技术密集型、价值高端型”导向，依托两江新区、重庆高新区等平台，承接未来产业、战新产业等高端产业和研发总部、设计总部、销售总部、结算中心等产业高端环节。依托沿江承接产业转移示范区，承接智能网联新能源汽车零部件、电子零部件配套环节，支持渝东新城加快建设各自市级承接产业转移示范园区，主要承接化工新材料、新能源、生物医药等产业转移。支持山区、库区依托各区县工业园区，着力承接东部地区、主城都市区、成都的装备制造、绿色建材、医药康养、服装服饰等领域产业转移。二是深化央地合作承接产业转移。健全完善中央企业对接服务工作机制，主动对接中国中车集团、中国五矿集团、中国医药集团、国家电力投资集团等“国家队”企业，争取央企在渝设立研发总部、区域总部等战略机构，储备和推进一批央地合作重点产业项目，推动“独子线”“孤源产品”在渝建设备份产线。三是优化承接产业转移服务。强化承接产业要素保障，优化产业承接服务，确保产业“接得住”“留得下”。强化对承接产业的用地保障、财政支持、金融支持、用能支持、科技支持、人才支持等，一揽子降低企业融资成本、用工成本、用能成本。持续推行服务企业专员制度，对承接产业重点企业实施“一企一专员”制度，为企业提供包括政策宣传、问题化解、事项协调、要素支撑、资源争取等全周期、全要素、全覆盖和全方位服务。

2. 着力加强战略物资备份能力建设

加快完善能源水利联保联供设施，优化能源水利设施布局，共同推进油气水利管网互联互通。一是提升电力供应保障能力。抓紧实施川渝特高压交流、“疆电入渝”特高压直流输电工程，加快建设铜梁特高压站、渝北换流站。继续加强与西藏、青海等省区工作衔接，深化“藏电入渝”、青电等西北电入渝前期研究。开展重庆电厂环保搬迁、两江燃机二期、永川燃机热电联产、合川双槐电厂三期及万州、涪陵、江津天然气发电等项目建设。二是增强油气供应输送能力。推进川渝千亿立方米天然气基地等重大能源工程建设，加快建设“气大庆”，稳定涪陵、南川、武隆等页岩气产量，加快推动綦江丁山核心区，永川—荣昌、渝西等区块页岩气规模化开发，复兴区块页岩气、页岩油勘探开发取得重大突破。建设百亿级西南地区储气调峰基地、中航油西南战略储运基地。加快重点区块页岩气开发，实施一批新型储能示范项目。三是加大水利保障设施建设力度。推进渝西水资源配置工程，积极推进长征渠、藻渡水库、向阳水库、跳蹬水库等工程前期工作，继续开展渝南水资源配置工程前期工作，争取尽快启动可行性研究。继续推进续建水源工程建设，力争新开工一批水源工程，增强用水供给能力。

3. 推动战略基础设施布局

全面推进交通强市建设，着力打造“铁公水空”四式、“东南西北”四向、“通联畅速”四优的骨干交通网。一是持续畅通对外战略大通道。加快推进渝西高铁建设，开工建设渝宜高铁，提速推进渝湘高铁建设工作。开展江北机场T3B航站楼及第四跑道建设，积极推动重庆新机场前期工作。尽快启动三峡水运新通道，持续开展长江、嘉陵江、乌江航道整治工程。二是推动成渝交通互联互通。加快建设成渝中线、成达万、渝昆高铁。加快南充至潼南、内江至大足、铜梁至安岳、江津至泸州北线、泸州至永川、渝武高速扩能、渝赤叙、遂渝扩容（北碚至铜梁段）等省际高速公路建设。三是织密都市圈内部快捷交通网。建设轨道上的都市圈，提速推进7号线一期、17号线一期等2条城市轨道，实现18号线、10号线二期、5号线中段共59千米线路建成通车，开工建设中心城区至永川、南川、大足、綦江（万盛）等4条市域铁路。提速黄桷坪大桥、白市驿隧道建设。贯通两江新区—长寿区快速通道，推进两江新区—涪陵区、中心城区—永川—荣昌快速通道等前期工作。四是加快完善枢纽功能。建成重庆东站，启动重庆站改造，开工建设重庆新机场综合交通枢纽、洛碛港一期、万州新田港二期工程、嘉陵江利泽航运枢纽，推动重庆在四川布局“无水港”，共同打造长江上游航运中心。

（三）在打造具有全国影响力的科技创新基地上实现新突破

围绕“416”科技创新战略布局，以西部（重庆）科学城为重心，加快集聚战略创新力量，推动科技创新增势赋能，培育新质生产力，打造成渝地区双城经济圈建设战略“新平台”、现代化新重庆高质量发展“新引擎”。

1. 加快提升西部（重庆）科学城辨识度和影响力

加快完善西部（重庆）科学城“四梁八柱”，打造科技创新标志性核心载体，提升科创中心核心区的辨识度和现代制造业集群显示度。一是加快完善高能级战略创新平台体系。联合四川加快打造成渝综合性科学中心，争取国家批复成渝综合性科学中心建设方案。建强成渝综合性科学中心（金凤）。高水平建设金凤实验室，持续推动张江、广州实验室重庆基地落地，高效推进超瞬态、中子源等大科学装置建设。投用国家健康战略资源中心等重大平台，加快共建国家干细胞库西南分中心，打造金凤共享实验室，做好国家生物资源战略备份。推动重庆大学科学中心、北京大学重庆碳基集成电路研究院等加快建设，工业软件云创实验室、智能网联汽车实验室等创建国家级平台。持续增强科创平台实效，迭代完善科创平台动态评估、分类评价、跟踪服务机制，提高中国科学院重庆科学中心、北京大学重庆大数据研究院等产业化运行能力。二是加快打造标志性创新项目成果。聚焦“416”科技创新布局，加快构建“5+8”技术创新体系，实施先进制造、汽车核心软件、高端器件与芯片、人工智能、生物医药等5个重大科技专项，以及新能源、生态环境、现代种业、乡村振兴等8个重点科技专项，一体化推进原始创新、技术创新和产业创新，力争在全市重点产业和关键领域突破一些核心技术和“卡脖子”难题。深入实施关键核心技术攻关计划，联合四川积极争取国家重点研发计划、科技创新2030重大项目等各类科技计划。推动关键共性技术、前沿引领技术创新，以技术突破在科学城孕育一批新兴产业，推动超瞬态实验装置同步辐射光源建设等项目在核心技术攻关和核心部件研发上取得阶段性成果。

2. 持续推动全市域协同创新

强化创新要素资源有机融合互促，加快形成强大的创新发展内生动力。一是强化重大创新平台协同联动。提升西部（重庆）科学城、两江协同创新区等创新能级和区域合作水平，集中布局一批大项目、大平台、大机构、大团队、大产业。强化科学城联动协调、向心集聚、辐射带动作用，深化与大学城融合，推动高校、科研院所参与科学城建设，推动大学大院大所协同创新合作。建设嘉陵江、明月湖、广阳湾三大重庆实验室，围绕创新链、产业链的高效配套、融合交叉、相互支撑，健全研发创新链、产学研合作链和产业孵化链，加快市域创新体系系统重塑。二是推动创新链、产业链双向融通。围绕创新链、产业链的高效配套、融合交叉、相互支撑强化产业技术应用研究平台建设，重点在智能制造、先进感知、医疗大数据等领域加快建设国家技术创新中心、产业创新中心等国家级研发平台，健全研发创新链、产学研合作链和产业孵化链，构建多层次、网络化的产学研深度融合技术创新体系。提质发展大学科技园和环大学创新生态圈，提升科研院校自主创新能力，充分利用科研院校人才、经费、平台等资源，加强科研人才培养、学科建设、科学研究、平台共建及社会服务。三是加快构建全周期、全链条、市场化的成果转移转化体系。完善科技成果转化服务体系，构建“点线网面”科技成果转化发展新格局。加快建设金凤科创园，打造高品质科技服务集聚区，推动筹建市技术转移研究院，加快建设国家科技成果转移转化示范区，大力建设明月湖国际智能产业科创基地、江北高端生物医药孵化园等大规模专业型市场化科技企业孵化器，健全“产业研究院—孵化器众创空间—产业园区”链式孵化体系，推动政策、资金、项目、平台、人才等关键创新资源向企业集聚，稳步提升产业创新能力。

3. 持续优化创新生态培育新质生产力

围绕“33618”现代制造业集群体系发展需求，加快推动创新要素资源向新质生产力转化，推动科技创新从“量”的突破转向“质”的飞跃。一是全面深化科技体制改革。深化“三个一批”科技领域重点改革，加快推动建立成渝地区双城经济圈优质科创资源共用共享机制、构建科技成果从“实验室”到“大市场”衔接机制两项改革转段“加快实施一批”，并取得突破性进展。一体推进“三个一批”改革与数字科创建设，推动科技体制改革与“一件事”多跨场景应用充分融通，实现工作体系重构、业务流程再造、体制机制重塑和工作能力提升，不断增强科技领域重大改革的系统性、整体性和协同性。二是加快打造西部人才中心。全面实施科技创新和人才强市首位战略，以创建国家吸引和集聚人才平台为总抓手，建强战略科技创新人才队伍，培养造就大批德才兼备的高素质人才，培育壮大重点人才队伍，大力激发人才创新活力，打好人才工作组合拳，加快形成西部人才中心和创新高地。实施一流创新生态培育优化行动，加强科技领军人才、青年科技人才、产业人才自主培养，加大全球顶尖科学家、高层次人才和急需紧缺人才引进力度，完善科技人才发展环境和服务体系，做好全周期全要素科技创新和人才服务。三是加快培育高质量创新型市场主体。增强企业科技创新主体地位，持续完善“服、育、引、提”科技型企业培育体系，着力壮大高质量创新主体。出台支持科技型企业融资、企业主导的产学研协同创新等系列政策，实施科技企业

“揭榜挂帅”行动，将创新性强、科技含量高、成果重大的科研项目纳入市级科技专项支持。持续完善科技创新金融支持政策，加快推进国家科技成果转化基金落地，完善种子基金、天使基金、风投基金的衔接机制以及知识价值信用贷款运行机制，以市场化、专业化方式促进科技成果在渝转化。

（四）在勇当内陆省份改革开放探路先锋上实现新突破

深入推进以数字重庆建设引领全面深化改革，加快构建更高水平的开放型经济新体制，不断解放和发展生产力、增强内生动力，持续提升内陆开放高地能级，聚力打造内陆省份改革探路先锋。

1. 推动外贸外资保稳提质

持续优化对外贸易结构，积极拓展国内外市场，以更大力度吸引和利用外资，全面提升贸易投资合作质量和水平。一是推动对外贸易稳规模优结构。深入实施“渝车出海”行动，加快建设新能源及智能网联汽车、大型成套设备等KD件出口基地建设，扩大汽摩、通机、装备制造等优势产品出口规模。全面深化服务贸易创新发展试点，加快发展数字贸易、转口贸易、绿色贸易、跨境电商等新业态、新模式，积极开展市场采购贸易方式试点，创建国家数字服务出口基地，推动中医药、人力资源等国家特色服务出口基地提质升量。二是推动利用外资促稳提质。全面落实《扎实推进高水平对外开放更大力度吸引和利用外资行动方案》，实施加大吸引外资招商专项行动，绘制外资招商“产业链图谱”，举办“投资中国年”西部地区专场活动。深化港澳台地区经贸交流，加快建设海峡两岸产业合作区，力争新引进1~2家世界500强企业落户重庆。三是积极拓展国内外市场。积极开展内外贸一体化试点，完善部门联席会议机制，促进内外贸法律法规、质量标准衔接。瞄准“一带一路”、RCEP（《区域全面经济伙伴关系协定》）国家等重点区域，深入实施“百团千企”国际市场开拓计划，支持企业组团出海揽订单、拓市场，扩大“新三样”出口。

2. 强化通道枢纽运营能力

进一步强化西部陆海新通道牵引作用，加快提升通道运输能力、枢纽集散能力，更好支撑内陆开放高地建设。一是加快提升通道运输服务能力。围绕提升西部陆海新通道运营组织水平和综合服务能力，大力发展增值物流、绿色物流和定制物流，探索开行商品车滚装共享公共班轮、江海直达和江海联运专线，全力保障“渝车出海”。加快建设中欧班列集结示范工程，优化班列运营线路、集散分拨网络、海外仓布局，打造数字中欧班列。探索在渝满俄国际铁路班列开行更多货物品种公共班列，稳步提升果园港始发的西部陆海新通道专列、中欧班列、沪渝直达快线数量。以补齐货运网络短板为重点，加密重庆至欧洲、美洲的全货运航班。二是提升物流枢纽集散能力。加快建设国家粮食物流核心枢纽，推动中冶赛迪先进制造和数字物流产业园项目落地，积极引进 5A 级物流企业和全国“50 强”物流企业，推动“五型”国家物流枢纽、国家级骨干冷链物流基地等高质量发展。持续开展多式联运“一单制”应用推广和金融服务试点，协调推进万达开多式联运合作试验区建设，提速建设多式联运示范工程，全力培育多式联运市场主体，完善多式联运服务体系。

3. 推动开放平台提能增效

以中新互联互通项目、自贸试验区为引领，持续打造高能级开放平台，积极拓展完善口岸功能，深化国际交流合作，不断提升国际影响力。一是进一步打造高能级开放平台。加快枢纽港产业园、生命科技城等重点项目建设，推动中新（重庆）多式联运示范基地高效运行，加快推进中新（重庆）大数据智能化产业示范园区、中新金融科技合作示范区、中新（重庆）国际航空物流产业示范区建设，形成现代服务经济示范效应。实施重庆自贸试验区提升战略三年行动方案，谋划建设一批标志性、引领性成果，打造枢纽、数字、产业、法治 4 张“新名片”。二是加快建设中西部国际交往中心。加快推进西部陆海新通道智库联盟、中国南亚国家减贫与发展合作中心、中希文明互鉴中心等国际交流平台建设，推动政府机构、企业、社会团体积极参与世界经济论坛、博鳌亚洲论坛、中国国际进口博览会等国际论坛展会，办好“一带一路”陆海联动发展论坛、陆海新通道国际合作论坛、中新金融峰会等涉外活动，在服务国家对外战略中提升重庆国际化能力和水平。三是积极拓展完善口岸功能。推动江北机场航空口岸进境水果、食用水生动物、植物种苗指定监管场地通过海关总署验收，完善万州机场航空口岸查验基础设施，丰富完善口岸功能。

4. 深入推动重点领域改革

加快融入全国统一大市场建设，推动“三攻坚一盘活”改革，建立健全民营经济高质量发展机制，持续完善国际一流营商环境，推动全面深化改革纵深发展。一是深化要素市场化改革。优化完善建设用地二级市场服务机制，健全与人口流入流出相适应的财政转移支付调节机制。推动区域性股权市场制度和业务创新试点任务落地，强化“伪私募”“伪金交所”违规金融活动整治。培育一批数据商和第三方专业服务机构，推动数据产品和服务进场交易。二是实施“三攻坚一盘活”改革行动。聚焦“止损治亏”，推动一批国企战略性重组，实现“瘦身提质”，降低国企债务风险，提高在市场竞争中“虎口夺食”的核心竞争力。深化开发区管理制度改革，有序化解债务风险，推动开发区盘活存量资产，探索投融资新模式、新途径。实施“亩均论英雄”改革，建立亩均效益综合评价体系，着力激发开发区发展活力。聚焦政企分离改革，加快推动党政机关和事业单位所属企业全面“脱钩”。聚焦国有资产盘活，抓紧厘清权属关系，提升国有资产收益。三是健全民营经济高质量发展机制。强化助企惠企政策，制定出台支持市场主体发展推动经济企稳恢复提振政策措施，实现政策“精准直达”“免申即享”，切实降低企业税费负担及物流、融资等成本。深化防范和化解拖欠中小企业账款专项行动，继续开展对行业协会、中介机构等涉企收费治理，落实服务企业专员、市场准入负面清单等制度。四是打造国际一流营商环境。持续深化“一网通办”改革，推动数字化变革赋能营商环境建设。持续优化外商投资发展环境，高标准落实外资准入后国民待遇，进一步发挥重点外资项目服务专班、外商投资行政服务管家、重庆外资企业智慧服务云平台等机制作用，畅通常态化沟通交流，加大政策宣传解读，持续开展“三送一访”服务活动，及时协调解决外资企业经营困难问题，保障企业合法权益。

（五）在打造以城带乡推进山区、库区高质量发展新样板上实现新突破

坚持大城市带大农村，一体推动国家城乡融合发展试验区建设和“小县大城”“强镇带村”试点等改革，探索一条具有重庆特色的城乡融合发展之路。

1. 统筹推进城乡高质量建设

统筹新型城镇化和乡村全面振兴，加快推进以区县为重要载体的城镇化建设，学习运用“千万工程”经验，筑牢现代化新重庆建设的乡村底色，实现城乡共富共美新画卷。一是“一县一策”推动山区、库区高质量发展。坚持将区县作为山区、库区发展的核心载体，引导区县聚焦 1~2 个细分领域培育优势主导产业，因地制宜打造高质量“产业飞地”“科创飞地”。做强三峡制造、三峡农家、大三峡旅游，开展“武陵加工”品牌建设。支持忠县、彭水开展国家县城新型城镇化建设示范，探索山区、库区强县富民新路子。二是着力提升小城镇服务“三农”功能。分类引导小城镇发展，培育一批先进制

造、交通枢纽、商贸流通、文化旅游等特色产业集聚的专业功能镇，因地制宜打造人口和产业集聚的区县域副中心。促进特色小镇规范健康发展，打造城乡融合发展新支点。三是有力有效推进乡村全面振兴。推动乡村产业提质增效，做深“土特产”文章，打造一批特色农产品品牌。壮大农业产业平台，统筹推进国家农业高新技术产业示范区、国家农业科技园区、国家农业现代产业园区等创建。深入实施千个巴渝和美乡村示范创建行动，逐级开展“和美院落”“示范村”“示范镇”创建。提升乡村治理水平，着力构建“四治融合”乡村治理体系。

2. 加快促进城乡要素高效配置

深化改革、创新机制，推动城乡要素自由流动，促进更多人才、资本等要素向乡村流动。一是健全优化人口和土地流动机制。深化户籍制度改革，有序放开中心城区落户限制，推动成渝地区双城经济圈户籍准入年限同城化累计互认，探索居住证与身份证功能衔接并轨，健全常住地提供基本公共服务制度。深化农村宅基地制度改革试点，稳妥推进第二轮土地承包到期后再延长 30 年整区县和整镇试点。二是着力深化强村富民综合改革。坚持统筹推进“强村”和“富民”，系统集成推进村级规划管理机制、农业“标准地”、“强村公司”、激活农村建设用地、“三变”和“三位一体”、畅通城乡要素流动、渝农数字赋能 7 项改革为要的“一统七改”，推动“村强”带“民富”。探索“强村公司”运行机制，引导城市资本入乡加快盘活农村资源资产，打造一批强村富民综合改革示范村。三是深化“小县大城”“强镇带村”试点。引导农业转移人口向区县和重点发展的小城镇集聚，推动铜梁、开州、梁平、丰都、云阳、秀山、城口等“小县大城”试点加快探索以集聚化推动集约化高质量发展的路径，整合小城镇建设、乡村振兴等政策集中支持涪陵新妙镇、长寿云台镇、合川铜溪镇等“强镇带村”试点示范。四是深化国家城乡融合发展试验区建设。实施城乡融合发展示范工程，“以点带面”引领市域城乡融合发展。推动重庆西部片区与成都西部片区改革联动、互学互鉴，共同谋划实施年度重点任务，总结推广一批跨省域城乡融合发展经验做法。

3. 推动城乡公共资源均衡配置

坚持按实际管理服务人口规模配置公共资源，推动城乡规划、基础设施、公共服务一体化发展，加快实现城乡公共资源均衡配置。一是推动城乡规划建设“同标”。加快成渝地区双城经济圈国土空间规划报批，推动开展新时代美丽重庆城乡风貌整体规划，因地制宜制定工作方案，创建一批城乡风貌示范区。二是着力推动城乡基础设施“同网”。统筹推进农村“五网”基础设施建设，创建一批巴渝和美乡村示范村，实施农村人居环境整治提升五年行动，深化农村厕所革命，实施农村黑臭水体清零区县创建和农村污水治理专项行动，扩大垃圾收运处置体系覆盖面。三是着力推动城乡基本公共服务“同质”。深化县乡村公共服务一体化试点，巩固城乡教育联合体和“三通”（政通、人通、才通）医共体建设成果，持续改善农村养老设施和服务水平。加快健全川渝公共服务一体化政策体系，加快实现川渝社保“一卡通”。深化数字技术在城乡交通、教育、医疗、文体、社保、养老等领域的应用，提升城乡公共服务品质和效能。

（六）在推进高品质生活示范区建设上实现新突破

以数字化城市协同治理提高民生服务效能，大力建设美丽重庆，持续提升高品质公共服务供给能力，集中力量做好群众可感可及的民生实事，更好地满足人民对高品质生活的需要，打造高品质生活宜居地。

1. 推动数字城市治理建设优化政务服务供给

加快经济社会和市域治理体系数字化重塑，全力推动数字重庆建设面上突破、整体成势，促进“1361”整体构架迭代升级，加快完善一体化智能化公共数据平台，构建起以应用为核心的数字资源“关联图谱”，升级打造数字化城市运行和治理中心，加快建设城市运行和治理大模型升级版，丰富六大应用系统，推动应用实战从“一件事”向“综合场景”拓展，筑牢基层智治体系，实现“区县—镇街—村社—网格”事件高效流转处置。深化拓展数字服务质效，构建“一件事一次办”全场景新服务体系，推出100个以上便民利企服务应用。新增一批川渝“一件事一次办”和“免证办”服务事项，“川渝通办”服务事项扩增至350项。

2. 努力推动生态环境保护能级大幅跃升

全面推进美丽重庆建设，全力实施推进生态优先绿色发展行动，统筹推进山水林田湖草沙系统治理，提质建设“两岸青山·千里林带”、国家储备林和“六江”生态廊道，进一步筑牢长江上游重要生态屏障，推动生态系统保护修复迈上新台阶。坚决打好污染治理和生态保护攻坚战，一体化推动治水、治气、治土、治废、治塑、治山、治岸、治城、治乡。持续实施碳达峰碳中和行动，推进工业、城乡、交通等重点领域碳达峰行动计划，开展国家首批城市和产业园区减污降碳协同创新试点，培育创建国家生态工业示范园区。健全地方碳市场配套政策，优化“碳惠通”平台，深化低碳和近零碳系列试点示范。深入推动绿色转型发展，大力推进全域绿色金融改革创新试验区建设，实施全域“无废城市”高标准建设。鼓励绿色低碳产品消费，倡导绿色低碳生活方式。

3. 持续推动公共服务提标扩面

大力发展普惠托育服务，提高优质普惠性学前教育供给质量和覆盖面，推进儿童友好型城市建设。推动义务教育优质均衡和城乡一体化发展，提升职业教育办学水平，深入推动高等教育内涵式发展，大力推动优质数字教育，推进教育现代化。高标准推进江苏省人民医院重庆医院、华中科技大学同济医学院附属协和医院重庆医院等 4 个国家区域医疗中心建设，助推全市医疗服务能力进一步提升，积极推进卫生健康机构改革，推动重点改革任务落实见效，大力推动“医保、医疗、医药”协同发展和治理，深化基层卫生综合改革，促进民营医院规范、高质量发展。完善社区养老服务设施配套建设和兜底性养老服务。高标准建设长江、长征国家文化公园（重庆段），加快推进柴可夫斯基音乐学院等重点项目。制订“百万大学生留渝”行动计划，对脱贫对象、低收入家庭等重点群体精准施策，千方百计增加城乡居民收入。

五、政策建议

全面贯彻落实党的二十大精神，按照市委决策部署，全力推动市委、市政府关于经济社会发展目标任务的落细落实，努力实现更多变革性实践、取得更多突破性进展、形成更多标志性成果，助推现代化新重庆建设开好局、起好步。

（一）抓紧抓实向上对接

加强中央区域协调发展领导小组对成渝地区双城经济圈建设的指导支持，从更高层面加大国家对成渝地区重大部署、重大规划、重要政策、重点项目的支持力度，定期协调解决重要问题，督促落实重大事项。争取国家支持研究编制中新互联互通示范项目建设指导意见等政策文件。积极对接国家有关部委争取更多重大政策、重大项目、资金解决或纳入国家盘子，指导重庆在服务国家战略中发挥更大作用。

（二）抓紧抓实统筹协调

坚持全市域融入、全方位推进，加快“33618”现代制造业集群体系打造、数字重庆建设、西部陆海新通道建设，持续推动渝西一体化高质量发展，深入实施“一县一策”推动山区、库区高质量发展，为成渝地区双城经济圈注入新动能、拓展新空间。细化落实重庆四川党政联席会议第八次会议、重庆成都双核联动联建会议第二次会议议定事项，打表推进成渝地区双城经济圈建设、双核联动联建重点合作事项。

（三）抓紧抓实政策实施

统筹抓好成渝地区双城经济圈规划建设纲要、专项规划实施，抓实项目落地，强化全要素保障、全链条跟进、全方位服务，确保有序推进，推动各项规划明确的目标任务如期完成，确保蓝图共绘、管全域、干到底。狠抓政策落实，进一步完善重点事项推动落实机制，在政策落地见效上持续用力，推动各项政策落地起效成型成势。强化政策协同，抓紧谋划行业、领域、区域等下一步目标任务，联合争取中央层面加大对成渝地区双城经济圈建设的支持力度，在产业、人才、土地、投资、财政、金融等领域给予更多政策指导，进一步破除阻碍各类要素跨区域合理流动的体制机制障碍，更好带动川渝合作整体推进。

（四）抓紧抓实项目共建

聚焦基础设施、现代产业体系、科技创新、生态保护等重点领域共投共建相向协作，接续实施合作共建重大项目，打表推进在建、新开工项目建设。深化落实省市领导联系重大基础设施项目工作机制，按照“聚焦重大项目、突出示范引领、遵循循序渐进”的原则，两省市“四套班子”领导双牵头，“一项目一专班一方案”着力推动成渝中线高铁等标志性引领性重大项目建设，加快推进建设成渝高速扩容等重大工程，建成江北机场 T3B 航站楼及第四跑道等工程，加强成渝地区航运体系统筹分工协作，共建长江上游航运枢纽。抓紧实施川渝特高压交流、“疆电入渝”特高压直流输电工程、川渝千亿立方米天然气基地等重大能源工程。推动电子信息、汽车等产业常态化供需对接，共同提升产业链竞争力和供应链稳定性。

（五）抓紧抓实机制良好运行

发挥好“党政联席会—常务副省市长协调会—联合办公室—专项工作组”四级合作机制作用，进一步发挥分管副省市领导对接机制，提高工作协调的效率性、便捷性，高效解决合作中的困难问题。依托省市领导联系毗邻地区合作功能平台机制，协调推动平台建设，督促全市域融入、全方位推进。充分发挥成渝地区双城经济圈智库联盟作用，积极开展决策咨询、学术交流等活动。

（六）抓紧抓实打造更多标志性成果

坚持国家所需、重庆所能、群众所盼、未来所向，动员全社会力量，学习借鉴先进地区打造标志性成果经验做法，紧扣现代化新重庆建设目标，放大特色、打造优势，形成更多具有重庆辨识度的有形载体、有效抓手，不断取得突破性进展，形成更多标志性成果，实现整体性跃升。

分报告二

四川省推动成渝地区双城经济圈一体化发展研究（2023—2024年）

2023年，四川省坚持把成渝地区双城经济圈建设作为现代化建设总牵引，主动服务和落实国家重大战略，不断增强成渝地区双城经济圈建设紧迫感、责任感、使命感，深化战略认识、强化战略协同，坚定不移推动成渝地区双城经济圈建设走深走实，在产业协作、政策协同、项目共建等方面取得一批标志性成果，较好地完成了推进成渝地区双城经济圈建设的年度目标任务。本报告通过总结2023年四川省推动成渝地区双城经济圈建设的经验做法，分析存在的困难和问题，提出2024年的发展思路和重点任务，为进一步推动成渝地区双城经济圈一体化发展提供借鉴和参考。

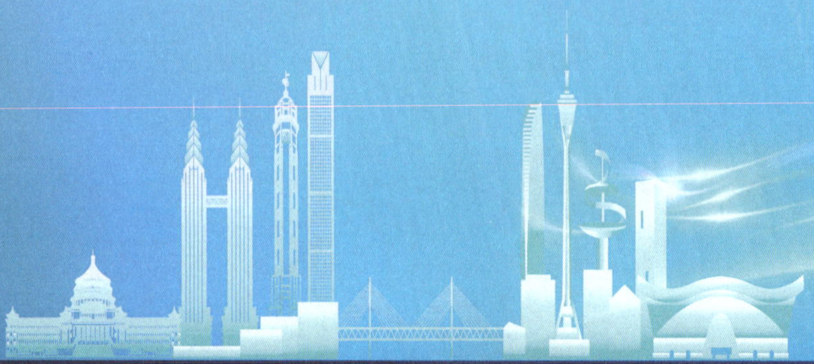

一、发展基础和比较优势

（一）区域协同发展格局持续优化

1. 成都都市圈建设走深走实

成都都市圈建设深入推进，2023 年成德眉资四市地区生产总值占全省的比重为 46.3%、比上年提升 0.1 个百分点，对全省经济增长的贡献率达到 48%、拉动全省经济增长 2.8 个百分点。成长期三年行动计划启动实施，283 项年度重点任务全面完成，轨道交通资阳线全线贯通，跨市公交线路增至 15 条，“同城化无差别”受理政务服务事项新增 75 项，医疗检查检验结果互认机构增至 154 家，成德、成眉、成资协同创新中心高效运行，跨市域协作配套企业增至 1551 家，都市圈地区生产总值达 2.78 万亿元。《现代化成都都市圈高质量发展指数（2023）》显示，成都都市圈综合得分为 76.4 分，在 12 个都市圈中排第 5 位，在中西部都市圈中处于领先地位。

2. “五区共兴”发展成效显著

川南经济区一体化持续深化，川南四市地区生产总值已超 1 万亿元，稳居全省五大经济片区第 2 位，内江—自贡同城化深入发展，基本形成内自半小时通勤圈，医保、社保、教育、公积金等多个领域基本实现“同城化”，建立起跨区域合作项目财税利益分享机制。川东北经济区高质量发展能级提升，交通建设大会战成效显著，基本形成全国主要城市 3 小时、川东北城市 2 小时便捷高效的交通圈，天然气、锂钾、清洁能源等产业集群培育初见成效，物流、文旅等服务业加快成势。攀西经济区转型升级迈出坚实步伐，两地签署了《深化区域合作共同推进攀西经济区高质量发展合作协议》，倾力共建攀西国家战略资源创新开发试验区，加快推动钒钛优势产业高端化。川西北生态示范区进一步筑牢长江黄河上游生态安全屏障，示范区生态环境逐年向好，森林面积和森林蓄积量连续 21 年保持“双增长”，空气优良天数率、地表水水质优良率、集中式饮用水水源地水质达标率持续实现 3 个“百分之百”，环境质量稳居全省前列。

3. 毗邻地区协同发展不断深化

跨省区域融合更进一步，在成渝地区双城经济圈联合办公室增设广安融入重庆都市圈专项工作组，出台《广安市实施同城融圈首位战略打造重庆都市圈北部副中心行动方案（2023—2027年）》，“项目化+清单制+责任制”推动合作事项落地见效。毗邻地区合作平台建设稳步推进，10个毗邻地区合作共建功能平台总体方案全部印发，功能平台的重点项目建设全力推进，规划一体、设施互联、产业共兴、园区共建、环境共治、政策互认、利益共享等机制协同推进，川渝融合发展“桥头堡”加快打造。经济区与行政区适度分离改革深入推进，跨省域都市圈同城化体制机制、要素市场化改革等方面放权赋能力度进一步加大，全国两区适度分离改革示范样板和高地聚力打造；川渝高竹新区5个经济活动一体化、3个社会事务属地化、28个重点领域改革的“5328”改革创新体系初步形成，税费改革成果入选党的二十大“奋进新时代”主题成就展。

（二）现代基础设施体系不断建强

1. “内畅外联”的现代路网基本形成

一是道路互联互通水平持续提升。建成内江至大足（四川段）高速公路，持续推进G318川藏公路升级改造，提速建设重庆经叙永至筠连、资中至铜梁至安岳、渝遂高速公路扩容、南充至潼南等高速公路，开工建设成渝高速公路扩容等项目。2023年，全省新（改）建国省干线1800千米，打通国省道断头路、瓶颈路58处，高速公路通车运营总里程达9803千米，居全国第3位。二是多层次轨道交通体系加快构建。成自宜高铁建成通车，成都至香港互通直达高铁列车、西部陆海新通道西线铁路通道叙毕铁路开通运营。成渝中线高铁、成达万高铁、渝西高铁（川渝段）、川藏铁路雅安至林芝段、成渝铁路成都至隆昌段扩能改造项目加快建设。市域（郊）铁路成都至资阳线实现轨通，市域（郊）铁路成都至德阳线、绵遂内铁路绵阳至遂宁段开工建设，达万铁路扩能改造工程、南充至广安铁路前期工作启动。全省新增铁路里程524千米、累计运营里程超6500千米，铁路建设完成年度投资居全国第1位。三是长江上游航运中心建设有序推进。岷江犍为航电枢纽建成投运，岷江、嘉陵江、乌江等航道加快建设，川渝共建万州新田港二期工程等项目进展顺利，铁公水联运枢纽港口体系基本成形。四是国际航空枢纽竞争力不断提升。成都天府国际机场、双流国际机场“两场一体”高效运营，实现“空铁零换乘”，阆中古城机场、遂宁安居通用机场、北川永昌通用机场建成通航，万州机场、乐山机场等加快建设，成都国际航空枢纽年旅客吞吐量近 7500 万人次、居全国第 3 位，货邮吞吐量 76.7 万吨、居全国第 6 位。

2. 重大水利工程项目建设加快

一是骨干水利工程建设稳步推进。向家坝灌区一期二步、三坝水库、藻渡水库、米市水库等水网骨干工程开工建设，亭子口灌区一期、跳蹬水库、渝西水资源配置工程加快建设。引大济岷项目由技术论证向行政审批全面转段，长征渠引水、毗河供水二期、罐子坝水库、涪江右岸引水、沱江团结水库、川渝东北一体化水资源配置等工程前期论证工作加快推进，省管大型灌区一体化改革全面完成，大中型灌区续建配套与现代化改造加快实施。二是防洪减灾能力进一步增强。中心城市应急备用水源建设稳步推进，持续开展防洪控制性水库、主要江河及中小河流防洪治理、病险水库除险加固等项目建设。

3. 能源基础设施建设有序推进

一是电源电网项目加快实施。全球最大水光互补电站雅砻江柯拉光伏电站一期投产发电，国内在建最大水电项目孟底沟电站全面开工，金沙江昌波、雅砻江牙根一级、大渡河老鹰岩二级等水电站获国家核准建设，川渝 1000 千伏特高压交流工程（甘孜—天府南—成都东、天府南—铜梁）项目加快建设，持续推进金沙江、雅砻江、大渡河水电基地建设，稳妥实施外电入川渝项目。持续深化川渝一体化电力调峰辅助服务市场机制，开展迎峰度夏川渝电力互济保供常态化合作，实现川渝电力互济。全省新增电网供电能力超 1000 万千瓦，水电装机容量近 1 亿千瓦，居全国第 1 位。二是国家天然气（页岩气）千亿立方米级产能基地建设持续推进。川气东送二线天然气管道工程开工建设，百亿级西南地区储气调峰基地、中国航油西南战略储运基地、铜锣峡、黄草峡、老翁场、牟家坪等储气库项目建设稳步推进。全省天然气（页岩气）产量达到 552 亿立方米，居全国第 1 位。

（三）现代化产业体系建设成效明显

1. 现代特色农业提质增效

一是重要农产品生产总体稳定。全年粮食总产量 359.4 亿公斤，比上年增长 2.4%，创历史新高，稳居全国第 9 位；出台《四川省生猪保供稳价九条措施》和《关于推进生猪产业现代化的意见》，生猪出栏量6662.7万头，居全国第1位，超额完成国家下达任务。二是农业科技水平不断提升。国内唯一省级综合性种质资源中心库、国家区域畜禽（生猪）种业创新中心建成使用，五大种业集群加快建设。实施农机装备补短板行动，新增农机装备30万台（套），建设农产品产地冷藏保鲜设施1000座。三是"川字号"优势特色农业提质增效。"天府粮仓"品牌培育推广，天府源、遂宁鲜、甜城味等品牌知名度提升，大凉山、圣洁甘孜、净土阿坝等农产品区域公共品牌引领带动作用增强，绿色有机地标优质农产品数量达2459个、居全国前列。四是现代农业产业园区建设成效显著。新创建国省级农业园区95个，新入选全国特色优势产业集群1个，新获批创建国家级现代农业园区3个，新认定国家农业产业强镇57个。

2. 制造强省加快建设

一是规模与利润保持增长态势。2023年，工业增加值16705.2亿元，比上年增长5.3%，对经济增长的贡献率为24.5%；工业企业利润增速明显加快，2023年四川规上工业企业实现利润总额4506.1亿元，比上年增长5.1%，增速比全国高7.4个百分点。二是优势产业发展迅速。四川出台《四川省六大优势产业提质倍增行动方案（2022—2027年）》及支持政策，六大优势产业实现增加值增长6.6%，电子信息、食品轻纺、能源化工产业规模达到万亿级。在第五批国家级专精特新"小巨人"企业公示名单中，四川共有109户企业上榜，主要集中在六大优势产业领域。三是产业集群成链发展。3个国家战略性新兴产业集群和3个国家先进制造业集群加快壮大，集成电路、航空航天等23个省级战略性新兴产业集群启动实施，4个产业集群入选国家中小企业特色产业集群，成都、德阳、绵阳、宜宾入选全国先进制造业百强市。四是制造业数字化、智能化升级进一步加快。累计打造国家级数字化转型示范项目近400个，东方电气等入选国家级跨行业跨领域工业互联网平台，泸州老窖等3家企业获评全国"数字领航"企业，培育产线柔性配置、智能在线检测等国家级智能制造优秀场景38个。

3. 服务业支撑贡献突出

一是服务业对产业支撑作用增强。2023年，第三产业增加值为32769.5亿元，增长7.1%；第三产业对经济增长的贡献率为62.5%，比上年增加27.1个百分点。新建15个服务业高质量发展示范区，新增6409户规上服务业和限额以上商贸企业。二是商贸物流水平得到提升。四川启动服务业赋能融合计划，实施商贸服务业"千户培优"行动，重点推动住宿餐饮、批发零售、交通运输、文体娱乐等重点行业恢复发展。全省国家重大物流基础设施达到 12 个，成都、宜宾—泸州、南充等纳入国家现代流通战略支点城市布局。三是金融支持实体经济力度加大。金融业实现增加值 2555.6 亿元，占服务业比重达 16.9%，金融机构本外币存款、贷款余额分别增长 10.1%、14.5%，存贷比达 86%，比上年提高 3.4 个百分点，全省企业贷款平均利率下降 0.12 个百分点。四是文旅业强劲复苏。成都国际消费中心城市加快建设，成功举办全国糖酒会、中国（四川）国际熊猫消费节等活动，召开文化和旅游发展大会，接待游客人次和旅游收入全面超过疫情前水平。

4. 数字经济持续壮大

一是布局完善新一代信息基础设施。国家“东数西算”工程加快实施，基本建成以天府国家级数据中心集群为核心的“1+5+N”全省一体化大数据中心体系，建成运行国家超级计算成都中心、成都智算中心。新型显示、集成电路等重大项目落地建设，建成中西部规模最大、竞争力最强的专业软件产业基地。新增 5G 基站 4.6 万个，千兆光网覆盖家庭能力达到 5500 万户。二是推动产业智能化改造、数字化转型。企业“上云用数赋智”深入推进，建成 2 个国家级跨行业跨领域工业互联网平台、42 个省级工业互联网平台，认定 37 个省级数字化转型促进中心，新增 5 万余户上云企业。数据要素市场化配置改革试点启动，成都市公共数据授权运营、德阳市“1+4+N”数据要素市场化配置制度体系建设取得积极成效。

（四）科技创新能力加快提升

1. 科技创新能力大幅提升

一是关键核心技术加速突破。围绕六大优势产业组织编制技术创新图谱，启动实施钒钛稀土等 3 个重大科技专项，深入实施航空与燃机、工业软件及信息安全、医药健康、川猪、生物育种等 5 个重大科技专项。子午工程二期入选 2023 年度国内十大科技新闻，新一代人造太阳“中国环流三号”入选十大超级工程，18 兆瓦海上风电机组入选十大“国之重器”，全年登记科技成果 4087 项、增长 48.4%。制订基础研究十年行动计划，前瞻布局 2000 个基础研究项目。二是创新主体活力加速释放。实施创新型企业培育强领军、强主干、强基础“三强计划”，国家高新技术企业达到 1.69 万家、增长 15.2%，备案科技型中小企业 2.1 万家、增长 12.4%，“瞪羚”企业达到 264 家、增长 23.4%，企业研发投入占比首次提升至 60.3%，制定金融支持科技型企业创新发展实施方案，“天府科创贷”累计放贷超120亿元，7家科技型企业挂牌上市。

2. 区域创新布局持续优化

一是区域协同创新纵深推进。12个部委联合川渝两地政府印发《关于进一步支持西部科学城加快建设的意见》，成渝中线科创走廊、川渝毗邻地区融合创新发展带纳入国家区域创新体系建设布局。成立万达开技术创新中心，布局川渝共建重点实验室3个，建立绵阳科技城建设部省联席会议制度。二是高能级创新平台加速集聚。国家实验室建设开局良好，新获批2个全国重点实验室，13个全国重点实验室、30个省重点实验室完成重组，首批天府实验室全部揭牌运行。国家川藏铁路技术创新中心建成投用，全国先进技术成果西部转化中心、国家高端航空装备技术创新中心、世界最深暗物质实验室锦屏深地实验室二期科学投运，稻城高海拔宇宙线观测站通过国家验收。

3. 创新生态不断改善

一是科技成果转化加快推进。国家科技成果评价改革综合试点任务顺利完成，出台全面深化职务科技成果权属制度改革实施方案。深入开展“聚源兴川”行动，建立大院大所联系服务机制，推出支持中央在川科研院所提升“两服务”质效的“九支政策”，支持包括北斗三号基带芯片、大飞机新型起落架系统在内的22项高校院所重大科技成果在川转化。运–20、C919大飞机机头批量交付，芯片封装载板材料、核医学影像关键装备医用回旋加速器实现国产化，全国首台自主创新产品F级50兆瓦重型燃气轮机成功投入商用。二是创新协作交流日益活跃。川渝联合主办“一带一路”科技交流大会及系列论坛活动，协同举办“一带一路”10周年科技创新合作成果展成渝专题展区、首届川渝毗邻地区科技协同创新发展大会、第三届重庆四川技术转移大会，建成“一带一路”联合实验室3个、国际科技合作基地109个，全球科创资源持续在川渝汇聚。

（五）国际消费目的地联动打造

1. 高品质消费空间加快营造

一是川渝特色消费新场景联动发展。成立成渝双城消费服务联盟，推动解放碑、观音桥与春熙路、太古里等知名商圈结对共建，成都春熙路、太古里和重庆观音桥、杨家坪等商圈消费集聚辐射作用明显增强，春熙路大慈坊、解放碑—洪崖洞等12个街区成为第一批国家夜间文化和旅游消费集聚区，打造品牌首店发展集聚区、离境退税示范街区，春熙路商圈获评首批全国示范智慧商圈，以洪崖洞、宽窄巷子等“打卡点”为代表的“网红经济”蓬勃发展。二是巴蜀文化旅游走廊建设加快。审议通过了《重庆成都双核联动联建高质量推动巴蜀文化旅游走廊建设实施方案》，有序推进长征国家文化公园（川渝段）、川陕片区红军文化公园等重大项目建设，联动实施巴蜀文旅走廊旅游城市提升、旅游精品建设、红色旅游发展、乡村旅游提升、特色旅游建设“五大工程”。联合申报国家文化和旅游创新改革试验区，协同推进“考古中国”川渝地区巴蜀文明进程研究项目。组建川渝文化旅游企业联盟、川渝智慧文旅联盟、涪江流域文化旅游发展联盟，共同推广“安逸四川　巴适重庆”旅游形象和“巴蜀文化旅游走廊—旅游专列”。协同整合景区景点、文博场馆等文旅资源，推出“百万职工游巴蜀”活动，带动出游近 100 万人次，累计拉动消费 10 亿元以上。

2. 多元融合消费业态加快培育

一是多元消费业态加快形成。积极打造多元融合的消费新场景，大力发展假日经济、数字经济、首店经济、小店经济、夜间经济等消费新业态，体育新消费、研学新消费、演唱会经济等成为消费市场新的增长点，40 个“商文旅体康”融合消费新场景人气高涨，文殊坊、鲁家滩等入选省级高品质示范步行街、“蜀里安逸”消费新场景，新落户各类首店 756 家，签约引进青城数字文博综合体等重大文旅项目 44 个。二是促消费活动形式多样。联合发布“成渝高铁巴蜀文化主题游”“欢乐五一巴蜀游”“川渝亲子研学游”等特色主题旅游线路，共同举办川渝石窟艺术展、川渝曲艺展演大会等活动。高水平举办第二届国际熊猫消费节、全国糖酒会，实施“三品一创”消费提质扩容工程，大力培育“蜀里安逸”消费品牌。联合重庆举办成渝双城消费节、川渝老字号博览会、成渝地区双城经济圈消费与发展论坛、成渝地区双城经济圈城市文旅推介活动等。

3. 安全友好的消费环境塑造有力

一是政策支持力度不断加大。实施提振发展信心“36 条”、促进消费“22 条”、进一步激发市场活力“19 条”等政策“组合拳”，出台了《关于实施“三品一创”消费提质扩容工程加快培育“蜀里安逸”消费品牌的意见》纲领性文件，印发实施了《成都“新十二月市”促消费活动实施方案》《关于支持成都加快打造国际消费中心城市的意见》等政策措施，为加快打造具有巴蜀特色的国际消费目的地营造良好的消费环境。二是消费者权益保障制度不断健全。跨区域消费维权协作机制进一步深化，成渝两地消委会签订跨区域消费维权战略合作框架协议，川渝十地消委联合开展“提振消费信心我们在行动”消费体验活动，开展食品安全、广告监管、打击传销等方面交叉检查、联合执法，出台《重庆四川跨省域消费民事公益诉讼工作规范》，建立跨区域投诉举报转办机制，处理投诉举报500余件。

（六）长江上游生态屏障持续筑牢

1. 生态保护修复成效明显

一是山水林田湖草沙冰一体化保护修复高质量推进。全年实施人工造林64.6万亩，实施森林可持续经营试点9万余亩，实施人工种草53.69万亩，绿地覆盖率达42.47%，修复湿地9.4万亩，土地沙化现象得到有效遏制。四川广安华蓥山区山水林田湖草生态保护修复工程竣工。《成渝地区双城经济圈“六江”生态廊道建设规划（2022—2035年）》印发实施，“六江”生态廊道加快建设。开展古树名木保护专项整治，登记在册古树名木7.1万株，新增一级古树25株、省级古树公园10个。二是生态文明建设成效显著。自然保护地整合优化方案编制完成，高质量建设大熊猫国家公园，大熊猫国家公园（四川片区）自然资源统一确权登记工作启动，若尔盖国家公园创建任务基本完成。生态文明示范创建保持全国前列，累计创建国家生态文明建设示范区39个、“两山”实践创新基地10个，2023年9地成功入选生态环境部生态文明建设示范区和“两山”实践创新基地，与浙江、山东并列全国第1位。美丽四川建设全面推进，出台《美丽四川建设战略规划纲要（2022—2035年）》，宜宾江之头入选全国第二批美丽河湖，美丽中国先行区加快打造。

2. 环境污染治理取得突破

一是持续深入打好蓝天、碧水、净土保卫战。空气质量指数全国排名较上年提升3位。全省水质创历史最好水平，203个国考断面、142个省考断面均达到Ⅲ类及以上水质，优良断面占比100%，285个开展达标评价的水功能区全部达标，彻底消除劣Ⅴ类水质，长江、黄河干流水质稳定保持在Ⅱ类以上，重点流域水质持续向好。土壤环境质量保持稳定，受污染耕地安全利用率提升至94%，较上年增长2个百分点。声环境质量有效提升，城市各类功能区声环境质量总体保持在较高水平，昼间达标率为97.5%，同比提升0.7个百分点，夜间达标率提高至85.1%，同比提升2个百分点。二是资源综合利用水平进一步提高。“无废城市”建设持续深化，危险废物利用处置能力不断提升，全省未发生较大及以上突发环境事件，事件数量连续 4 年下降，在国家污染防治攻坚战成效考核中连续 4 年获评“优秀”等次。三是环保督察有力有效。两轮中央督察及“回头看”任务完成率达 95.1%，国家移交的长江黄河生态环境问题整改完成率达 80.9%。

3. 绿色低碳发展扎实推进

一是产业绿色转型步伐加快。积极稳妥推进碳达峰碳中和，持续在工业生产、交通运输、农业生产、房屋建筑等领域实施电能替代，生态环境分区管控落实落地，严格“两高一低”项目环评审批。绿色低碳优势产业增长 11.9%，其中晶硅光伏、动力电池产业分别增长 22.6%、12.9%。近零碳城市、园区试点持续推进，获评国家级绿色工厂 38 家、绿色工业园区 7 个、绿色供应链管理企业 1 家。林草碳汇项目开发试点加速推进，林草碳汇开发规模超 800 万亩，省级生态产品价值实现机制试点有序推进，西部生态产品交易平台正式上线。累计成交国家核证自愿减排量 3828.7 万吨、成交额突破 11 亿元。二是各地绿色低碳探索加快推进。四川天府新区成功入选国家气候投融资试点，成都首创双路径碳普惠机制，有效填补国内公众践行绿色低碳行为参与平台的空白。南充、乐山 2 个项目入选国家生态环境导向开发模式试点。遂宁 5 个环境领域基金项目入选国家清单。三是清洁能源基地加快建设。清洁能源装机容量、水电装机容量、天然气（页岩气）产量均居全国第 1 位。柯拉光伏电站投产发电、雅砻江两河口电站建设有序推进，15 项迎峰度夏、20 项迎峰度冬电网重点工程全部建成投运，新增电网供电能力超 1000 万千瓦时。

（七）改革开放持续深化

1. 区域一体化改革纵深推进

一是成渝双圈市场一体化建设加快。《推动成渝地区双城经济圈市场一体化建设行动方案》印发实施，成都市普惠金融服务乡村振兴改革试验区建设有序推进，成渝金融法院正式开展收案、审理工作，联合设立成渝金融司法协同中心，打造川渝公共资源交易一体化平台，应用新型数字证书（CA）技术手段，实现川渝两省市 CA 互认通用。共建两省市市场监管、公安、检察部门重大案件联合挂牌督办机制，研究制定 13 项药品领域监管制度，协力维护区域市场秩序。二是经济区与行政区适度分离改革稳步推进。探索建立两区分离税费统计分析指标体系，纳税信用补评、非税收入申报等 32 项税费服务新纳入通办事项范围，增加统一税务电子文书送达等第二批 8 个征管事项，新区国土空间规划完成川渝联合审查。三是高水平营商环境持续优化。协同推进川渝政务服务一体化，梳理推出第一批 7 项川渝“一件事一次办”、34 项“免证办”、9 项跨区域数字化场景，311 项政务服务事项实现“川渝通办”。深化川渝市场准入“异地同标”服务机制，试点虚拟地址“云注册”、探索经营主体“云迁移”、构建营商环境“云地图”。推进经营主体全生命周期、全链条信用监管一体化发展，连续 4 年开展川渝跨省域公平竞争审查交叉互评。统一川渝区域地方标准 7 项，推进川渝互认地方计量技术规范 6 项，联合发布川渝建设领域新技术 33 项。

2. 重点领域改革深入推进

纵深推进农业农村、财税金融等重点领域改革。职务科技成果权属、电力体制、水权水价等改革取得良好成效。国企改革三年行动完成，交通、旅游、生态环保等领域国有资本实现战略性重组和专业化整合，蜀道集团、成都兴城集团连续两年上榜“世界 500 强”。推进民营企业雁阵培育五年行动计划，启动实施县域民营经济改革试点，新希望集团、通威集团进入“世界 500 强”。出台“1+2”政策文件体系，五大专项行动护航民营经济，10 项措施促进民营企业发展壮大，2023 年末全省民营经济主体突破 800 万户，其中私营企业达 244.2 万户。

3. 对外开放持续扩大

一是对外开放大通道多向畅通。2023 年新增进出川大通道 6 条、累计达到 48 条，成都国际班列已联通 107 个境外城市、30 个境内城市。中老泰马四国铁路班列实现贯通，四川西部陆海新通道（老挝）物流贸易集散中心建成投用，中缅新通道（曼德勒—成都）公铁联运班列成功开通。中欧班列（成渝）统一运营标识、基础运价、车辆调拨，2023 年成都海关监管中欧班列（成都）进出口货物 119.4 万吨，同比增长 14.1%；货值 463.9 亿元，同比增长 17.4%。二是重大开放平台能级不断提升。川渝自贸试验区协同开放示范区深化改革创新行动方案发布实施，川渝自贸试验区司法协同合作、综合保税区设备零配件便捷监管等 8 项创新案例正式发布。国家级经开区综合发展水平稳步提升，在上一年西部地区 50 个国家级经开区排名中，全省有 6 个进入前 15 位，宜宾临港经开区首次跃升至西部地区第 1 位。“一带一路”进出口商品集散中心和对外交往中心建设稳步推进，科博会、西博会等国家级重大展会成功在川举办。2023 年，全省货物贸易进出口总值实现 9574.9 亿元，居全国第 8 位，排名保持不变。

（八）城乡融合发展积极推进

1. 城乡融合改革试点深化拓展

一是成都西部片区国家城乡融合发展试验区建设深入推进。积极落实国省重大改革试验任务，研究形成“一元化”户籍管理制度，实施全域迁移政策，实现九大类 104 项基本公共服务城乡制度并轨、标准统一，城乡居民收入比降至 1.65∶1，成都等 2 个市和自贡大安等 13 个县（市、区）域内城乡融合发展改革试点有序开展。二是农业产业示范效应逐步扩大。大力推动龙头企业、农民合作社、家庭农场、专业大户组建农业产业化联合体，新增家庭农场 2 万家、农民合作社省级示范社 300 个，新培育基层供销社示范社 287 个；启动“天府粮仓・千园建设”行动，新创建国省级农业园区 95 个、产业集群 21 个、产业强镇 66 个。

2. 城乡要素资源双向自由流动不断加快

一是城乡人口有序流动。农业转移人口市民化质量持续提升，城镇基本公共服务加快覆盖全部常住人口，“十四五”以来，农业转移人口落户城镇 139.4 万人，发放居住证 598.3 万张，省级财政下达市民化奖励资金 57.2 亿元。二是农村产权流转交易市场加快发展。推动林权、水权、地权入场流转交易，成都农交所累计成交各类农村产权超 4 万宗，面积超 460 万亩、交易规模 1832 亿元，位居全国同类交易机构前列。三是“以城带乡”行动落地见效。实施“万企帮万村”“万企兴万村”等行动，务实开展东西部协作和对口支援工作，累计发动 12808 家民营企业、409 家商（协）会结对帮扶 9278 个村，实施“兴村”项目 1.5 万个、年度帮扶项目 857 个，投资到位资金超 800 亿元，消费帮扶约 28 亿元。全面铺开 39 个欠发达县域托底性帮扶工作，对 50 个乡村振兴重点帮扶县全面落实特殊支持措施。四川成功创建中国美丽休闲乡村 12 个，培育省级乡村旅游重点村 100 个。

3. 城乡公共资源配置更加均衡

一是城乡一体规划持续推进。有序开展老旧小区、老旧厂区、老旧街区及城中村改造，四川 11 个地级市和 10 个县级城市（县城）启动省级城市更新试点，加强历史文化街区、古镇古村、全国重点文物保护单位等遗产遗迹的整体保护和合理利用，延续城市和乡村文脉。二是城乡基础设施一体化水平不断提高。推动城镇基础设施和公共服务向乡村延伸覆盖，城乡生活污水及垃圾处理设施、农村公路等加快建设，新（改）建农村卫生厕所 51.2 万户，开工城乡生活污水和生活垃圾处理项目近 2000 个，完成投资 909 亿元；新（改）建农村公路 1.9 万千米，乡村“金通工程”车辆达到 2.7 万辆；乡村水务百县建设持续推进。三是积极开展数字乡村建设。推进乡村治理体系和治理能力现代化，试点推广运用四川版乡村治理平台“川善治”，探索构建学习型、智能型、数字型乡村治理模式。

（九）公共服务水平不断提升

1. 卫生健康事业高质量发展

一是全国医疗高地建设迅速。获批山东省立医院泸州医院、成都中医药大学附属医院德阳医院、首都医科大学附属北京安贞医院南充医院、重庆医科大学附属儿童医院宜宾医院等 4 个国家区域医疗中心，新增 4 家中西医协同“旗舰”医院。二是多项试点示范落户四川。成都市、眉山市成功创建“全国第一批婴幼儿照护服务示范城市”，泸州市获批中央普惠托育示范项目，自贡市获批中央财政支持公立医院改革与高质量发展示范项目。三是优质医疗资源加快下沉。线上聚合力，四川省互联网总医院完成建设并上线试运行，已接入 8 家省部级医疗机构，开设服务科室 42 个，涉及内、外、妇、儿等多个专科领域，遴选入驻中级及以上职称的医务人员 4000 余人，便捷实现“一站式”互联网服务功能。线下进基层，开展“万名医护走基层”志愿服务活动，以革命老区、民族地区、偏远山区为重点，动员县级及以上医疗卫生机构医护人员深入县、乡、村开展志愿服务活动，目前已组织近万场志愿服务活动，参与专家、志愿者 4 万余人次，惠及群众 150 万余人次。四是重点人群保障更加全面。“新建、改（扩）建 10000 个普惠性托位”“基本公卫服务和失能老年健康敲门行动”“农村适龄妇女免费‘两癌’筛查”被列为省级民生实事。全年已完成 10000 个普惠性托位建设，为 8404.53 万人提供 12 项基本公共卫生服务，为 23.69 万名失能老年人免费上门提供健康服务，为 120.1 万名妇女提供“两癌”筛查。全面启动新生儿先天性心脏病筛查项目，惠及 50 余万名新生儿，提高患儿生存生活质量。

2. 教育发展成果更多、更公平惠及全体人民

一是基础教育发展更加优质均衡。顺应城乡融合发展要求和人口变化趋势，优化调整中小学（幼儿园）4644 所、教学点 4262 个，建设 200 所公办幼儿园。印发《关于推进义务教育学区制治理的指导意见》，划分义务教育学区 732 个，“超大班额”全面消除。打造义务教育优质发展共同体 153 个，建设

成渝地区城乡义务教育一体化发展试验区 10 个，首批 6 个义务教育优质均衡发展县（市、区）完成国家评估认定实地核查。举办“科学家百人千场进校园”活动，推广成都市中小学“作息令”，多措并举推动“双减”政策落地落实。牵头成立长江经济带 11 个省市儿童青少年近视防控联盟，促进中小学生健康成长，“小胖墩”“小眼镜”逐步减少。二是职业教育提质融合成效显著。起草《四川省职业教育条例》，新设立 3 所高等职业学校，1 所高等职业学校升格为本科职业技术大学。完成首批 15 个省级产教融合示范项目验收，首批建设 7 个省级市域产教联合体，2 个入选国家名单，建设行业产教融合共同体 45 个。制定中职“三名工程”绩效考核办法，立项建设省级规划教材 703 种、认定双创示范课程 50 门。立项建设第二批省级虚拟仿真实训基地 15 个、首批信息化标杆学校 25 所、专业教学资源库 50 个，认定在线精品课程 150 门。继续开展浙川东西部协作中高职贯通培养，深化“蓝鹰工程”扩面结对，设立订单班 12 个，共建实训基地 8 个。三是高等教育内涵式高质量发展步伐加快。深入开展“对标竞进、争创一流”活动，实施“双一流”建设贡嘎计划，分层分类遴选 39 所高校 162 个贡嘎计划建设学科，19 所高校的 101 个学科进入全球高水平学科行列，第五轮学科评估中 10 所高校 39 个学科进入 A 类、较上轮增加 12 个。

3. 文化强省旅游强省建设呈现新局面

一是文旅消费呈现新场景。演艺呈现井喷式增长的繁荣图景，“演艺 + 旅游”日趋火热，红色剧目和传统艺术出圈，衍生诸多文旅消费新场景，激发四川文旅消费新浪潮，成为推进全省经济发展的强劲动力。二是舞台艺术成果丰硕。举办第三届四川艺术节 30 余项 160 场活动，组织优秀剧目展演 51 台，超过 11 万名观众走进剧场。三是艺术创作活力增强。获得国家重大奖项、入选国家重要文艺展演活动 142 项，全国演艺博览会、第十届中国京剧艺术节等重大文化活动先后落地四川，彰显着四川艺术创作活力。四是非遗系统性保护成果显著。公布第六批 334 项省级非遗代表性项目，实现省级代表性项目县级全覆盖。评选首批“非遗四川·百城百艺”非遗品牌 30 项、首批四川省优秀非遗工坊 30 个。成功举办第八届中国成都国际非物质文化遗产节。五是文化活动丰富多彩。公共文化设施“补短板、提品质”工程深入实施，省文化艺术中心建成投用，乡村“村晚”示范展演、少数民族艺术节、首届街舞大赛等群众文化活动丰富多彩、广受好评。

4. 体育强省建设稳步推进

一是群众体育工作成效显著。补助全民健身场地设施项目 122 个，建成国、省标准体育公园 100 个。补助 243 个公共体育场馆和体育公园向社会免费低收费开放，服务群众超 4000 万人次。国民体质监测合格率达到 91.3%，经常参加体育锻炼的人数比例达到 38.4%。二是青少年体育工作蓬勃发展。深化体教融合，开展青少年体育活动 657 场、线上线下 340 万人次参加。全面落实“国线 + 五线”思路，基本建成大、中、小、幼全覆盖青训体系。有序推进省十五运会筹备。三是体育文化的多功能社会价值进一步发挥。开展“体育之光”推广活动，举办进赛场、进公园、进校园、进社区、进机关活动 60 余场，吸引 50 余万人次参与。开展非遗体育节目展演，推动传统体育文化传承发展。

二、主要困难和问题

（一）区域协调发展方面

1. 成都都市圈协调发展不足

从成都都市圈来看，成都与德阳、眉山、资阳的经济联系不够紧密，平均城市间企业资金互投金额不足上海都市圈的 1/10，德阳、眉山、资阳三市主导产业企业与成都龙头企业关联度不强、行业聚合力不足，导致参与成都产业配套能力不强、融入成都产业链价值链供应链程度不深，成都都市圈规上工业企业营业收入分别不到上海都市圈的 1/5、广州都市圈的 1/2。从全省来看，都市圈重点产业、重点企业外溢流动的动力不足，跨区域配套协作利益共享机制缺乏，跨区域先行示范园、飞地园区大多处于前期筹划和签订协议阶段，产业合作项目偏少，协同辐射带动能力有待加强。

2. 中心城市支撑带动不够

全省除成都外的市州地区生产总值普遍较小，缺少地区生产总值大、发展质量优、支撑能力强、能与首位城市协同共兴的区域性中心城市。2023 年仅绵阳、宜宾、德阳地区生产总值超过 3000 亿元，成渝主轴上的资阳、遂宁、内江地区生产总值均未突破 2000 亿元，三地地区生产总值之和、人口总量之和分别仅占全省的 7.5%、9.8%，承接成渝“双核”功能转移和支撑带动辐射周边能力不足。

3. 县域发展基础相对薄弱

县域发展整体实力不足，2/3 的县市地区生产总值不足 200 亿元。县域产业支撑乏力，产业发展平台不足，传统产业转型升级困难较大，新兴产业培育尚待时日。县级财政自给率偏低，128 个县市平均地方一般公共预算收入不足浙江省平均水平的 20%。县域发展还存在公共服务供给质量不高、环境卫生设施缺口较大、市政公用设施承载能力有限、产业配套设施薄弱等问题，深度融入和服务成渝地区双城经济圈建设有待加力赋能。

（二）创新驱动发展方面

1. 科技成果就地就近转化水平不高

四川科技成果转化率远低于发达国家40%~60%的平均水平，80%左右的科技成果未在本土转化，“墙内开花墙外香”的现象较为普遍，技术市场成交额分别仅为广东的2/5、湖北的1/2。大部分技术为实验室技术，需要进行技术集成、二次开发、熟化、中试等持续创新才能投入市场、规模化生产和产业化应用，但技术转让政策不完善、技术转移转化人才不足、技术交流渠道不畅、科技成果评估作价难等问题依然存在，加上科技金融支撑创新成果就地就近转化的水平不高，科技成果向现实生产力转化的能力有待提升。

2. 企业创新主体地位不够突出

2022年全省科技创新统计监测结果显示，企业研发人员、研发经费在全社会中的比重仍处于较低水平，规上工业企业研发投入强度较全国平均水平低0.44个百分点、仅居31个省份第19位，企业R&D活动支出占全社会总量的52.3%、比全国平均水平低24.6个百分点。全省民营经济市场主体近七成是个体工商户，高新技术企业总量分别不到广东的1/3、江苏的2/5。“2023年中国民营企业500强”四川仅有10家企业上榜，分别仅为浙江、江苏的9.3%、11.2%。《中国独角兽报告2023》显示，514家“独角兽”企业中四川仅有10家，企业创新能力水平亟待提升。

（三）现代产业体系建设方面

1. 产业互补性协同性不足

四川工业体系虽然较为完备，但仍以传统制造业为主，高新产业占比小，产业发展层次偏低，川渝两地竞争明显大于合作。同时，由于缺乏跨行政区域产业协同发展规划布局，产业功能较为分散，与重庆产业链、供应链关联度不高，行业龙头企业无法有效在双圈内实现2级、3级乃至4级的配套分工，因此，本地中小企业只能围绕有限的市场开展竞争，而不是形成产业发展合力。

2. 产业合作深度不足

在推动川渝产业合作过程中，由于政策级差，更多企业更倾向于向重庆发展，与四川区域合作意愿不强。因此，在构建错位发展、梯度互补的产业集群中，年度重点任务推动的产业项目协同共建内容占比较低。加上尚未建立跨区域项目流转利益分享机制，在产业共建共享等合作方面尚存在障碍，难以形成协同效应和合作共赢的局面，产业合作更多局限于组建产业联盟、开展联合招商等事项。

3. 产业规模效应和竞争力不强

川渝两地依托汽车、电子信息等优势主导产业，加快培育世界级装备制造产业集群，但总体来看，产业“大而不强”问题依旧明显，整体仍处在全球产业链和价值链中低端，品牌竞争力偏弱。例如，规上汽车制造业营业收入和利润总额分别只占全国的 7.9% 和 0.36%，规上计算机、通信和其他电子设备制造业营业收入和利润总额分别只占全国的 10.0% 和 6.9%，营业收入、利润总额与产业规模不匹配，产量规模尚未有效转化为产值效益和区域优势。

（四）要素保障方面

1. 土地配套保障仍需加力

川渝合作共建重大项目对用地指标需求大，但两省市普遍基本农田数量大、建设用地指标少，均面临用地调整空间小、配套难度大等问题，严重制约重大项目落地和后续发展。例如，内江荣昌现代农业高新技术产业示范区项目建设用地供需缺口大，但省下达隆昌市（核心区）新增工业园区用地指标极少，2022—2035 年仅有 1700 亩、年均 120 亩左右。再如，泸永江融合发展核心区泸州片区新增建设用地中 75% 以上的规模需要优化调整永久基本农田。

2. 资金保障缺口较大

近年来随着宏观经济放缓，各地财政压力日趋紧张，面临财力较弱、投融资机制不完善、政府债务较重、社会资本参与度低等困境，项目建设资金筹集困难，导致重大项目建设资金缺口较大，项目推进迟缓，可持续建设后劲乏力。例如，推动川渝万达开地区统筹发展 2023 年重点项目 27 个，总投资 3673 亿元，但由于地方财力薄弱，资金缺口非常大，如川渝合作（达州・大竹）示范区建设项目总投资 80 亿元，资金缺口高达 10 亿元。

3. 人力资源保障能力不足

一方面，区域内高层次创新人才严重不足，产业、平台、政策等对高素质专业人才吸引力不足，对人才的引留培用机制还亟待完善。例如，2023 年高竹新区内招聘本科以上人才仅 3 人，硕士及以上人才仅 2 人。另一方面，由于重庆政策普遍优于四川，企业、人才向重庆流动趋势明显，人力资源外流严重，对合力推进产业转型升级形成阻力。

三、2024 年四川省推动成渝地区双城经济圈一体化发展的总体思路

（一）加快推进以创新为主导、以产业为载体的新质生产力培育

发展新质生产力是习近平总书记自 2023 年 9 月地方考察时首次提出，到 2023 年底在中央经济工作会议上重点强调，再到 2024 年 1 月政治局集体学习时作出系统阐述的重要论断，是推动高质量发展的内在要求和重要着力点。在成渝地区双城经济圈建设的第五个年头，以全要素生产率大幅提升为核心标志、以创新为特点的新质生产力，能够为成渝地区双城经济圈建设一体化、高质量发展提供强劲的动力支撑，能够为加快打造“两高地两基地一屏障”注入持续的活力源泉。加快培育新质生产力，需要以创新为主导、以产业为载体，这为 2024 年四川推动成渝地区双城经济圈发展指明了方向。一方面，要充分发挥四川科教大省优势，着力加强科技创新特别是原创性、颠覆性科技创新，以科技创新开辟发展新领域新赛道、塑造发展新动能新优势，加强川渝科技创新多领域合作，联合攻关、协同创新，发挥“1+1>2”效应，共同推动培育两地新质生产力“主引擎”。另一方面，要以科技创新引领现代化产业体系建设，及时将科技创新成果应用到具体产业和产业链上，促进传统产业焕新、新型产业壮大、未来产业培育，与重庆协同共建现代化产业体系，携手打造先进特色产业集群，合力打造国家战略产业备份基地。

（二）加快推进规划重大项目、重大改革、重大事项全面落地实施

2024 年是《成渝地区双城经济圈建设规划纲要》（以下简称《纲要》）规划期的第四年，是关乎规划目标能否如期实现的攻坚之年，也是两地“十四五”规划《纲要》相关举措走深走实、“十五五”规划《纲要》基本思路

谋深谋实的关键一年，规划重大项目、重大改革、重大事项的全面落地实施具有重要的承上启下意义。在这关键节点，成渝地区双城经济圈一体化发展需要以重大项目的落地为抓手，以重大改革的突破为牵引，以重大事项的实施为支撑，全方位夯实一体化发展基础。一方面，要充分发挥重大项目建设在一体化建设中稳投资增后劲作用，围绕《共建成渝地区双城经济圈 2024 年重大项目清单》，扎实推进现代基础设施类、现代产业体系类、科技创新类、巴蜀特色文旅类、生态环境类、对外开放类和公共服务类重大项目加快实施，加强项目调度和计划进度的动态监测，完善联动协同机制，强化项目要素保障，高质量推进规划重大项目落地见效。另一方面，要强化改革的先导和突破作用，纵深推进双圈建设重点领域重大改革，努力在要素市场化配置、科研体制、跨行政区经济社会管理等重点领域推陈出新，在打破区域协同的行政壁垒、体制障碍上探索更多务实举措，推动川渝合作走得更深更远。同时，还应聚焦科技创新合作、产业深度融合、交通互联互通、统一大市场建设、资源政策跨域共享等领域，全面推进规划重大事项稳步实施，推动川渝合作各领域重大事项取得标志性成果，促进双圈一体化发展取得显著性成效。

（三）加快推进以成都为核心、功能平台为支撑的区域内外协调发展

统筹推进经济圈内外协调发展，是构建成渝地区双城经济圈发展新格局的关键所在，加快推动成渝一体化发展进程，将有效促进成都主核功能完善，加速成渝中部地区崛起，辐射带动周边区域，打造引领西部发展的核心和高地。持续优化成都主核功能，加快建设践行新发展理念的国家公园城市、国家中心城市，加速成德眉资同城化进程，积极调整适配产业布局，打造西部综合交通枢纽，引领四川部分发展。充分发挥川渝毗邻地区十大功能平台先行先试的政策优势，加快推动经济区和行政区适度分离改革，共同制定国土空间规划和各类专项规划，强化两地政策协同，真正实现产业融合发展，公共服务共建共享，生态环保联防共治，促进毗邻地区加快融合发展。大力推动非毗邻地区间以延链补链强链为核心的飞地园区建设，共同完善产业链、价值链、供应链、创新链，加快推动成渝中部地区产业转型发展，建设国家战略产业备份基地，实现非毗邻地区协调发展。积极推动四川省未进入成渝地区双城经济圈的巴中、广元、阿坝、甘孜、凉山及攀枝花融入成渝地区双城经济圈建设，打造成渝地区初级原材料供应基地和旅游消费目的地，辐射带动省外昭通、毕节、遵义、安康及汉中等地，扩大成渝地区双城经济圈直

接影响范围，实现与成渝地区双城经济圈外重点区域协调发展。

（四）加快推进区域内优质公共服务一体化发展

区域一体化发展离不开公共服务共建共享，要继续做好成渝公共服务一体化建设，加快推动基础教育普及普惠发展，促进幼儿园、中小学规范化建设，优化医疗资源配置，增强基层医疗卫生服务能力，探索推动成渝地区逐步建立统一的养老服务设施建设和管理服务标准，完善基本养老服务体系，稳步推进公共文化设施扩面提标，促进成渝地区公共服务均衡普惠。要持续扩大优质教育供给，共同争取国内外优质教育资源在成渝落地。加快国家医学中心建设，推动优质医疗资源扩容。完善居家社区养老服务网络，共同支持养老机构品牌化、连锁化发展。培育成渝特色文化品牌，打造成渝赛事品牌，实现公共服务优质多元。

四、2024年四川省推动成渝地区双城经济圈一体化发展的重点任务

（一）推进高水平区域协调发展

1. 深化川渝全方位合作

聚焦打造带动全国高质量发展的重要增长极和新的动力源，强化双核联动、双圈互动。突出成渝主轴、南北两翼，加快推进交通基础设施、现代产业体系、科技创新资源、城市服务功能和社会公共政策互联互通，探索经济区与行政区适度分离改革新路径，在税收分享等方面形成更多可复制、可推广的经验做法。推动重庆都市圈、成都都市圈协同联动，支持广安深度融入重庆都市圈。加快中部地区崛起，强化毗邻地区合作功能平台共建，携手打造区域协作的高水平样板。支持阿坝州、广元市、绵阳市、德阳市、南充市、遂宁市等地共同推动涪江流域协同发展，探索非毗邻地区跨区域联动发展新路径。

2. 着力建强现代化成都都市圈

出台成都市加快转变超大城市发展方式实施方案，支持成都全力建设西部经济中心、科技创新中心、对外交往中心和全国先进制造业基地，加快建设国家中心城市，努力建设践行新发展理念的公园城市示范区，积极探索山水人城和谐相融新实践和超大、特大城市转型发展新路径。支持成德眉资同城化发展，共建产业生态，共育创新主体，共促开放活力，共筑安全底线，共优生活品质，合力打造具有国际竞争力和区域带动力的现代化都市圈。实施成都都市圈建设成长期三年行动计划、产业建圈强链攻坚行动，加快推进市域（郊）铁路成都至德阳线、至眉山线建设，建成投用成都至资阳线。推动成都与其他市州加强交流合作，形成协同联动、相互促进的生动局面。

3. 推动省内区域协调发展部署加快落实

着力壮大次级增长极、培育新兴增长极，“一中心一方案”推动绵阳、宜宾—泸州、南充—达州省域经济副中心建设，提升乐山区域中心城市发展能级，打造支撑全省高质量发展的重要引擎，加快实现次级跨越。着力推动五大片区特色发展，推动川南经济区打造全省经济增长第二极，推动川东北经济区创新资源开发和就地转化，推动攀西经济区擦亮国家战略资源创新开发试验区金字招牌，推动川西北生态示范区进一步筑牢长江黄河上游生态屏障，努力走在全国民族团结进步示范州前列。着力推动欠发达地区跨越发展，支持革命老区、脱贫地区、民族地区、盆周山区振兴发展。持续巩固拓展脱贫攻坚成果，强化脱贫攻坚后续扶持，落实39个欠发达县域托底性帮扶10条措施，深化东西部协作，加强对口支援、革命老区对口合作。

（二）增强基础设施保障能力

1. 持续完善道路交通网络

优化完善双城经济圈公路体系，推动成渝高速公路加密成网，提高既有路网通行能力，加快建设跨区域待贯通道路项目，加强干线公路与城市道路有效衔接，强化主要节点城市间快速联通，持续优化城际快速路网，提升路网通达度和安全水平，推进普通国省干线公路提档升级，全力打通“断头路”和“瓶颈路”，提速实施乐西高速、国道318线提质改造工程，加快推进资中至铜梁至安岳、南充至潼南、成渝高速公路扩容、江津经泸州至宜宾（四川段）等省际高速公路项目建设。加快打造成都国家物流枢纽，建设“通道+枢纽+网络”现代物流运行体系。

2. 深化轨道上的成渝地区双城经济圈建设

加快建设城际铁路、都市圈市域（郊）铁路和城市轨道交通，加快建设成渝双核超大、特大城市之间1小时通达等4个“1小时交通圈”，织密现代铁路交通网络。加快推进西部陆海新通道建设，拓展出川出渝客货运大通道。加快实施成渝中线高铁、成达万高铁、渝西高铁、渝昆高铁、川藏铁路引入成都枢纽天府至朝阳湖段、绵遂内铁路绵阳至遂宁段等项目。开展成渝铁路成都至隆昌段扩能改造工程、达万铁路扩能改造工程、南充至广安铁路前期工作。建设中欧班列成都集结中心，提升其他次级节点功能，加快推动国际铁路物流港建设，高效运行中欧班列、南向班列、长江班列。

3. 提高内河航运能力

持续推动长江上游航运枢纽建设，健全以长江干线为主通道、其他重要支流为骨架的航道网络体系。加强干支流水库群的联合调度，优化长江上游分段通航标准。加快建设渠江风洞子、岷江龙溪口、岷江老木孔、岷江东风岩、嘉陵江利泽航运枢纽工程，万州新田港二期工程。集中开展重点航道整治，提升航运服务水平，加快推进岷江龙溪口至宜宾段航道整治工程一期、长江朝天门至涪陵段、涪陵至丰都段航道整治等项目，共同开展长江宜宾至重庆段航道整治前期工作。

4. 打造国际航空门户枢纽

一是提升成渝双核国际枢纽功能。高质量建设成渝世界级机场群，推进成都双流国际机场提质改造，持续推进双流国际机场和天府国际机场“两场一体”协同高效运营，围绕市场需求大力度拓展国际航线，继续做大“航空运输流量”，深化中转便利化服务，增强枢纽中转核心竞争力。推进重庆新机场前期工作，提速建设重庆江北国际机场T3B航站楼及第四跑道工程，提升航空运输能级，共同争取航权航班配额和国际航线。二是优化机场功能布局。坚持以市场需求为导向，突出各地发展重点，科学有序推进通用机场建设，构建适合经济社会发展的通用航空网络，着力发挥通用机场对枢纽机场非核心业务的疏解作用、对周边城市的辐射带动作用，有效提升“干支联动”区域航空通达性。加快建设乐山机场，推进万州机场改（扩）建，持续完善巫山机场、武隆机场设施升级改造，深入开展广安机场、遂宁机场、会东机场前期工作，争取尽快开工。

5. 加强现代化水利基础设施建设

一是共建重大水利工程项目。深入推进成渝地区双城经济圈水网建设，增强跨区域水资源调配能力，加快建设大型水库工程，加强大中型灌区续建配套和现代化改造。加快建设向家坝灌区一期、藻渡水库、跳蹬水库、亭子口灌区一期土溪口水库、三坝水库、向阳水库、渝西水资源配置等大型水利工程，力争引大济岷、毗河供水二期工程开工建设。加快罐子坝水库及灌区、涪江右岸引水工程、沱江团结水库、川渝东北一体化水资源配置等重大项目前期工作。二是共抓水利防灾减灾工作。协同构建多源互补、引排得当的水网体系，加快推动大型水库及引水供水重点工程建设进度，协调推进水利工程防灾减灾体系建设，加强饮用水水源地建设，加快城市应急备用水源建设，保障区域供水安全。深化跨区域河湖联防联控工作机制，共同推进防洪减灾设施建设，联合开展主要江河和中小河流防洪治理。推进川渝两地智慧水利平台共建共享，健全预报预警共享机制，推进河湖水文信息共享、防洪控制性水库联合调度、应急物资共用共享。

6. 强化能源安全保障能力

一是统筹推进电源电网项目建设。加快重大水电项目建设进度，持续优化区域电力供给，加快建设两河口混合式抽水蓄能、卡拉水电站，开工建设道孚和仁和抽水蓄能项目。加快建设川渝 1000 千伏特高压交流工程（甘孜—天府南—成都东、天府南—铜梁），稳步推进川渝 1000 千伏特高压交流工程（阿坝—成都东）、哈密—重庆 ±800 千伏特高压直流输电通道建设。加强电力互济保供合作，深化川渝电力市场一体化建设，增强成渝地区保供能力。二是协调推动油气资源共建共享。有序推进安岳等气田常规天然气滚动开发，持续推进国家天然气（页岩气）千亿立方米级产能基地建设，加大泸州等区域页岩气产能释放，完善页岩气开发利益共享机制。

（三）联动发展特色优势产业

1. 培育特色优势制造业产业集群

一是共建电子信息先进制造集群。实施成渝地区电子信息先进制造集群培育提升三年行动，搭建成渝地区电子信息先进制造集群公共服务平台，联合巩固提升智能终端、新型显示、集成电路、能源电子等竞争优势，创新发展汽车电子、先进计算及存储等新兴领域，共同争取国家集成电路生产力继续布局两地。二是推动川渝汽车产业链、供应链协同发展。搭建川渝汽摩发动机产业计量技术合作平台，加快建设成渝“氢走廊”“电走廊”“智行走廊”。以智能网联和新能源为主攻方向，合力打造智能网联新能源汽车产业集群，优化充电基础设施规划布局。三是共建世界级装备制造基地。绘制成渝地区装备制造产业图谱，整合优势资源，积极创建高端航空装备、绿色航空能源动力、无人机等产业创新平台，推动两地在轨道交通领域深化合作，打造成渝地区双城经济圈电梯产业集聚区。四是共建西部大健康产业基地。加强政策协同，加快推进健康产业经济赋能，发展世界级优质白酒产业集群，高水平规划建设四川中国白酒博物馆，共同做大国家生物医药战略性新兴产业集群，推进中医药一体化发展，做大做强食品药品检测基地，加快建设食品药品溯源公共服务平台。

2. 共同打造现代服务业高地

一是共建西部金融中心。推动天府（四川）联合股权交易中心依法合规开展登记托管、交易品种等业务创新，争取开展直接融资产品创新试点，探索与新三板市场对接机制。加强成渝金融法院建设和检察院法律监督工作，提升成渝地区金融民商事案件和行政案件办理质效。发挥西部陆海新通道金融服务联合体作用，支持成渝地区金融机构与境内外金融机构联动开展合作，创新金融产品和服务。二是深化内陆国际型商贸物流中心建设。深入实施西部陆海新通道五年行动方案，统筹推动基础设施“硬联通”和规则标准“软联通”。提升运输通道能力，加大增值物流和业务创新力度，推进 5 个国家物流枢纽、3 个综合货运枢纽补链强链和 3 个国家骨干冷链物流基地建设，支持 8 个省级区域物流枢纽发展，促进物流与产业供需适配。大力发展多式联运，推进建设铁水联运通道，优化国家物流枢纽、物流园区、物流中心三级物流网络。

3. 共建现代高效特色农业带

一是推动农业高质量发展。建设渝遂绵优质蔬菜生产带、优质道地中药材产业带、长江上游柑橘产业带、安岳潼南大足优质柠檬产业区，开展成渝现代高效特色农业带建设中期评估。共建川渝毗邻地区现代高效特色农业带合作示范园区，大力发展绿色有机农业和农产品精深加工，建成一批优势特色产业集群和农业产业强区。持续提高农产品质量安全，建设一批全国现代农业全产业链标准化示范基地、国家农产品质量安全县。二是强化农业科技支撑。加快建设四川省种质资源中心库、国家级（荣昌）生猪区域性种业创新基地。建设省级农机装备产业园区，组建西南丘陵山区智能绿色农业装备联合创新应用中心。支持区县创建国家农业高新技术产业示范区，持续实施主要粮油作物单产提升行动。三是大力拓展农产品市场。共同谋划建设西部地理标志展示推广场景和西部地理标志产业技术研究院，联合筹建西部地理标志产业发展联盟和地标。抓好农业生产“三品一标”建设，培育公用品牌。

4. 共建数字产业高地

一是培育壮大新兴数字产业。落实全国一体化算力网络国家枢纽节点建设方案，编制成渝地区共建数字经济发展高地行动方案，加快建设“东数西算”工程国家枢纽节点，搭建全省算力调度服务平台，完善算力、存力、运力一体化算网融合发展体系，加快建设大型、超大型数据中心重点项目和数据中心直连网络，完善重庆数据中心集群、天府数据中心集群和重点城市边缘数据中心。推进集成电路、工业软件等领域关键核心技术攻坚及产业化，推动北斗规模应用和产业集聚发展，实施成渝地区双城经济圈网络安全产业高质量协同发展行动。二是强化产业数字化改造。出台制造业智能化改造、数字化转型行动计划，制定重点行业和重点领域数字化转型实施指引。建设一批数字化转型促进中心和工业互联网平台，优化成渝地区工业互联网"一顶一备"标识解析生态，推动制造业智能化改造、数字化转型，加快"5G+工业互联网"规模化应用，开展企业智能制造咨询诊断，培育一批数字领航企业、智能制造示范工厂和优秀场景。推进数据要素市场化配置综合改革，实施"数据要素 ×"行动。

（四）强化创新资源集聚和转化功能

1. 持续优化创新资源布局

深化川渝科技协同创新，争取国家批复成渝综合性科学中心建设方案，启动建设"一廊一带"，编制成渝中线科创走廊和川渝毗邻地区融合创新发展带建设实施方案，出台川渝毗邻地区融合创新发展带三年行动纲要，制定支持绵阳科技城建设科技创新先行区实施方案，加快推进成渝（兴隆湖）综合性科学中心、西部（成都）科学城建设。提升高能级创新平台建设质效，服务保障国家实验室建设，推进实验室科学高效入轨运行，持续推进在川全国重点实验室优化重组。推动首批4个天府实验室高水平运行，谋划制定后续批次天府实验室组建方案。科学高效运行国家布局在川的重大创新平台，扎实推进精准医学产业、超高清视频等国家创新中心建设，积极创建国家网络安全技术创新中心，布局建设一批在电子信息、先进材料、现代农业等领域的省级技术创新中心。实施"一带一路"科技创新行动计划，不断增强"一带一路"科技创新合作区和国际技术转移中心影响力。

2. 提升科技创新转化能力

加快产业技术创新，常态化开展"揭榜挂帅"科技攻关，实施未来产业前沿技术"先手棋"行动计划，深入实施钒钛稀土、航空与燃机等重大科技专项，推动省级重大科技专项实现六大优势产业全覆盖。完善省自然科学基金运行管理制度，深入实施基础研究十年行动计划，布局建设基础学科研究中心，支持一批前沿技术研究。加速推进科技成果转移转化，制定推动科技成果转化和产业化的政策措施和实施方案，布局建设省级中试熟化平台和科技成果转化先导区，加强企业主导的政产学研用深度融合，实施“技术攻关＋产业化应用”重大科技示范工程，布局一批省级重大科技成果转化示范项目。深入实施企业创新主体培育“三大行动”，持续开展大院大所“聚源兴川”行动，加速推进科技企业孵化器、众创空间、大学科技园建设。保障全国先进技术成果西部转化中心科学运行，不断增强国家技术转移西南中心辐射能力。

3. 营造创新创造良好环境

完善科技人才引育机制，统筹实施战略科学家和院士后备人才培养专项，深入实施天府峨眉、天府青城等重大人才计划，紧扣重点领域、重大平台、优势产业集聚高层次人才和创新创业团队，加快培养引进急需紧缺高技能人才，造就更多卓越工程师、天府工匠。修订“四川海外智力集聚计划”实施办法，探索实施中外专家“骈骥计划”，壮大高技能人才队伍。完善校院地合作机制，研究制定支持中央在川大院大所和省属科研院所创新发展的政策措施，推进与中国科学院签署新一轮战略合作协议。深化创新激励机制改革，持续推进国家科技成果评价改革综合试点，优化重大科技项目组织方式，全面推进职务科技成果权属改革。完善科技金融服务体系，实施“天府金泉”科技型企业上市培育计划，完善“天府科创贷”风险分担补偿机制，优化省级科创类股权投资引导基金，鼓励发展创业投资、股权投资。

（五）打造巴蜀特色国际消费目的地

1. 塑造高品质消费新空间

支持成都加快打造国际消费中心城市，聚焦成都特色消费，做强成都“新十二月市”“成都美食”“成都夜经济”等特色消费品牌，打造极具成都特色和全球吸引力的消费 IP。改造提升商业街区，支持春熙路商圈、交子公园商圈打造千亿级商圈，升级培育宽窄巷子等高品质步行街，支持打造环城生态区等消费新空间。协同培育与国际接轨的高端商品消费链和商业集群，鼓励国际国内知名品牌企业在成渝地区设立旗舰店、体验店，打造全场景体验中心、服务中心，开展新品首发、首秀、首展等活动。支持建设全球商品会员超市、跨境电商保税零售中心。共同建好巴蜀文化旅游走廊，联合创建国家文化和旅游创新改革试验区，支持资阳、大足联合建设国家文化产业和旅游产业融合发展示范区，推动三星堆—金沙遗址联合申遗。持续打造“安逸四川　巴适重庆”文旅品牌，共同推进长江国家文化公园建设，推动精品景区串珠成链，共推魅力都市、熊猫故乡、壮美三峡、石窟艺术、巴蜀文明等川渝跨省主题旅游线路，提升“周末度假”“乡村旅游”区域消费吸引力。联合参加境外旅游展会，支持两省市旅行社联合面向境外推广巴蜀主题旅游产品。推出川渝文旅年票、联票、惠票，鼓励和引导A级景区参与“百万职工游巴蜀”等惠民活动，加快建设“百万职工游巴蜀”数字文旅消费平台。

2. 以高质量供给引领消费创新发展

举办第三届中国（四川）国际熊猫消费节，持续开展“味美四川”川派餐饮汇、“川货电商节”系列活动，办好世界川菜大会。深入开展消费品工业“三品”战略示范城市建设，立足文创产业优势，深度融合大熊猫、三国、金沙等本土IP，大力开发一批“成都礼物”“成都手作”“成都限定”“成都联名”商品，创新传承川剧、名酒、优质茶。发展直播电商、即时零售、反向定制等新模式、新业态，建设一批“美食+户外露营”新场景，创建国家级夜间文化和旅游消费集聚区，优化提升“夜游锦江”等特色品牌。联合举办成渝双城消费节、川渝农批市场联盟产销对接大会、新能源汽车和绿色智能家电消费促进活动，深化二手车出口试点，发布成渝双城核心商圈指数。联动举办大型招商、赛事活动，创新发展“音乐+旅游”“体育+旅游”“工业+旅游”“科技+旅游”“康养+旅游”等融合业态。打造西部进出口商品集散中心，联合申报“一带一路”进出口商品博览会，积极建设海内外展示展销中心，通过“直播+带货”“展销+直播”等形式，推动川渝品牌出境出海。

3. 构建协同共享的一体化消费环境

实施消费新环境营造工程。持续加大金融对消费的支持力度，引导金融机构创新金融产品和服务满足新消费需求。试点外摆经营规范化、景观化，优化大型商业场外展示节庆活动审批流程。恢复和拓展更多国际航线，争取川渝144小时过境免签实现政策联动，开展川渝两地“此进彼出”试点。构建涉外支付便利化、常态化运行机制，优化境外刷卡消费和支付环境，推出“离境退税”即买即退社会版应用程序，提升消费服务国际化水平。完善成渝消费领域合作机制。成立成渝双城消费服务联盟，搭建成渝消费服务平台，推动实现知识共享、资源互联、产业互动，组织区域内市场主体抱团“走出去”，开展宣传推介活动，联合发布成渝商业机会清单。推行跨区域线下购物无理由退货制度，建立成渝地区投诉举报异常名录库，完善跨区域投诉举报转办机制。建立川渝文旅市场联合监管执法机制和举报投诉联合处理机制，推动监管信息共享，畅通投诉举报渠道，严厉打击各类违法行为，共同维护文旅市场秩序。

（六）扛牢长江大保护上游责任

1. 合力推进生态系统保护修复

统筹实施山水林田湖草沙冰一体化保护和系统治理，加快建设“两岸青山・千里林带”，联合开展毗邻地区自然保护地和生态保护红线监管，实现数据共享，加快建立以国家公园为主体的自然保护地体系，高标准建设大熊猫国家公园、高质量完成若尔盖国家公园创建。持续深化“河（湖）长制”，深入推进生态文明示范创建，联合打造一批美丽县城、乡村和河湖。扎实开展长江“十年禁渔”，加强长江鲟等珍稀濒危物种保护，科学实施增殖放流。共同编制矿山生态修复技术规范，完善川渝矿山生态修复标准体系。加强蜀道保护利用，强化翠云廊古柏群等古树名木保护。健全流域横向生态保护补偿机制，落实赤水河等重点流域补偿协议，建立第二轮长江流域川渝横向生态保护补偿机制。探索生态产品价值实现路径，鼓励支持社会资本积极参与生态保护修复，建立“谁修复、谁受益”的生态修复市场化机制。

2. 协同打好污染防治攻坚战

扎实抓好中央生态环保督察反馈问题和长江黄河生态环境突出问题整改。落实川渝大气污染防治联动工作方案，统一毗邻地区污染天气应急启动标准和应对措施，开展大气污染联防联控专项行动，以重污染天气、臭氧污染、柴油货车污染等突出问题为重点，打好蓝天保卫战标志性战役。强化重点流域生态保护修复，持续开展跨界小流域生态环境保护联动督察。有序实施土壤分区管控，动态更新毗邻地区土壤重点监管单位清单，共享企业环境监管情况。探索开展川渝危险废物“点对点”定向利用经营许可证豁免管理，推动川渝高竹新区固体废物跨省转移审批试点，开展新污染物联合调查。健全川渝生态保护检察协作机制，联合打击跨省域生态环境违法犯罪行为，深化生态环境保护公益诉讼工作。

3. 加快绿色低碳转型发展

积极稳妥推进碳达峰碳中和，有计划分步骤实施十大行动，统筹推进产业结构、能源结构、交通运输结构、用地结构等调整优化，深入实施“电动四川”计划。强化项目节能审查能耗替代，推广应用节能降碳先进技术，遏制“两高一低”（高耗能、高排放、底水平）项目盲目上马。持续开展近零碳排放园区等绿色低碳试点，探索构建碳排放统计核算体系，积极参与全国碳排放权交易市场，推进重点领域碳排放配额和核证减排量交易。支持宜宾建设生态优先绿色低碳发展先行区。坚持节约集约发展，推进批而未供和闲置土地处置，鼓励建设多层厂房，促进园区及工业用地提质增效。大力发展循环经济，不断提高资源利用效率。

（七）推进改革开放持续深化

1. 营造统一高标准营商环境

共同探索融合地理共建信息和经营主体登记信息，动态更新川渝营商环境“云地图”，持续推进川渝经营主体“云注册”“云迁移”。统一两省市企业信用风险评价体系，推动企业信用风险分类同标同质，促进公共信用信息平台互联互通，健全跨区域守信联合激励和失信联合惩戒机制，构建以信用为基础的新型监管机制。深化公平竞争审查工作协作机制，共建川渝公平竞争审查专家库。推动重庆都市圈、成都都市圈税费征管服务一体化协同联动，探索非毗邻地区税费征管服务一体化新模式，联合开展川渝矿产资源专项收入征收项目征管服务和“税路通”跨境税收服务子品牌建设，推出跨境税收服务举措，持续深化经济区与行政区分离税费统计分析指标体系应用。

2. 推动开放合作平台提能扩级

推进川渝自贸试验区协同开放示范区深化改革创新行动，发布新一批川渝自贸试验区制度创新成果。深入推进自贸试验区对标领航行动和产业引领工程建设，加速推进高水平制度型开放，塑造一批主业突出、特色鲜明的开放型产业集群。加快建设“一带一路”进出口商品集散中心，联动发展共建“一带一路”国家的货物转口贸易。加快海关特殊监管区域赋能提质，申报建设成都天府国际空港综合保税区。联合申报中国“一带一路”进出口商品博览会，不断提升对外影响力。

3. 提升对外开放大通道效能

做优做强中欧班列（成渝）品牌，共同开展中欧货源组织、境外段运输、海外仓资源共享等服务，建设中欧班列成都集结中心，巩固提升中欧班列运营水平。争取西部陆海新通道培育政策，持续推进西部陆海新通道建设，着力打通西线“断点”、优化枢纽布局、强化物流组织、深化区域合作，打造面向内陆、融通全球的跨区域（跨境）服务平台。加快建设万达开多式联运合作试验区，推进合作机制共建共享，探索跨省区域多式联运一体化新路径，降低全社会物流成本。推动国际（地区）定期直飞客货运航线航班恢复拓展，探索开通国际航线“通程航班”，以成都为中心连接亚洲、欧洲、南美洲等的主要货运航线，打造1小时“亚欧空中货运走廊”和5小时“亚太空中货运圈”。推进“航空+陆运”联运发展，提高航空公路转关便利度，促进航线与口岸资源共享互通。

（八）推动城乡互动融合发展

1. 推进以县城为重要载体的新型城镇化建设

坚持以人为核心的发展理念，抓好以县城为重要载体的新型城镇化建设，加大政策倾斜和资金保障力度，加快推进县城城镇化补短板强弱项。因地制宜、分类施策推动大城市周边县城、专业功能县城、农产品主产区县城、重点生态功能区县城差异化发展。支持符合条件的人口净流入县域按中等城市规划建设、常住人口超5万人的镇按小城市规划建设，持续打造省级百强中心镇。突出“面子”和“里子”并重，深入开展县城有机更新、县城“精修细补十项民生工程”，有序推进老旧小区、老旧厂区、老旧街区及城中村改造，支持成都实施保障性住房建设、“平急两用”公共基础设施建设、城中村改造等“三大工程”，大力推进城市老旧管网更新改造，务实推进海绵城市建设。强化县城风貌及运行管理，保护历史文化名城名镇和街区，严格控制超高层建筑建设，促进互联网与政务服务、社区服务深度融合。扎实推进智慧平安小区建设，加快以社区为基本单元配建基本公共服务设施、便民商业服务设施、市政配套基础设施和公共活动空间。

2. 加快宜居宜业和美乡村建设

深化开展乡村建设行动，积极运用“千万工程”经验，统筹推进“五大提升”行动和“五网共建共享”，协同开展“巴蜀美丽庭院示范片”建设，培育省级示范村、精品村等。联合重庆举办川渝乡村建设工匠技能大赛。做好传统村落集中连片保护利用，严禁违背农民意愿和超越发展阶段撤村并居。强化农村一、二、三产业融合发展，实施农文旅融合发展、乡村休闲旅游精品等专项工程，改造升级美丽乡村和各类农业园区，创建一批城乡融合发展典型项目。深入实施联农带农助增收专项行动，拓宽以工代赈、就业帮扶车间等渠道，提高产业和就业帮扶实效，促进农业增效、农民增收。完善农村基层治理体系，加强农村新型经济组织和社会组织的党建工作，健全两省市交界地带及毗邻地区管理联动机制，运用互联网等现代化手段，实现基层治理智慧化、数字化。

3. 促进城乡要素平等双向流动

持续抓好县域内城乡融合发展改革试点，进一步支持重庆西部片区、成都西部片区国家城乡融合发展试验区先行先试。稳慎推进农村宅基地、集体经营性建设用地等土地制度改革试点，制定深化集体林权制度改革实施方案，加强重庆农村土地交易所与成都农村产权交易所等平台合作。健全城镇开发边界管理、计划指标统筹调剂机制，探索增减挂钩节余指标落地有效途径，继续争取川渝开展永久基本农田转为建设用地和国务院土地征收审批事项权限委托下放试点，稳步有序扩大省级农用地转用和土地征收审批权委托市州行使范围，扩张城乡用地增量空间。统筹推进农民进城和人才入乡，全面落实取消县城落户限制政策，确保稳定就业生活的外来人口与本地农业转移人口落户一视同仁，加强乡村人才引育留用，优化城市人才下乡激励机制。健全涉农资金统筹整合机制，提高土地出让收入用于农业农村比例。加强农村生态资源价值转化，推动生态产品经营开发，完善生态产品交易制度和平台建设。健全多元可持续的投融资政策，设立城乡融合发展基金，发展农村数字普惠金融、绿色金融。

（九）提升公共服务便利化水平

1. 进一步提高医疗卫生服务水平

一是全力推进医学医疗中心建设。依托高水平医院争创国家医学中心和国家区域医疗中心。支持高水平医院组建跨区域专科联盟、专病联盟和远程医疗协作网。二是强化市县医院区域引领作用。加强市级医院临床重点专科和专病中心建设，支持县级医院建设“临床服务五大中心”和“急诊急救五大中心”。三是筑牢基层医疗卫生服务网底。配齐中心乡镇卫生院适宜设施设备，推进服务能力标准化建设。按照二级综合医院标准建设一批县域医疗卫生次中心，规范发展社区医院，增强乡镇卫生院二级及以下常规手术等医疗服务能力。稳妥推进乡村医疗卫生一体化管理，建设中心村卫生室，实现基层医疗卫生服务全覆盖。四是提高公共卫生服务能力。加强疾控中心能力建设，提升监测预警、流调溯源、应急处置、综合干预等核心能力，完善突发公共卫生事件应急指挥、队伍建设、物资保障、生产储备、培训演练、信息管理等机制。

2. 积极构建高质量教育体系

一是深化新时代教育评价改革。推进教育领域综合改革，统筹抓好高考综合改革和中考改革，巩固深化“双减”成果，深化“就业—招生—培养”联动机制改革，实施好教育数字化战略行动和高水平教育对外开放工程。二是实施基础教育扩优提质行动。实施基础教育资源配置提升工程，开展义务教育强校提质、普通高中内涵建设、综合高中试点建设、中小学科学教育促进等行动，强化服务和治理，推动基础教育优质均衡发展。三是推进现代职业教育体系建设。实施《四川省职业教育条例》，加强政策供给。新建一批省级市域产教联合体和省级行业产教融合共同体，推动产教深度融合。实施好中职“三名工程”、高职“双高计划”和本科层次职业院校递进培育工程，推动职业教育提质融合发展。四是推进高等教育“对标竞进、争创一流”。实施高等教育办学条件改善工程和“双一流”建设贡嘎计划，加快优化专业布局结构，完善人才自主培养体系，构建高质量科技创新支撑服务体系，实施“登峰计划”，支持省属高校标志性成果创建，推动高等教育内涵式高质量发展。

3. 推动文化事业高质量发展

一是积极推动文艺创作繁荣发展。实施舞台艺术精品、主题美术创作、振兴川剧和曲艺等工程。组织庆祝新中国成立 75 周年系列文艺展演活动。举办第六届川剧节、第七届四川省青年川剧演员比赛等重大活动。启动第十四届中国艺术节筹办，加强川剧《梦回东坡》、话剧《苏母》等剧目创演提升。二是统筹推进城乡公共文化服务体系建设。抓好公共文化阵地建设，着力打造“天府文化新空间”“乡村村晚”。研究制定城乡公共文化服务体系建设实施方案，加快推进省图书馆新馆二期（巴蜀古籍文献馆）项目建设。创新文化惠民模式，打造“城市 15 分钟文化圈”和“农村 10 里文化圈”。三是加强文化遗产的保护传承弘扬。实施“中华文明探源工程”“古蜀文明保护传承”等重大项目，推动三星堆遗址—金沙遗址联合申报世界文化遗产。推进四川博物院新馆、中国白酒博物馆等重点博物馆建设。做好非遗系统性保护，认定第八批省级非遗代表性传承人，建设一批非遗大师工作室。四是推动文化产业转型升级、提质增效。支持传统文化行业数字化转型，实施《四川省数字文旅发展三年行动计划（2023—2025 年）》。举办第四届四川省文创大会、2024 四川文创交易博览会，开展全省文创大赛、红色文创大赛和“文创集市”评选等活动。实施文旅企业梯度培育计划。

4. 加快构建高水平全民健身公共服务体系

一是构建全民健身公共服务体系。围绕“办人民满意的体育”目标，大力实施全民健身场地设施补短板、赛事活动全域化、健身组织全覆盖、科学健身指导普及、全民健身智慧化提升等五大工程，着力打造全民健身的“健身版图”。统筹建设一批乡镇（街道）健身中心、社区健身中心、多功能运动场、体育公园、健身步道、社会足球场、城市绿道、户外运动公共服务设施等全民健身场地设施示范项目，定期举办全民健身运动会、“百城千乡万村·社区”系列赛事等活动，加大社会体育指导员队伍建设，推动落实“健康四川”行动计划，提高全民健身公共服务信息化水平。二是构建青少年体育夯基筑垒体系。按照“动员成千上万青少年运动，打造百千上万体育后备人才”工作思路，实施体教融合发展、“新人计划”推进、青训阵地建设、体育活动促进、青少年足球发展等五大工程，着力打造青少年体育的“星火版图”。三是打造体育融媒体产品，扩大四川体育的覆盖面及影响力。加强民族体育、民间体育、民俗体育保护和推广，建设四川省体育博物馆及网上博物馆。鼓励对外体育文化交流合作，宣传推介优秀传统体育项目和体育非遗项目（产品）“走出去”。

五、政策建议

（一）强化共建机制突破

1. 完善各级分层管理机制

充分发挥决策层的顶层设计作用，优化完善领导统筹机制，加强在战略研究、政策制定、总体规划、考核评价、重大项目等方面的系统谋划。充分发挥协调层的沟通协调作用，充实“推动成渝地区双城经济圈建设联合办公室”工作力量，强化在基础设施建设、环境保护、基本民生、产业协同、要素保障等重点领域的对接协作。充分发挥执行层的贯彻落实作用，推动跨区域实施职能的行政主体层级逐步对等，探索消除各领域专项合作落地落实中的“行政级差”。

2. 设立临时联合管理机构

探索设立跨区域合作平台、合作园区管理机构，复制推广高竹新区经验，研究探索赋予功能平台建设中成立的一些“临时机构”的管理权限，进一步明确机构职责、健全考核机制、加强工作力量保障，抽调两地人员开展联合办公，确保整体联动、一体运行、协调高效。

3. 推进公共服务互联共享

系统梳理川渝两省市公共服务标准政策，健全完善养老、医疗、工伤等社会保险协同互认机制和社会保险基金风险防控合作机制。完善重大灾害事件预防处理和紧急救援联动机制，统筹毗邻地区 120、110 服务范围。健全住房公积金跨区域转移接续和互认互贷机制。共同打造跨区域的职业教育、人力资源服务、医疗卫生康养服务、中小学义务教育等区域性公共服务品牌。

（二）提升政策执行一致性

1. 推动政策执行口径统一

细化梳理相同或相似的鼓励类产业目录，推动川渝两省市的鼓励类产业目录协同，逐步推进行业政策、招商政策等执行口径统一，实现被招引市场主体能无差别享受相关优惠政策。针对耕地占用税、城镇土地使用税、企业所得税地方留存和增值税等重点地方税种，推动川渝两省市各级人大、政府加大对毗邻地区地方税种政策标准统一指导、支持，实现川渝政策标准统一。

2. 建立项目统一准入标准

按照《企业投资项目核准和备案管理条例》《企业投资项目核准和备案管理办法》《四川省企业投资项目核准和备案管理办法》《重庆市企业投资项目核准和备案管理办法》等有关规定，制定跨区域统一的企业投资项目核准目录，对未列入目录的投资项目进行告知性备案，明确川渝两地合作功能平台投资项目核准依据和标准。

3. 探索行政管理权限下放

探索实施省级行政管理权限负面清单的模式，允许在不打破行政隶属关系的前提下，结合各平台合作进度和成熟程度，围绕重点合作区域、重大合作事项，授予土地管控、项目管理、规划审批、社会民生等领域权力。探索由省级人大层面协同向特定平台依法集中授权，让渡下放一部分省级事权管理权限，建立共同行使管理权限的协调组织，超越行政边界共同推进区域开发建设。

（三）加强要素支撑保障

1. 强化建设用地保障

统筹推进耕地占补平衡指标跨市域有偿流转，推动城乡建设用地增减挂钩节余指标流转，促进土地生产要素有序流动、共享共用。探索省级统筹，推进一批引领性重大平台、重大项目建设用地指标予以单列和优先调剂，支持轨道、高速公路、国道、航道、通用机场等重大基础设施项目用地指标。

2. 强化财政金融支持

积极争取中央专项转移支付、地方专项债等财政支持，探索新增地方政府债券额度向符合条件的重大项目倾斜。支持金融机构创新开发金融产品，加大对区域内重大项目和重点、薄弱领域的金融支持。完善重大建设事项与金融对接机制，强化政银企协同联动，定期交流融资政策和项目进展，为重大项目建设提供有力的金融支持。

3. 强化人才支撑保障

支持优秀人才创新创业，推动制定统一的人才招引政策，支持共建共享公共实训基地等优质人力资源服务，联合举办各类招聘活动，联合开展人力资源职业技术培训，推动人才资源互认共享。探索“人才飞地”合作模式，完善高层次人才协同管理体系，探索建立户口不迁、身份不变、关系不转、能出能进、双向选择的人才柔性流动机制，探索外来就业人员子女义务教育阶段跨区域入学。鼓励统筹使用编制资源，支持聘任制公务员等多元化人才引进机制，扩充人才工作队伍和力量。

（四）深化改革试点创新

1. 完善跨行政区域统计分算机制

研究制定经济指标跨区分算细则，出台跨区域项目和共建园区的产值统计政策，探索通过单独赋予统计虚拟区域代码或增加统计报表标识字段等方式，围绕地区生产总值、工业总产值、固定资产投资额等重要经济指标，实行“统计分算财税分成”，完善统计指标分配和归口报送机制。

2. 完善跨区域财税利益联结机制

优化完善跨区域合作和财税利益分享机制，协商确定地方留存的税收共享范围和分享比例等，合理划分飞地园区等跨区域合作平台的财税利益。积极开展税收分成试点，对共建园区、飞地园区、招商引资异地流转等合作项目，一事一议确定财税利益分享比例。对新设企业税收增量归属地方收入部分，可在项目主动流转地和项目受让地之间分享；对企业迁建、总部迁移等存量项目迁建类型的，探索基数返还、增量分成等税收共享模式。

3. 创新跨区域投融资机制

对于跨区域共建的重大基础设施、重大公共服务等项目，合理确定资本金比例及分摊比例，支持设立跨省市投融资平台公司、区域发展投资基金，探索以土地使用权、生态要素、科技专利等要素作价入股的合作方式，制定公平合理的收益分配机制。

指数报告

成渝地区双城经济圈一体化发展指数研究（2023—2024年）

推动成渝地区双城经济圈建设是习近平总书记亲自决策、亲自部署、亲自推动的重大战略。2024年4月，习近平总书记在重庆考察调研时强调，重庆、四川两地要紧密合作，不断提升发展能级，共同唱好新时代西部“双城记”。经过20多年对成渝经济走廊、成渝经济区、成渝城市群、成渝地区双城经济圈发展演进的探索，重庆、四川两地聚焦协同合作和一体化高质量发展，特别是围绕党的二十届三中全会提出的“完善实施区域协调发展战略机制”开展了一系列实质性探索，在全国区域发展中的战略地位不断上升。回首携手走过的这5年，成渝地区正朝着具有全国影响力的重要经济中心、科技创新中心、改革开放新高地、高品质生活宜居地的目标迈进，奋力打造中国经济增长“第四极”。

2023年底，《成渝地区双城经济圈一体化发展指数报告（2022—2023）》在渝首次发布，成渝地区双城经济圈一体化发展“成绩单”正式出炉。除文化旅游融合联动指数受疫情反复等因素影响下降外，区域经济协调发展、基础设施互联互通、现代产业协同发展、科技创新共建共享、生态环境共保联治、改革开放协同推进、推动城乡融合发展、公共服务便利共享等指数均实现正增长，成渝地区高质量一体化发展呈现出强劲的韧性与活力。自2024年以来，课题组在前期研究的基础上，牢牢把握新形势新任务新要求，对成渝地区双城经济圈一体化发展监测体系进一步优化完善，会同四川省经济和社会发展研究院、四川省县域经济研究中心等单位编著了《成渝地区双城经济圈一体化发展指数报告（2023—2024年）》，努力将其打造成成渝地区经济社会高质量发展的“晴雨表”，更好地服务党和政府科学决策，助推各级各部门沿着党中央和习近平总书记指引的方向砥砺前行，奋力书写成渝地区双城经济圈建设新的华彩乐章。

一、城市群一体化发展的概念内涵

（一）城市群的概念及特征

对城市群概念的研究起源于法国地理学家戈特曼（Jean Gottmann），1957年戈特曼首次提出“Megalopolis”的概念（Jean，1957），并在随后的研究中进一步将“Megalopolis”概括为大都市区沿着特定的交通轴线集聚而成的多核心城市体系，其特征主要为城市分布密度高且拥有一个以上核心功能城市，交通基础设施网络体系完善，区域一体化水平高，人口规模在2500万人以上等。戈特曼的研究带动了其他学者开始关注“Megalopolis”现象。

国内学者从20世纪80年代开始开展相关研究。1983年，于洪俊首次将“Megalopolis”的思想引入中国（于洪俊和宁越敏，1983），引起了国内学者的关注。国内学者从不同的角度分别将“Megalopolis”翻译为“（大）都市圈”“（大）都市带”“都市连绵带”等，其中姚士谋在《中国的城市群》一书中，将其翻译为“城市群”，并对中国城市群进行了系统的研究，进而提出了中国城市群界定的定量标准（姚士谋，1992）。

目前，国内关于城市群尚没有统一的定义。姚士谋（1992）将城市群概括为“在特定的地域范围内具有相当数量的不同性质、类型和等级规模的城市，依托一定的自然环境条件，以一个或两个特大或大城市作为地区经济的核心，借助于综合运输网的通达性，发生与发展着城市个体之间的内在联系，共同构成一个相对完整的城市‘集合体’”。肖金成（2021）将城市群的概念界定为“在一个特定的区域内云集相当数量、不同规模、不同类型的城市，以一个或几个都市为核心，依托便捷的交通条件，城市之间的联系越来越密切，逐渐形成的城市集合体”。方创琳等（2018）则将城市群定义为“特定地域范围内，以1个超大或特大城市为核心，由至少3个以上都市圈（区）或大城市为基本构成单元，依托发达的交通通信等基础设施网络，所形成的空间组织紧凑、经济联系紧密并最终实现同城化和高度一体化的城市群体”。孙久文和蒋治（2021）认为城市群是“在空间上邻近且经济联系密切的若干城市构成的网络化统一体”，并指出“城市群成‘群’的关键在于城市间要素自由流动、资源高效配置、基础设施对接、产业关联配套、公共服务均等”。张学良（2018，2022）则关注城市群的构成形态，指出“城市群是由两个及以上规模和功能不同但联系紧密并空间上呈现连绵的都市圈构成，都市圈是城市群的核心”。冯怡（2023）认为城市群和都市圈是推动区域协调发展在地理空间上的主要形态。谢漾（2023）认为城市群是城市化和工业化发展到高级阶段形成的一种空间组织形式，是支撑现代经济和金融发展的最重要载体。

在对城市群内涵特征的把握上，马燕坤和肖金成（2020）指出城市群的内涵包括4个方面：一是存在至少一个大都市作为城市群的核心城市，二是城市群的辐射核一般至少有两个，三是城市群内存在紧密的产业链上下游联系和市场联系，四是城市群应覆盖都市圈、大中小城市和小城镇等多种形态。戴宾（2004）则从城市群的内涵中将其特征归纳为地域性、群聚性、中心性和联系性等。易小光等（2019）认为城市群具备两大内在特征，一是要素集聚和发展集约，二是空间网络连接性和共生性，并从产业结构、人口空间分布、交通联通和城际关系等4个方面概括了城市群的表象特征。此外，在对城市群概念及特征的研究成果上，大量学者还开展了各个阶段的中国城市群识别研究（陈守强和黄金川，2015）的工作。

本研究认为，城市群的形成与发展是区域经济发展到一定阶段的空间形态，一般应具有以下特征：一是以一个或几个辐射带动能力强的大城市为中心。通常拥有一个核心城市和多个次级中心城市。核心城市作为区域经济发展的增长极，拥有强大的集聚扩散能力，在提升城市群综合实力和竞争力中扮演重要的角色。次级中心城市综合经济实力较强，发挥着承接核心城市功能和传递要素的功能，辐射引领城市群内中小城市发展。二是城市群结构和规模合理。城市群是在地域上集中分布的若干特大城市和大城市集聚而成的庞大的、多核心、多层次城市体系。合理的城市结构和规模等级有助于资源要素的集聚效应最优化、中心城市的辐射效应最大化，进而推动城市群可持续发展。三是内部城市（镇）存在密切的内在经济联系。城市群内功能完善、协同互补，经济联系紧密。城市之间人流、物流、资金流、信息流等要素流动频繁，城市间彼此依存和相互支撑，协同发展构成一个密不可分的完整网络。四是以交通为核心的基础设施建设的一体化。交通是城市群形成的前提条件和基础支撑。通常城市群内基础设施体系与城市群的空间结构是相互融合的，公路、铁路、水运、空运的立体交通体系发达。城镇群内大型市政基础设施实现同城化建设，大型公共服务设施实现服务全域的功能。

（二）城市群一体化的内涵

关于城市群一体化的内涵，目前国内外学术界并没有统一的界定。丁伯根（Tinbergen，1954）认为经济一体化是通过消除经济运行中的人为阻碍，实现国际贸易完全自由的过程。巴拉萨（Balassa，1962）认为经济一体化指完全消除商品、资本和劳动力等人为限制，是一个过程，也是一种状态。弗里德曼（Friedmann，1966）则指出区域经济一体化一般包含 4 个阶段：第一阶段为取消对商品流动的限制，实现贸易一体化；第二阶段为生产要素自由流动，实现要素一体化；第三阶段为区域内经济政策协调一致，达到政策一体化；第四阶段为所有贸易、要素和政策全面统一，实现完全一体化。

相较于西方学术界，国内关于城市群一体化的研究起步较晚，主要从内生动力和特征表象等方面描述城市群一体化的内涵。孙久文等（2008）认为城市群一体化是指不同的空间经济主体之间为了生产、消费、贸易等利益的获取，产生市场一体化的过程，包括从产品市场、生产要素市场（劳动力、资本、技术、信息）到经济政策统一的逐步演化。赵勇和白永秀（2007）认为，城市群一体化是城市化和城市区域化的必然结果，其本质是区域一体化过程在城市空间形态上的表现，具备设施同城化、市场一体化、功能一体化与利益协同化的特点。冯更新（2013）认为，城市群是生产力发展、生产要素逐步优化的产物，体现为城市经济联系日益紧密、产业分工与合作、交通与社会生活、城市规划和基础设施建设相互关联，而城市群一体化则是规划、市场、基础设施、社会管理、城乡全面一体化。李琳和彭宇光（2017）基于静态视角，对城市群一体化作了更具体的内涵界定，认为“城市群一体化是指群内各城市间借助城际发达的交通通信等基础设施网络和群内政府间的协作，促使商品、劳动力、资金、技术、信息等要素在各城市间自由流动，以及通过群内产业部门结构和空间结构的演化，形成城市群市场高度融合、产业关联高度紧密、地域空间组织高度集中的一种状态”。李培鑫（2019）从城市之间的结构关系、联系关系和共享关系等角度出发，认为城市群一体化是指城市群内不同规模和功能的城市具有合理的空间结构和分工结构，形成密切的经济、社会、生态联系，同时共享相关资源和服务。刘修岩和梁昌一（2021）认为城市群一体化是城市群内部交通商贸互联互通、制度协作显著推进、文化融合持续强化，进而实现在基础设施、市场体系、政策措施等多方面的联通共享的过程。易小光等（2021）主要从内涵和特征角度定义区域一体化，认为区域一体化发展的基本特征包括外部相对独立与内部高度开放、设施同城化与网络交叉化、产业分工与协作合理化以及利益协同化与协调机制有效化。陆铭（2022）结合我国对统一大市场的要求，认为城市群不同城市之间的一体化要求在市场的准入标准、监管标准等制度方面没有差异，为商品和生产要素的自由流通提供制度保障。廖常文（2023）提出长三角产业一体化不仅能通过直接效应促进城市经济高质量发展，还能通过优化产业结构的间接效应推动经济高质量发展。胡艳（2024）认为，推动区域一体化，强化经济韧性，是促进经济高质量发展、构建新发展格局的重要途径。

从国内城市群一体化的实践来看，党的十八大以来，我国相继作出了京津冀协同发展、长江经济带发展、粤港澳大湾区建设、长三角一体化发展、黄河流域生态保护和高质量发展、成渝地区双城经济圈建设等重大区域发展战略部署，极大地丰富了城市群一体化发展的理论实践成果（易小光等，2021）。其中，《长江三角洲区域一体化发展规划纲要》将长三角城市群发展目标明确为区域一体化发展，提出区域一体化发展要“深化跨区域合作，形成一体化发展市场体系，率先实现基础设施互联互通、科创产业深度融合、生态环境共保联治、公共服务普惠共享，推动区域一体化发展从项目协同走向区域一体化制度创新”。《京津冀协同发展规划纲要》明确2030年的发展目标是“京津冀区域一体化格局基本形成，区域经济结构更加合理，生态环境质量总体良好，公共服务水平趋于均衡，成为具有较强国际竞争力和影响力的重要区域”，并提出重点在交通一体化、环保一体化和产业协作一体化等方面率先突破。《粤港澳大湾区发展规划纲要》重点关注提升大湾区市场一体化水平，提出要打造具有全球竞争力的营商环境，在投资便利化、贸易自由化、人员货物来往便利化等方面促进市场一体化发展。《成渝地区双城经济圈建设规划纲要》（以下简称《规划纲要》）则强调成渝地区要牢固树立“一盘棋”思想和一体化发展理念，“要处理好中心和区域的关系，着力提升重庆主城和成都的发展能级和综合竞争力，推动城市发展由外延扩张向内涵提升转变，以点带面、均衡发展，同周边市县形成一体化发展的都市圈”。

综上所述，我们认为，城市群一体化是指区域内各城市间借助城际发达的交通、通信等基础设施网络和区域内政府间的协作，促使商品、劳动力、资金、技术、信息等要素在各城市间自由流动，以及通过区域内产业部门结构和空间结构的演化，形成城市群市场高度融合、产业关联高度紧密、地域空间组织高度集中的一种形态。

城市群一体化的突出特征表现在：一是外部相对独立与内部高度开放。城市群一体化是以不同性质、类型和等级规模的城市集合为载体，通过城际关系互动谋求整体利益提升的发展过程。相对于外部环境，区域内部的城市地域相邻、文化相亲、经济联系密切，对区域以外的其他地方来说是一个相对独立的发展整体。相对于内部环境，各城市基于共创价值理念，形成一种点对点、点对面高度开放的关系，实现区域内资源共享与优势互补。二是设施同城化与网络交叉化。城市群是在各城市之间强烈的交互作用下形成的特定地域空间上的城市集聚体，是由规模各异的城市相互连接而成的一种设施同城化的城市网络。区域城市结构体系具有扁平化、网络化的城市结构特征，这种网络化的城市结构特征和区域内城市之间产业高度分工与合作而形成的产业网络息息相关。三是产业分工与协作合理化。区域内的城市由于地理邻近，有利于经济要素和经济主体的相互作用，相对于区域外城市而言，区域内各城市之间市场联系紧密，呈现市场一体化和功能一体化特征。四是利益协同化与协调机制有效化。区域一体化发展目标是形成 1+1>2 的“整体效应大于局部效应”的发展格局，实现区域内城市间利益协同化。区域内城市间协调机制的有效性对区域一体化发展尤其是市场一体化的实现起到了决定性作用。

二、成渝地区双城经济圈一体化发展概述

（一）一体化发展内涵

一体化是成渝地区双城经济圈建设的核心导向，《规划纲要》明确要求，“牢固树立一体化发展理念，唱好‘双城记’，共建经济圈”。随着成渝地区双城经济圈建设持续走深走实，其一体化发展内涵也在持续深化，主要包含以下5个方面。

一是以实现共同富裕增进民生福祉为根本导向。人民立场是党的根本立场，为人民谋幸福是党的根本使命。实现全体人民共同富裕是党为人民谋幸福的着力点，也是中国式现代化的本质要求，发展的根本目的是增进民生福祉。成渝地区双城经济圈建设的使命，就是要坚持在高质量一体化发展中促进共同富裕、保障和改善民生，推动区域均衡发展、城乡融合发展，统筹缩小地区差距、城乡差距和收入差距，扩大优质公共产品和服务供给，构建以超大城市治理为引领的共建共治共享的社会治理新格局，让广大居民更多共享成渝地区双城经济圈一体化发展成果。

二是以优化生产力布局提升经济高质量发展水平为主线。经济一体化是区域一体化的核心所在，生产力是经济发展的基础，优化生产力布局是区域促进经济一体化和经济高质量发展的根本路径。成渝地区双城经济圈一体化发展需要紧扣服务国家战略需求，以及自身“打造带动全国高质量发展的重要增长极”和新的动力源的战略目标，立足各城市比较优势，优化中心外围生产力功能布局，构建全链条梯度互补产业分工协作新格局，统筹推动传统产业升级、战略性新兴产业发展、未来产业培育和承接产业转移备份，加快形成川渝特色鲜明的新质生产力，协同提升国家战略腹地建设生产备份能力，持续赋能区域经济高质量发展。

三是以体制机制改革创新增强区域发展合力为前提。体制机制创新是成渝地区双城经济圈一体化发展行稳致远的基础和前提。川渝两省市应坚持“川

渝一盘棋”思想，创新一体化发展体制机制，强化战略协作、政策协同、平台对接、利益共享，加快破除制约成渝地区双城经济圈一体化发展的行政壁垒。稳步推动成渝两地多层面规划有机融合，加快探索经济区与行政区适度分离改革，建设统一开放的市场体系，促进资源要素有序自由流动，推进基本公共服务制度衔接、政策协同、标准趋同，加强各类交通网络基础设施标准跨区域衔接，不断降低成渝地区双城经济圈制度性交易成本。

四是以开放合作畅通国内国际双循环为重点抓手。开放合作不仅是区域一体化的重要特征，也是实现区域一体化的重要路径。成渝地区双城经济圈一体化发展应更加精准把握“构筑向西开放战略高地和参与国际竞争新基地”的重要定位，坚持对内对外开放并重，积极推动高层次协同开放，协同建好内陆开放枢纽。要更加主动服务对接国家区域重大战略，深化与国内重要城市群务实合作。要高水平共建西部陆海新通道，加强与沿线地区的开放合作，深化向西向南开放，深度融入共建“一带一路”。要稳步扩大制度型开放，主动对接高标准国际经贸规则，共同探索陆上贸易规则，营造市场化、法治化、国际化一流营商环境。

五是以绿色共保生态共建为底色。成渝地区地处长江上游，对长江中下游地区生态安全具有不可替代的屏障作用，对维护国家生态安全至关重要。成渝地区双城经济圈一体化发展应围绕共建长江上游重要生态屏障，深入践行“绿水青山就是金山银山”理念，坚定贯彻山水林田湖草是生命共同体的思想，充分发挥其在长江上游生态保护、江城和山地特色城镇建设、生态产业体系建设上的示范作用，协同推进生态环境共保联治，形成绿色低碳循环的生产生活方式，共同打造绿色发展底色，为打造长江上游重要生态屏障、确保国家生态安全提供强大支撑。

（二）一体化发展评价

与长三角等更为成熟发达的城市群相比，成渝地区双城经济圈一体化发展还处于起步阶段，关于一体化评价的研究工作开展得也相对较少，目前大多仅集中在川渝两地间建立协同机制、开展合作交流活动等方面。基于此，成渝地区双城经济圈一体化发展指数在研发过程中着重聚焦以下几个方面，探索开展成渝地区双城经济圈一体化发展评价研究：一是紧扣《规划纲要》要求。成渝地区双城经济圈一体化发展指数研究以《规划纲要》为根本遵循和重要指引，充分围绕《规划纲要》中部署的九大任务及具体要求，构建一体化发展评价指标体系主体框架。二是拓展评价思路。指数结合对一体化发展过程中“一体化”和“高质量”发展缺一不可的目标和内涵认识，突破了低水平、平均化等对一体化发展认识的局限性，创新性地提出将指标分为成长性指标、关联性指标、一致性指标、观察性指标，有利于多维度测度成渝地区双城经济圈一体化发展。三是丰富研究方法。积极探索引入大数据、GIS 分析等先进技术方法对跨时间、跨地域范围的大量数据进行采集治理，有效结合经济统计数据、行业统计数据、政务数据、互联网大数据等数据资源，构建客观监测、科学量化的综合性评价体系。为助力成渝地区双城经济圈完成“一体化发展水平明显提高”目标提供简洁有效的决策工具，也为其他区域开展推进一体化建设工作提供参考。

三、国内外城市群一体化发展指数研究综述

（一）一体化测度方法

在定量测度区域一体化发展程度时，现有研究可以归纳为三类，分别从趋同、差异和关联的角度测度一体化程度：一是基于相对价格法测度趋同程度。根据经济学理论中的“一价定律”，其核心思想是，产品的价格是平衡了各种成本构成因素后达到的稳定值，当市场要素能够自由流动时，商品、要素价格应趋同，若同一种产品在两个市场的价格比超出合理区间，则表明两个市场间的差异化比较严重。Parsley 和 Weis（1996）首次创新性地采用相对价格方差法来测度地区市场一体化程度。苏剑和邵宇佳（2022）通过相对价格法计算市场分割程度，基于市场分割程度来度量市场一体化水平，并研究发现按照商品市场一体化程度由低到高排序，分别是西部地区、东部地区、东北地区和中部地区。张其富和吴泽斌（2023）利用改进的相对价格法，通过测度 1952—2020 年国内市场整合指数，揭示全国统一大市场的长期演变趋势和应对该趋势的相应对策。周五七（2024）从资本市场一体化、劳动力市场一体化和商品市场一体化三个维度，采用相对价格法测算长三角市场一体化指数，对长三角统一大市场发展进程及其结构特征进行动态评估。此外，还有部分学者聚焦具体区域开展研究，如杨丹丹等（2019）、刘昊和祝志勇（2020）、李旦（2020）、梅饶兰（2021）等分别基于相对价格法对长江经济带、成渝地区双城经济圈、东北地区及长三角地区的一体化水平进行了分析测度。二是基于差异分析法评价区域间差异水平，即采用地区间的差异来反向反映一体化程度。关于区域差异测度方法的研究较为成熟，具体的计算方法包括基尼系数、锡尔系数、泰尔指数和广义熵指数等。范擎宇和杨山（2021）运用泰尔指数、空间计量模型等方法对长三角地区城镇化协调发展的空间特征及形成机理进行了研究。刘凤等（2022）以成都都市圈为例，利用熵权 TOPSIS 法与基尼系数法测度 2017—2021 年都市圈公共服务一体化综合

发展水平与各维度发展差异。康艳青等（2023）运用熵值法和锡尔系数法对黄河流域 7 个城市群的高质量发展情况进行综合评估。王栋和刘小瑜（2023）运用锡尔系数法、层次聚类法对中部地区 81 个城市经济发展质量总指数进行聚类，探究中部地区经济发展质量的时空格局，并分解其区域差距。杨传明和姚楠（2024）基于投入产出双维度，构建包括基础设施、创新要素、治理环境、数字产业化、产业数字化的数字经济发展水平测度模型，结合泰尔指数和莫兰指数对比分析 2010—2021 年长三角城市群数字经济发展水平及时空分异。史利江等（2024）基于 DPSIR 模型构建了黄河中游城市群绿色技术创新能力的综合评价指标体系，利用熵值法、泰尔指数、空间自相关、引力模型及地理探测器等方法分析了 2010—2020 年黄河中游城市群绿色技术创新能力的时空格局演变、影响因素以及空间关联网络特征。占金刚（2023）基于社会网络分析法，运用修正后的引力模型计算西部陆海新通道黔桂滇川渝 42 个城市的经济联系值矩阵，研究结果显示，西部陆海新通道城市经济一体化程度不高，但有加深趋势。彭文斌等（2024）基于 2006—2020 年长江中游城市群面板数据，利用社会网络分析法分析城市更新与生态韧性的空间关联网络结构演变特征，并借助空间计量模型剖析城市更新对生态韧性的溢出效应。常永莲等（2024）基于 284 个地级市的面板数据，通过社会网络分析划分协同治理区，使用时空地理加权回归模型研究区域协同治理雾霾成效的异质性。

（二）一体化评价体系构建

不同城市群、不同经济区域存在体制机制、资源禀赋、发展阶段等各方面的差异，因此，构建一种统一、通用的一体化评价体系来描绘不同城市群的一体化程度是不现实的，研究者们在构建一体化发展指数方面做了大量工作，构建思路主要分为两大类。一是侧重某一个方面的一体化进度，以相关经济学理论为支撑，构建单一指数，比如赵三武和钱雪亚（2014）、赵金丽等（2017）都将劳动力市场作为区域一体化测度的重要研究点，构建劳动力市场的一体化发展指数。二是考虑一体化评估的复杂性，基于层次分析法、主成分分析法等方法，构建多级、多主题的指标评价体系。其中，该方法按照指标构建依据不同又可分为两类：第一类以经济学理论为依据，将一体化的内容分为若干方面，作为指标体系的一级指数，通常这些一级指数涵盖了基础设施、生产要素、创新、产业、生态环境、行政（体制机制）等多个方面（张军，2011；李雪松和孙博文，2013；吕典玮和张琦，2010）；第二类在以国家重大区域战略相关城市群为研究对象时，以国家重大发展理念、国家发布的重大区域规划纲要等重要政策性文件为指引，构建一体化发展指数的框架结构，这一方法以城市群发展规划、发展目标为导向，既有利于开展实证研究，也能更好地指导实践工作。

在实践中，京津冀地区、长三角地区和粤港澳大湾区作为我国发展较为成熟、规模较大的城市群经济区域，吸引了众多学者以之为对象开展一体化评价相关研究工作。2016 年，国家统计局、北京市统计局和中国社会科学院京津冀协同发展智库联合研究建立了“京津冀区域发展指数”①，并每年动态发布。该指数基于“创新、协调、绿色、开放、共享”五大发展理念构建了包括 5 个一级指标、18 个二级指标和 48 个三级指标的京津冀区域发展评价指标体系，三级指标以描述具体某一领域的发展程度为主，分为正向指标和逆向指标，通过标准化处理后，最后根据专家打分的权重计算一级指标。随后，中国社会科学院京津冀协同发展智库京津冀协同发展指数课题组（2020）也开展了类似研究工作，以五大发展理念构建了包含 25 个三级指标的京津冀协同发展指数体系。2019 年《长江三角洲区域一体化发展规划纲要》正式印发后，国家统计局组织开展了长三角一体化发展统计监测工作，并基于习近平总书记关于长三角一体化发展的重要讲话指示批示精神和《长江三角洲区域一体化发展规划纲要》关于长三角地区“一极三区一高地”的战略定位，建立了长三角一体化发展统计监测体系。

除此之外，较多高校、科研院所和民间团体也积极投入城市群一体化评价研究当中，如新华社中国经济信息社和中国城市规划设计研究院联合研发的“长三角一体化发展指数”②，围绕“多元人口流动、产业创新合作、设施互联互通、民生服务共享、生态环境共保”五大维度构建了评价体系。浙江大学则依据习近平总书记关于“紧扣‘一体化’和‘高质量’两个关键词”的重要精神，研究了“长三角高质量一体化发展指数”③，包括开放一体化、创新一体化、制度一体化、生态一体化、福利一体化五大维度。领导决策信息智库提出的“长三角区域一体化发展指数”④以《长江三角洲区域一体化发展规划纲要》为蓝本，以其中的七大任务一一对应为指标体系的 7 个分指数，为一体化评价体系的研究提供了另外一种思路。2023 年，广州日报数据和数字化研究

---

① 参见京津冀区域发展指数，http://www.stats.gov.cn/tjsj/zxfb/202112/t20211220_1825499.html。

② 长三角一体化发展指数发布，https://www.cnfin.com/zs-lb/detail/20211122/3462374_1.html。

③ 浙大团队发布长三角高质量一体化发展指数，http://www.news.zju.edu.cn/2020/1214/c775a2231165/page.htm。

④ 参见“领导决策信息智库”微信公众号。

院发布《粤港澳大湾区协同创新发展报告（2022）》，聚焦发明专利、PCT 专利、同族专利、专利被引频次四大专利指标维度，对标纽约湾区、旧金山湾区和东京湾区，分析粤港澳大湾区（珠江东岸、珠江西岸和港澳地区）的创新协同发展程度，以及优势与不足。同年，中国人民大学、西南大学共同发布了“成渝地区双城经济圈协同发展指数”，从宏观经济、协同创新、基础设施、贸易金融、城乡融合和产业发展 6 个维度评价成渝地区双城经济圈各城市间的协同发展程度。2024 年，重庆市统计学会与四川省统计学会共同研究构建成渝地区双城经济圈发展监测指标体系，发布了《2022 年成渝地区双城经济圈发展指数报告》。以上研究成果为我们开展和优化成渝地区双城经济圈一体化发展指数研究提供了重要的参考借鉴。未来，随着《成渝地区双城经济圈建设统计监测制度（试行）》正式纳入国家统计监测制度，成渝地区双城经济圈建设监测指标数据将更加科学、规范、完善，也将为我们持续深入推进成渝地区双城经济圈一体化发展指数研究工作提供有力支撑和保障。

四、成渝地区双城经济圈一体化发展指数研究框架

（一）总体思路

2021 年 10 月，中共中央、国务院印发《规划纲要》，从战略和全局高度对成渝地区双城经济圈建设进行了系统部署，为川渝两地协同推进双城经济圈建设提供了科学指引和根本遵循。按照《规划纲要》，川渝两省市必须牢固树立一体化发展理念，合力打造区域协作的高水平样板，加快提升一体化发展水平，推动成渝地区形成有实力、有特色的双城经济圈，打造带动全国高质量发展的重要增长极和新的动力源，并明确提出“到 2025 年，成渝地区双城经济圈经济实力、发展活力、国际影响力大幅提升，一体化发展水平明显提高”的发展目标。2024 年 4 月，习近平总书记在重庆主持召开新时代推动西部大开发座谈会时指出，要大力推进成渝地区双城经济圈建设，积极培育城市群，发展壮大一批省域副中心城市，促进城市间基础设施联通、公共服务共享。“一体化”和“高质量”成为推动成渝地区双城经济圈建设的两个关键。

深入领会党中央决策意图、全面对接《规划纲要》目标任务，科学量化评估成渝地区双城经济圈“一体化”和“高质量”发展进程效果、精准甄别问题矛盾制约、超前设计应对政策举措，是加快推动成渝地区双城经济圈一体化发展的首要任务。因此，在系统比对、全面梳理京津冀地区、长三角地区、粤港澳大湾区以及国际区域一体化发展趋势、指标设计和经验做法的基础上，以《规划纲要》为蓝本，围绕《规划纲要》中部署的九大任务，形成以成渝地区双城经济圈一体化发展指数为总指数，包含区域经济协调发展指数、基础设施互联互通指数、现代产业协同发展指数、科技创新共建共享指数、文化旅游融合联动指数、生态环境共保联治指数、改革开放协同推进指数、推动城乡融合发展指数、公共服务便利共享指数等 9 项一级指标的测度体系（见图 4–1）。

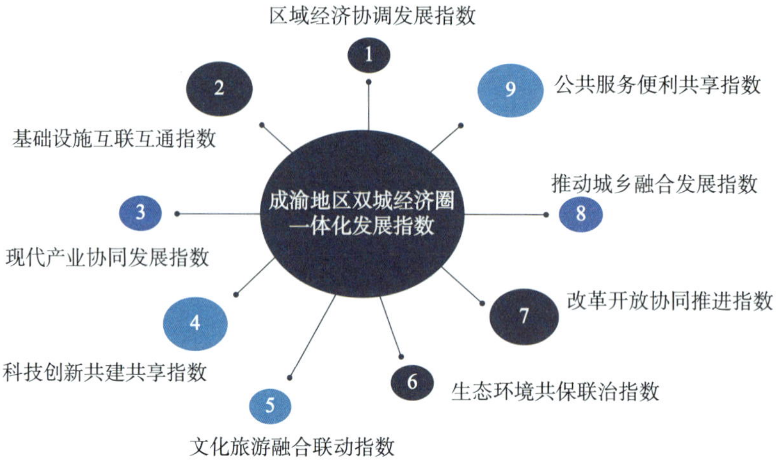

图 4-1　成渝地区双城经济圈一体化发展指数框架

（二）基本原则

为了有效反映成渝地区双城经济圈一体化高质量发展水平及变化情况，在一体化指数构建过程中，指标体系的建立和指标的筛选应遵循以下原则。

1. 科学性与有效性原则

指标的选取应紧密结合《规划纲要》中提出的主要任务，符合成渝地区双城经济圈“一体化”和“高质量”发展内涵，能够充分发挥指标对双城经济圈一体化高质量发展的跟踪监测作用，有效量化评估一体化发展进程，指数结果可以为成渝地区双城经济圈一体化推动工作提供有效的决策支持。

2. 系统性与层次性原则

指标体系要能够从不同维度反映成渝地区双城经济圈一体化发展的主要特征和变化情况，各指标的层次结构应清晰明确。同时，指标评价体系还要反映出各层次之间的内在联系，构建形成系统、完整、统一的指标评价体系，提高一体化指数的综合评价能力。

3. 针对性与可操作性原则

指标体系在设计过程中，应围绕成渝地区双城经济圈一体化发展过程中存在的主要矛盾，选择适当的靶向性指标，确保评价结果能够对成渝地区双城经济圈一体化发展提出具有针对性的反馈和建议。同时，指标选取时还要考虑指标数据的可得性、可量化性、可持续性，评估方法要切实可行。

（三）指标体系

依据指数设计思路，成渝地区双城经济圈一体化发展指数评价指标体系包含9项一级指标、29项二级指标和66项三级指标。其中，一级指标聚焦《规划纲要》中的九大重点任务，从区域经济协调发展等9个维度衡量成渝地区双城经济圈一体化发展基本特征；二级指标基于《规划纲要》每项重点任务文本进一步解构展开；三级指标围绕评估内容和目标，结合数据的可得性、可量化性，选择适当的靶向性指标，确保评价指标可以充分发挥对成渝地区双城经济圈一体化发展的跟踪监测作用，有效评估一体化发展进程和成效，甄别具体问题，提出对策建议。具体指标体系见表4-1。

表4-1 成渝地区双城经济圈一体化发展指数评价指标体系

一级指标	二级指标	三级指标	指标类型	指标范围
区域经济协调发展	经济发展能级	经济总量占全国比重	成长性指标	双城经济圈
		人均GDP与全国之比	成长性指标	双城经济圈
		全员劳动生产率与全国之比	成长性指标	川渝
	要素资源引力	常住人口数占全国比重	成长性指标	双城经济圈
		社会融资总量占全国比重	成长性指标	川渝
		社会物流总额占全国比重	成长性指标	川渝
	区域协调联动	川渝间人口流动频率	关联性指标	川渝
		川渝企业跨省投资主体数量	关联性指标	川渝
		川渝间经国家铁路货物交流数量	关联性指标	川渝
基础设施互联互通	共建成渝世界级机场群	开通国际国内航线数量	成长性指标	成渝
		航空客货运输服务水平	成长性指标	成渝
	合建轨道上的双城经济圈	轨道交通路网密度	成长性指标	川渝
		成渝动车高铁日均开行列车数量	关联性指标	成渝
	完善双城经济圈公路网络	川渝高速公路密度	成长性指标	川渝
		川渝间建成投用的高速公路通道数量	关联性指标	川渝
	联建长江上游航运枢纽	川渝间水水中转航线数量	关联性指标	川渝
		川渝间集装箱铁水联运和水水中转标准箱量	关联性指标	川渝
现代产业协同发展	优势产业集群联建	电子信息、汽车优势产业集群区位熵	成长性指标	川渝
		数字经济核心产业增加值占GDP比重	成长性指标	川渝
		金融业增加值占西部地区比重	成长性指标	川渝
	优质企业协同培育	国家级"专精特新"企业数量占全国比重	成长性指标	川渝
		国家级高新技术企业数量占全国比重	成长性指标	川渝
	区域产业错位发展	川渝产业结构差异系数	一致性指标	川渝
		川渝制造业区域分工指数	一致性指标	川渝

续表

一级指标	二级指标	三级指标	指标类型	指标范围
科技创新共建共享	共建科技创新中心	川渝国家重大科技基础设施数量	成长性指标	川渝
		川渝国家重点实验室数量	关联性指标	川渝
	共享科技创新资源	R&D 经费支出占地区生产总值比重	成长性指标	川渝
		川渝科技资源共享服务平台大型仪器价值	关联性指标	川渝
	协同提升创新能力	川渝联合共同发表科技论文数量	关联性指标	川渝
		川渝跨省联合申报专利数占两地申报专利数比重	关联性指标	川渝
	共促成果转移转化	川渝间专利转移数量	关联性指标	川渝
		川渝技术交易额占全国比重	成长性指标	川渝
文化旅游融合联动	打造国际消费中心城市	社会消费品零售总额占全国比重	成长性指标	双城经济圈
		川渝线下商圈消费热度指数	成长性指标	川渝
	共建巴蜀文化旅游走廊	川渝 A 级旅游景区数量	成长性指标	川渝
		川渝旅行社接待国内游客人次	成长性指标	川渝
	深化文旅交流合作	川渝居民跨省商圈消费人次	关联性指标	川渝
		川渝居民跨省旅游人次	关联性指标	川渝
生态环境共保联治	生态共建共保	川渝空气质量优良天数占比	成长性指标	川渝
		川渝废气中主要污染物排放降低率	成长性指标	川渝
		跨界河流国控断面水质达标率	关联性指标	川渝
	污染协同治理	川渝城市生活垃圾无害化处理能力提升	成长性指标	川渝
		川渝一般工业固体废物综合利用率	成长性指标	川渝
		川渝城市污水处理率	成长性指标	川渝
改革开放协同推进	提升对外开放水平	进出口总额占全国比重	成长性指标	川渝
		实际利用外商直接投资额占全国比重	成长性指标	川渝
	共建对外开放通道	川渝对“一带一路”沿线国家进出口总额占全国比重	成长性指标	川渝
		西部陆海新通道川渝总运量	成长性指标	川渝
		中欧班列（成渝）开行列数	关联性指标	川渝
	共建统一大市场	川渝物价水平差异系数	一致性指标	川渝
		川渝二手房交易价格差异系数	一致性指标	川渝
		川渝人工成本差异系数	一致性指标	川渝
		川渝公路物流运价差异系数	一致性指标	川渝
	区域一体化发展机制改革	川渝共建重大项目投资额	关联性指标	川渝
		川渝协调协商机制	观察性指标	川渝
		经济区和行政区适度分离改革	观察性指标	川渝

续表

一级指标	二级指标	三级指标	指标类型	指标范围
推动城乡融合发展	城乡经济融合	城乡人均消费支出差异系数	一致性指标	川渝
		城乡发展型消费支出比重差异系数	一致性指标	川渝
	城乡社会融合	城乡居民收入分配差异系数	一致性指标	川渝
	城乡空间融合	双城经济圈两大中心城市以外城市 GDP 占双城经济圈比重	成长性指标	双城经济圈
		川渝常住人口城镇化率	成长性指标	川渝
公共服务便利共享	公共服务标准化便利化	政务服务“川渝通办”事项数	关联性指标	川渝
		累计办理住房公积金川渝跨省异地转移接续数量	关联性指标	川渝
	公共服务资源共享	川渝公共交通“一卡通”发放数量	关联性指标	川渝
		川渝住院费用跨省异地就医直接结算率	关联性指标	川渝
	居民公共服务满意度	川渝公共服务便利共享群众满意度评价	成长性指标	川渝

整体来看，成渝地区双城经济圈一体化发展指数从一体化发展内涵和要求出发，创新性地提出从成长性、一致性、关联性、观察性 4 个维度来进行综合测度。其中，成长性指标主要衡量双城经济圈在全国经济发展格局中的能级和水平，体现区域发展规模效应和高质量发展成效。成长性指标一般为正向指标，指标值越高，表明成渝地区双城经济圈在该领域的发展能级和水平越高，在区域乃至全国的带头带动地位越高且作用越大。一致性指标主要反映成渝地区双城经济圈区域发展差异和差距，通过逐步破除行政壁垒在缩小发展差距、促进要素流动、构建统一市场上的进程表征。一致性指标一般为负向指标，通常会在进行正向化处理之后纳入指标合成当中。关联性指标主要是测度成渝地区双城经济圈内部经济社会联系紧密度、协同合作发展程度等，体现一体化发展进程。关联性指标主要刻画川渝两地间双向往来交互情况，评价方法与成长性指标类似，一般为正向指标，指标值越高，代表成渝地区双城经济圈发展的互动性越强，内部联系紧密度越高。观察性指标主要用于刻画成渝地区双城经济圈一体化体制机制构建情况，当前该类指标评估主要采用定性方法，通过资料分析、专家意见等方式进行评价，以此提高一体化指数评估结果的完整性和全面性，并在后续研究中进一步探索科学有效的统计量化方法对指标评价方式进行优化（见图 4–2）。

图 4-2　成渝地区双城经济圈一体化发展指数的 4 个指标维度

（四）评估方法

1. 指标测算方法

（1）指数基期

成渝地区双城经济圈一体化发展指数紧密围绕《规划纲要》主要内容要求进行构建，由于本次研究中选取的较多指标数据尤其是关联性指标数据属于首次获取，且发布或追溯时间在 2020 年，因此，指数以成渝地区双城经济圈建设的第 1 年，即 2020 年的数值为基期，基准值为 100 点。

（2）数据标准化处理

与《京津冀协同发展指数报告》《长三角一体化发展指数报告》等研究中的标准化处理方法一致，以基期进行标准化去量纲处理。

①成长性指标计算

设 y_t 为历年指标的测算值，y_{2020} 为 2020 年指标的测算值，p_t 为标准化后的指标值，则计算得到该指标的最终值：

$$p_t = \frac{y_t}{y_{2020}}$$

②一致性指标计算

一致性指标主要考察成渝两地在某方面发展的差异情况，在计算过程中，先计算两地测算值间的差异系数 v_t，设 y_{t1} 和 y_{t2} 分别为 t 年度两地的测算值，$\overline{y}_t$ 为两地测算值的平均值，则差异系数 v_t：

$$v_t=\frac{\sqrt{\left[(y_{t1}-\overline{y}_t)^2+(y_{t2}-\overline{y}_t)^2\right]/2}}{\overline{y}_t}$$

对于逆向性的一致性指标，还需要再对其进行正向标准化处理：

$$p_t=\frac{1}{v_t/v_{2020}}$$

③关联性指标计算

关联性指标主要评估区域间各类合作往来的密切程度，为正向指标，计算方法与成长性指标相同：

$$p_t=\frac{y_t}{y_{2020}}$$

2. 指数合成

（1）权重确定

成渝地区双城经济圈一体化发展指数评价指标体系权重设定采用层次分析法（AHP 算法）。经专家组研究讨论，对《规划纲要》中九大任务设置的 9 项指标赋予均等的权重，同时，对每项指标下设的二、三级指标，采取同一层次指标等权重赋权的方式。

（2）指数合成

成渝地区双城经济圈一体化发展指数合成具体算法为加权算术平均法，即按照指标体系构建层次，根据权重对标准化处理后得到的指标值进行逐级合成，最终形成总指数：

$$S=\sum p_i\times w_i$$

其中，p_i 为第 i 个指标的指标值，w_i 为第 i 个指标的权重，分别计算各项指标的加权得分值后再进行加总，最终得到各级综合指数值。

五、2023 年成渝地区双城经济圈一体化发展指数结果分析

（一）总体情况

1. 发展趋势

4 年多来，重庆上下深入学习贯彻习近平总书记系列重要讲话重要指示精神和党的二十大、二十届三中全会部署，聚焦唱好新时代西部“双城记”，系统实施“十项行动”，会同四川共同抓实项目建设、政策协同、改革突破、平台搭建，推动成渝地区经济综合实力稳步提升、科技创新动能不断增强、改革开放活力持续激发、民生共享更加可感可及，成渝地区双城经济圈建设进入全面提速、整体成势的新阶段。成渝地区双城经济圈常住人口从 2019 年的 9600 万人（占全国的 6.9%）增长至 2023 年的 9853.6 万人（占全国的 7.0%），地区生产总值从 2019 年的近 6.3 万亿元（占全国的 6.3%）增长至 2023 年的近 8.2 万亿元（占全国的 6.5%），川渝两省市地区生产总值从 2019 年的 6.99 万亿元（占全国的 7.09%）增长至 2023 年的 9.03 万亿元（占全国的 7.16%），带动全国高质量发展的增长极和动力源特征进一步显现。推动成渝地区双城经济圈市场一体化建设形成 17 条经验做法，并在全国宣传推广，跨区域协作实践案例被编入第六批全国干部培训教材。

2023 年，成渝地区双城经济圈一体化发展指数 66 个指标中有 51 个指标实现正增长，带动总指数达 127.3，较上年提高 14.1 个点，区域一体化和高质量发展的势头越发强劲（见图 4–3）。2024 年，在西部陆海新通道、国家战略腹地等国家区域战略叠加赋能带动下，成渝地区双城经济圈产业要素加快集聚，川渝 1000 千伏特高压交流工程、“疆电入渝”特高压等一批重大标志性工程加速实施，一体化发展动能将更加强劲。特别是随着党的二十届三中全会决策部署落实落地，成渝地区双城经济圈积极融入全国统一大市场，持续深化改革集成创新，探索首创性、差别化改革，制约高质量发展、高品质生

活、高效能治理的深层次矛盾和体制机制改革不断取得新突破。预计在 2024 年五周年收官之际，成渝地区双城经济圈一体化指数将继续保持较快增长态势，指数得分有望突破 135。

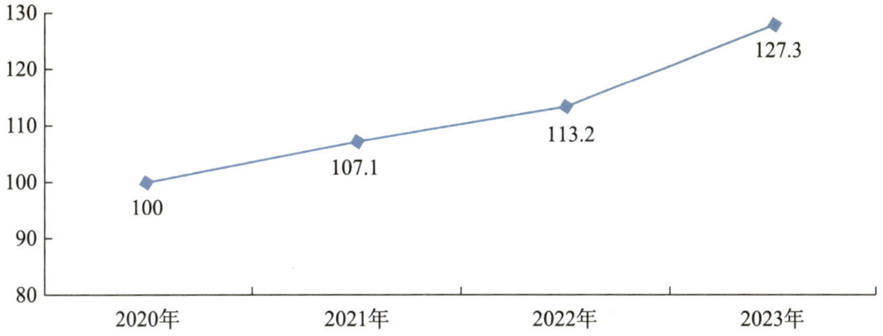

图 4-3 2020—2023 年成渝地区双城经济圈一体化发展指数变化情况

分指标类型来看，66 项指标中关联性指标增长态势较好，一致性、成长性两类指标保持平稳增长，观察性指标取得新进展。关联性指标正增长数量明显增多且贡献增大。2023 年，21 个关联性指标中有 19 个实现正增长，占关联性指标总数的 90.5%，占正增长指标总数的 37.3%，无论是物流、人流等要素流动，还是科技协同创新、生态共建共保、文旅交流合作、公共服务共建共享，这些关联事项合作都在不断深化，相互之间联系也日益紧密。成长性指标正增长数量基本保持稳定。34 个成长性指标中有 24 个实现正增长，占成长性指标总数的 70.6%，占正增长指标总数的 47.1%，无论是经济发展能级、要素资源集聚能力，还是优势产业集群联建、国际消费中心城市打造、巴蜀文化旅游走廊共建，都得到新巩固、实现新提升，表明成渝地区双城经济圈经济逐步摆脱疫情影响、回归常态化增长轨道，在努力克服经济下行压力下实现了稳定增长。一致性指标正增长数量基本保持稳定。9 个一致性指标中有 8 个实现正增长，占正增长指标总数的 15.7%。成渝地区双城经济圈以产业链、供应链为牵引，大力推动产业分工协作，促进产业集群深度融合和发展能级整体提升。在统一大市场建设的推动下，成渝地区双城经济圈在人力资源、物流运输、固定资产等方面的成本差异正在逐步缩小，表明成渝地区双城经济圈朝着更加均衡和协调的发展方向稳步前进。观察性指标涉及的体制机制改革成果取得新进展。印发全国首个行业区域标准体系《推动成渝地区双城经济圈综合交通运输高质量发展标准体系》，《成渝地区双城经济圈建设统计监测制度（试行）》正式纳入国家统计监测制度，《关于川渝高竹新区行政管理有关事项的决定》正式施行。建立全国首个跨省税费征管服务中心，税收征管一体化取得了突破性进展。

分领域来看，9 个分指数全部实现正增长，成渝地区双城经济圈一体化高质量发展活力更足。文化旅游融合联动指数增长最快。随着疫情结束，川渝地区旅游业“井喷式”复苏，旅行社接待国内游客人次、跨省旅游人次、跨省商圈消费人次都出现大幅回升，带动该指数由 2022 年的 88.5 上升至 2023 年的 119.3，增长 30.8 个点。科技创新共建共享指数持续保持高速增长态势。两省市科研经费持续增长，共建重点实验室和联合实施重点研发项目数量不断上升，联合申报专利数和共同发表论文等科技成果转化快速增加，共同推动该指数持续高速增长。2023 年该指数达到 160.3，较上年增长 25 个点。基础设施互联互通指数增长强劲。随着铁公水空立体交通网络日趋完善，合力打造国家综合立体交通网“第四极”步伐加快，轨道交通、高速公路路网密度不断提升，川渝开行动车高铁列车数量、开辟水水中转航线数量、多式联运货物中转量等都实现较快增长，推动该指数 2023 年上升至 133.7，较上年增长 15.7 个点。公共服务便利共享指数保持快速增长态势。随着成渝地区双城经济圈便捷生活行动、“川渝通办”政务服务等事项深入推进，公共服务便利化水平持续提升，该指数增长至 157.8，较上年增长 20 个点。推动城乡融合发展指数增长较快。成渝地区双城经济圈常住人口城镇化率稳步提升，城乡居民收入以及城乡发展型消费支出差距持续缩小，促进了城乡在空间、经济和社会层面的更深层次融合。2023 年，该指数达 122.1，较上年增长 13.3 个点。区域经济协调发展指数小幅增长。成渝地区双城经济圈经济规模在全国所占比重和全员劳动生产率均呈上升趋势，对人口、资金和物流等关键要素资源的吸引力和集聚力持续增强，促进了资源高效配置和经济协同发展，该指数 2023 年为 111.0，较上年增长 5.8 个点。生态环境共保联治指数稳中有升。随着生态共建共保、污染协同治理、产业发展绿色转型等各项工作深入实施，川渝跨界河流国控断面水质达标率、一般工业固体废物综合利用率、城市污水处理率、城市生活垃圾无害化处理能力均有所提高，该指数 2023 年为 117.0，较上年增长 5.9 个点。改革开放协同推进指数稳中有升。对外开放大通道不断完善，西部陆海新通道铁海联运班列与中欧班列（成渝）开行列数、货运量持续增长；区域统一大市场加快构建，人工成本、物流成本、要素价格差异不断缩小，但受全球经济下行压力增大、贸易摩擦加剧等因素影响，进出口贸易和实际利用外资在全国的比重小幅回落，该指数 2023 年上升为 118.2，较上年增长 9 个点。现代产业协同发展指数稳中有升。产业结构和产业分工持续优化，电子信息、新能源汽车等优势产业动力持续增强，数字经济核心产业加速发展，国家级“专精特新”企业、国家高新技术企业占全国比重稳步提升，有效促进了四川和重庆两省市产业协同发展。该指数2023年为106.4，较上年增长1.5个点（见图4-4）。

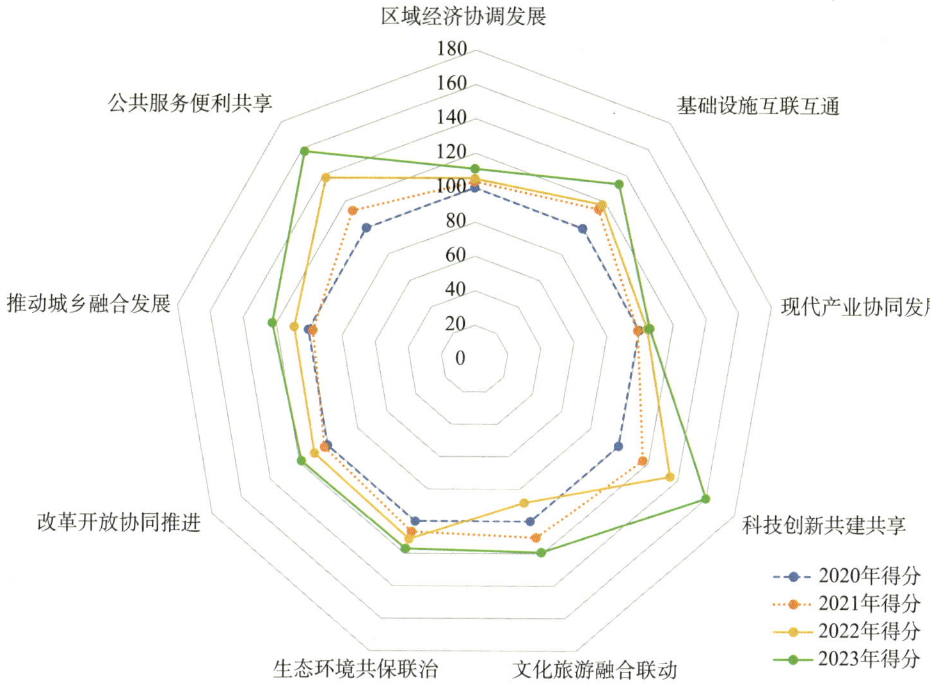

图4-4　2020—2023年成渝地区双城经济圈一体化发展指数9项一级指标变化情况

2. 2020—2024年发展亮点

川渝两省市紧扣"一体化"和"高质量"发展，系统构建成渝地区双城经济圈建设"四梁八柱"，扎实推动成渝地区双城经济圈建设走深走实，"两中心两地"建设全面起势。

经济承载和辐射带动功能不断增强。聚焦经济布局、产业发展、基础设施互联互通、国际消费目的地建设重点领域，加快推进具有全国影响力的重要经济中心建设。一是区域经济布局不断优化。双核联动、双圈互动、两翼协同发展格局加快成形，建立重庆成都双核联动联建会议机制，签订实施成渝"1+5"合作协议，滚动实施三批次合作项目事项，累计完成合作项目事项62项。推进重庆西扩、成都东进，印发重庆、成都都市圈发展规划，推动广安全面融入重庆都市圈，广安首批国家级专精特新"小巨人"企业成为重庆长安、长城等汽车大型零部件厂商的核心供应商。二是基础设施网络不断织密。创新开行"沪渝直达快线"，重庆至上海水运物流缩短至8天，三峡水运新通道项目前期工作全面启动。重庆江北国际机场第四跑道成功试飞，双流机场飞行区改造首批工程通过验收。渝昆高铁川渝段建成通车，成达万高铁全线

133座隧道已贯通88座，川渝间在建和已建成高速公路通道达21条。嘉陵江利泽航运枢纽工程正式通航，岷江龙溪口至宜宾段航道整治工程二期工程工可报告获批。渝西水资源配置工程已累计完成投资突破120亿元，约占总投资的85%。川渝1000千伏特高压交流工程重庆段完成验收，“疆电入渝”特高压重庆段全面进入放线阶段，“藏电入渝”完成首笔交易。三是现代产业体系加快构建。成渝地区已形成国家先进制造业集群3个、国家战略性新兴产业集群4个。其中，建成我国第三大汽车产业集群，全国约20%的动力电池、10%的汽车实现“川渝造”。电子信息先进制造集群入选“国家队”，成为全国首个跨省域国家级先进制造业集群。2023年，川渝汽车产值达7500亿元，整车产量329.5万辆，国内占比为10.9%，居全国第1位。电子信息产值突破1.6万亿元，约占全国总量的14%。西部金融中心建设加快推进，挂牌成立西部金融中央法务区，成渝金融法院受理案件超1.2万件，重庆消费金融公司和网络小贷规模居全国第1位，获批开展区域性股权市场制度和业务创新试点及合格境内有限合伙人（QDLP）试点。成渝现代高效特色农业带加快建设，累计创建国家级现代农业产业园27个、国家农业现代化示范区25个、优势特色产业集群14个，联合打造合作示范园区3个。四是国际消费目的地建设亮点纷呈。川渝共同发布25个富有巴蜀特色的国际消费目的地消费新场景。重庆16个夜间经济示范创建集聚区加快培育，连续4年位居中国十大夜经济影响力城市榜首，成都100个夜间经济示范点位加快打造。放心消费创建持续深化，共同落实线下无理由退货、首问和赔偿先付制度，实现川渝异地维权同城待遇。持续开展“百万职工游巴蜀”活动，推出“宽洪大量”“点石成金”等一批精品文旅CP，巴蜀文化旅游走廊的知名度、美誉度、影响力不断提高。

创新资源集聚和转化功能不断增强。聚焦创新格局构建、创新主体培育、创新成果转化、创新生态营造，加快建设具有全国影响力的科技创新中心。一是创新空间格局不断优化。以“一城多园”模式共建西部科学城，成渝综合性科学中心启动建设，国家批准川渝新建国家科技创新基地22个，支持实施国家各类研发项目4066个、经费46亿元。重庆获批建设全国首个“一带一路”科技创新合作区，高规格筹备召开首届“一带一路”科技交流大会，重组形成全国重点实验室10个，布局建设金凤、嘉陵江、明月湖、广阳湾四大重庆实验室。二是科技策源地功能显现。川渝累计联合实施重点研发项目161个、资金超过1亿元，形成超级智能汽车平台、时速400千米高速列车智能辅助驾驶系统等一批创新成果。共享大型科研仪器设备1.3万余台（套）、总价值超过131亿元，中新（重庆）超算中心、国家超级计算成都中心等创新数据和算力相互开放。成功争取电磁驱动聚变装置等3个“十四五”国家重大科技基础设施落地，医用回旋加速器正电子药物制备中心、国产通用型科学计算软件等取得全国、全球性首创突破，国家生猪技术创新中心、同位素及药物国家工程研究中心获批设立，联合微电子中心获批成为国家级制造业创新中心。三是创新创造动能更加强劲。两省市科技型企业已超过 7 万家、高新技术企业 2.1 万家。技术合同登记 2023 年成交额突破 2800 亿元，“重庆英才服务卡”“天府英才卡”等 6 项服务内容对等互认。挂牌成立重庆知识产权法庭，重庆知识产权保护中心成为国家级专利导航工程支撑服务机构，西部科学城重庆高新区人才双向离岸创新创业新机制获评全国最佳案例。

改革集成和开放门户功能不断增强。聚焦通道枢纽平台建设、重点领域改革，加快建设改革开放新高地。一是对外通道活力不断释放。共同做强中欧班列（成渝）品牌，实现运营标识、基础运价、车辆调拨“三统一”，通道运营线路 49 条、覆盖欧亚 110 个节点城市，累计开行超 1.5 万列，开行量、运输货值、重箱率等主要运营指标继续保持全国前列。合力共建西部陆海新通道，发挥重庆通道物流和运营组织中心、成都国家重要商贸物流中心作用，西部陆海新通道开通中泰、中越、中缅班列，线路辐射全球 121 个国家（地区）503 个港口。二是开放平台能级不断提升。川渝自贸试验区协同开放示范区加快建设，发布 8 个创新案例，“关银一 KEY 通”川渝通办集成化改革作为全国自贸试验区第五批“最佳实践案例”在全国复制推广。两省市 12 个综合保税区封关运行，外国领事机构达到 31 家。共同举办三届全球投资推介活动，智博会、西博会、西洽会、中新金融峰会等展会国际影响力不断提升。重庆高新区获批全国首批国家加工贸易产业园，推出商事登记“渝港通”平台，在内陆城市中率先实现商事登记领域与香港信息贯通。三是重点领域改革不断深化。联合印发了第四批“川渝通办”事项，累计达 355 项。川渝高竹新区持续推进差异消融，将税费征管领域的 118 项川渝差异事项统一了 67 项，办税时间缩短约 60%。联合打造“川渝共同产权市场互联网平台”，累计成交项目 3 万宗、交易额 2111 亿元，重庆九龙坡 2 宗农村土地经营权首次在成都农交所产权交易平台实现交易。

人口吸纳和综合服务功能不断增强。聚焦生态环境共保、公共服务配置、人口要素吸引等，加快建设高品质生活宜居地。一是生态环境保护扎实开展。联合印发《成渝地区双城经济圈“六江”生态廊道建设规划（2022—2035 年）》，共同发布 4 个地方排放标准，建立长江流域川渝横向生态补偿机制，设立川渝长江流域保护治理基金。设立全国首个跨省市联合“河长制”办公室，在全国率先开展跨省“无废城市”共建，长江干流川渝段水质稳定达到Ⅱ类，23 个川渝跨界国控断面水质达标率为 100%。川渝累计建成 45 个国家生态文明建设示范区、16 个“两山”实践创新基地。二是公共服务水平持续提升。川渝 291 家二级及以上公立医院 112 项检查检验结果互认，住房公积金异地转移接续实现全程网办、时间由 1 个月压缩到最快当日办结，在全国率先实现川渝全域全类别户口迁移“一站式”跨省通办。成渝双核间实现 1 小时高铁直达、年日均开行 125 对，率先在成渝客专沿线各车站间推行“公交化”票制，重庆中心城区和成都主城公共交通实现“一卡通”“一码通”，22 辆跨省城际公交有序运行。布局建设 10 个成渝地区城乡义务教育一体化发展试验区，“川渝阅读一卡通”实现 115 家图书馆、3000 万册图书通借通还。三是综合承载能力不断增强。重庆西部片区国家城乡融合发展试验区建设扎实推进，探索进城落户农民依法自愿有偿退出农村权益路径，成都西部片区国家城乡融合发展试验区探索引进首批“新村民”入乡助农，川渝多项典型经验获国家发展改革委推广。两省市实施“万企帮万村”“万企兴万村”行动，四川 12629 家企业（商协会）结对帮扶 9024 个村。重庆 11234 家企业（商协会）结对帮扶 7360 个村。

（二）区域经济协调发展指数

经济一体化是区域一体化的核心，是社会、文化、生态等领域区域一体化的经济根基。推动成渝地区双城经济圈建设战略实施以来，川渝两省市共同唱好新时代西部“双城记”，合力打造中国经济增长“第四极”。在经济发展能级、要素资源引力、区域协调联动等分项指数共同作用下，成渝地区双城经济圈区域协调发展水平稳步提升，2023 年区域经济协调发展指数提升至 111.0，较上年提高 5.8 个点（见图 4–5）。

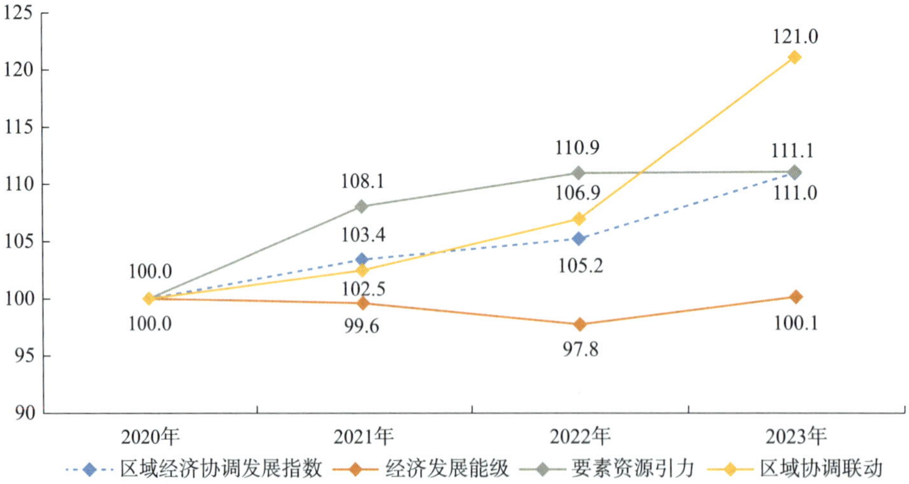

图 4–5　2020—2023 年区域经济协调发展指数及 3 项分指数变化情况

1. 经济发展能级持续提升

2023 年，成渝地区双城经济圈抢抓经济恢复发展的关键窗口期，紧扣打造带动全国高质量发展的重要增长极和新的动力源，多措并举提升经济能级和综合实力，经济发展交出高分报表，经济发展能级指数为 100.1，较上年提升 2.3 个点（见图 4–6）。一是地区生产总值持续进位。2023 年成渝地区双城经济圈地区生产总值迈上 8 万亿元新台阶，达到 8.2 万亿元，占全国、西部地区比重分别为 6.5%、30.4%，分别比上年提高 0.1 个、0.2 个百分点，区域位势能级稳步提升，带动全国高质量发展的重要增长极和新的动力源作用初步显现。二是追赶发展步伐加快。2020—2023 年成渝地区双城经济圈 GDP 年均增长 5.4%，高于全国 0.8 个百分点。2023 年成渝地区双城经济圈经济增速比京津冀地区、长三角地区分别高 1 个、0.4 个百分点，地区生产总值分别相当于京津冀地区、长三角地区的 78.5%、26.9%，分别比上年提高 1.1 个、0.3 个百分点，区域发展差距持续缩小。三是经济质效西部领先。成渝地区双城经济圈人均 GDP 水平逐年提升，2023 年达到 8.3 万元，较上年增长 0.4 万元，高出西部地区均值 1.2 万元，其中，“双核”重庆市主城地区和成都市人均 GDP 分别达到 10.9 万元、10.3 万元，居全国前列。2020—2023 年成渝地区双城经济圈人均 GDP 及其占全国比重得分变化情况见图 4–7。同时，成渝地区双城经济圈数字经济蓬勃发展，数字技术赋能推动劳动生产效率提升，2023 年川渝全员劳动生产率达 14.1 万元 /（人·年），全员劳动生产率与全国之比为 87.3%，较上年提升 5.3 个百分点。2020—2023 年成渝地区双城经济圈全员劳动生产率及其占全国比重得分变化情况见图 4–8。

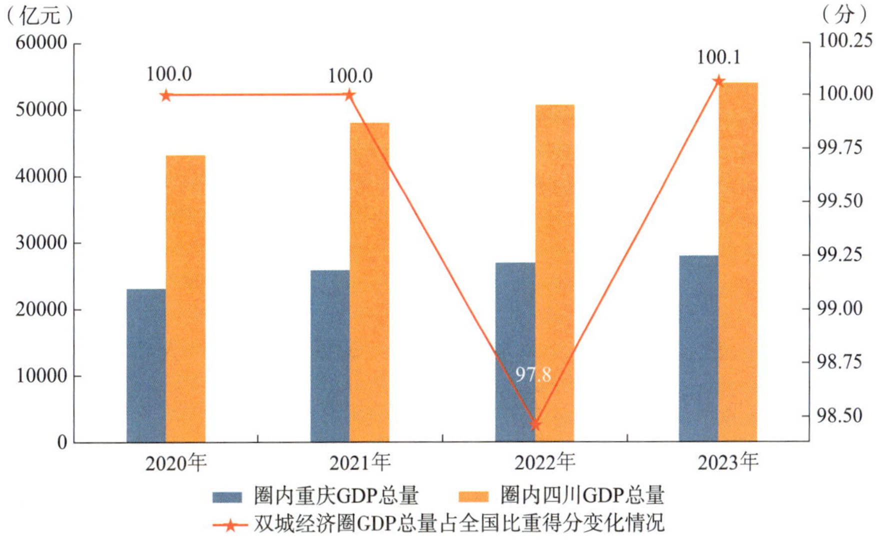

图 4–6　2020—2023 年成渝地区双城经济圈 GDP 总量及其占全国比重得分变化情况

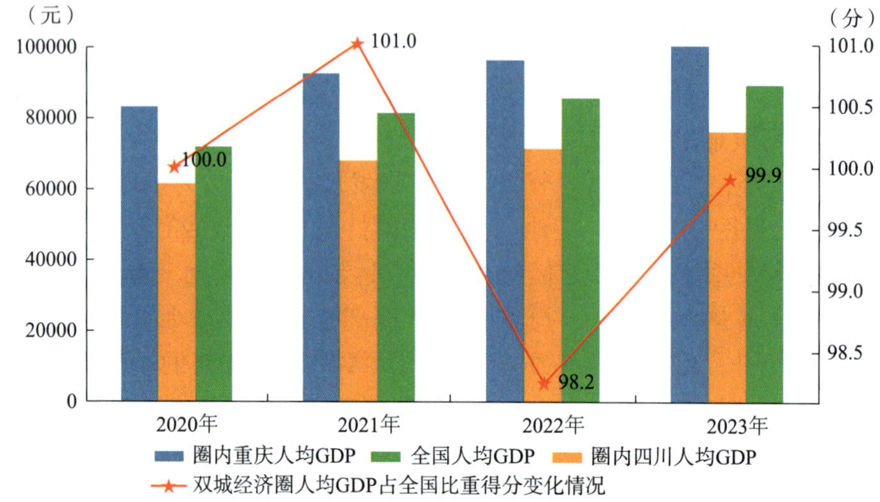

图 4-7 2020—2023 年成渝地区双城经济圈人均 GDP 及其占全国比重得分变化情况

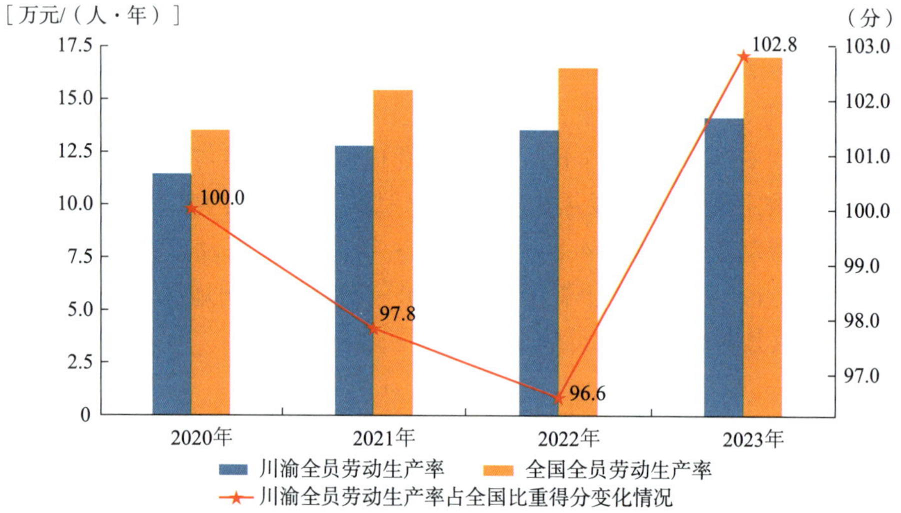

图 4-8 2020—2023 年成渝地区双城经济圈全员劳动生产率及其占全国比重得分变化情况

2. 要素资源引力增强

成渝地区双城经济圈作为西部地区发展基础最好、开放程度最高的区域，积极融入国内国际双循环，加速集聚全球资源要素，人口、资金和商品等集聚和配置能力稳步增强，2023 年要素资源引力指数提升至 111.1，较上年提高 0.2 个点。一是人口承载力持续提升。川渝两地合力共建世界级产业集群，产业发展活力强劲、就业机会空间广阔，成渝地区双城经济圈对周边人口的吸纳能力稳步增强，重庆和成都成为城区人口超千万的全国超大城市。

2020—2023 年成渝地区双城经济圈常住人口累计增长 253.58 万人，2023 年达到 9853.58 万人，占西部人口比重从 25.7% 提升至 26.0%，占全国人口比重保持在 7.0%，城镇化率为 65.6%，高出西部平均水平 5.6 个百分点。2020—2023 年成渝地区双城经济圈常住人口及其占全国比重得分变化情况见图 4-9。二是资金集聚效应持续放大。随着西部金融中心建设的深入推动，成渝地区双城经济圈金融市场体系持续完善，国家数字人民币等多项金融试点稳步推进，金融资源集聚配置能力明显提升。2023 年成渝地区双城经济圈本外币存贷款余额为 31.04 万亿元，占全国比重提升至 6.0%，较上年提高 0.15 个百分点。两省市社会融资规模增量达到 2.61 万亿元，较上年增长 3168.9 亿元，占全国比重提升至 7.3%，较上年提高约 0.2 个百分点。2016—2023 年川渝社会融资规模及其占全国比重得分变化情况见图 4-10。三是物流集散功能增强。重庆"五型"国家物流枢纽城市、成都陆港型和空港型国家物流枢纽城市加快建设，"中欧班列 + 西部陆海新通道"成渝双枢纽品牌加快共建。2023 年，川渝两地货物运输总量达到 33.95 亿吨、货物运输周转量达到 7194.09 亿吨千米，分别较上年增长 6.3%、3.9%，两地社会物流总额达到 13.87 万亿元。2020—2023 年川渝社会物流总额及其占全国比重得分变化情况见图 4-11。

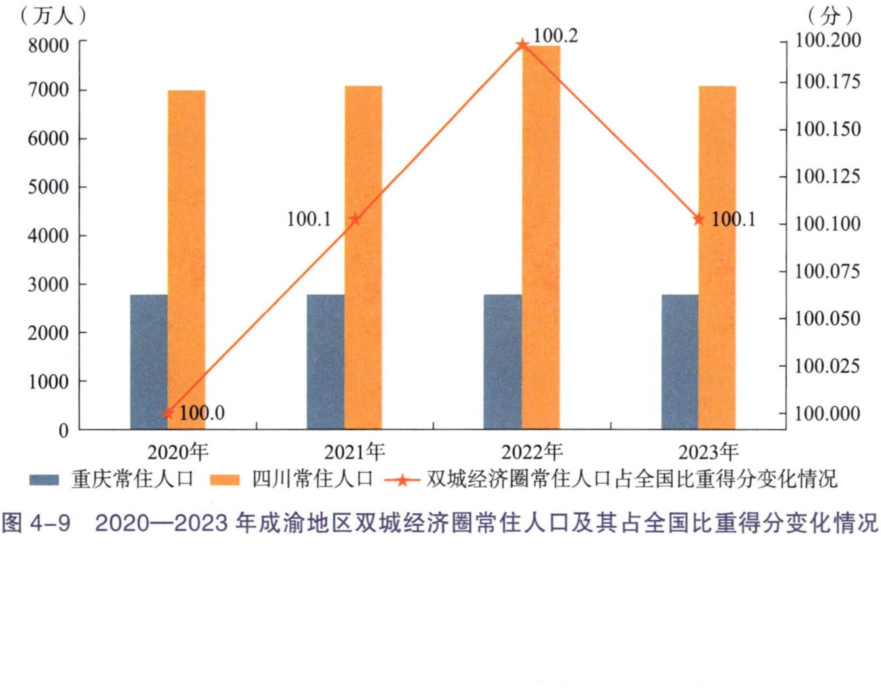

图 4-9　2020—2023 年成渝地区双城经济圈常住人口及其占全国比重得分变化情况

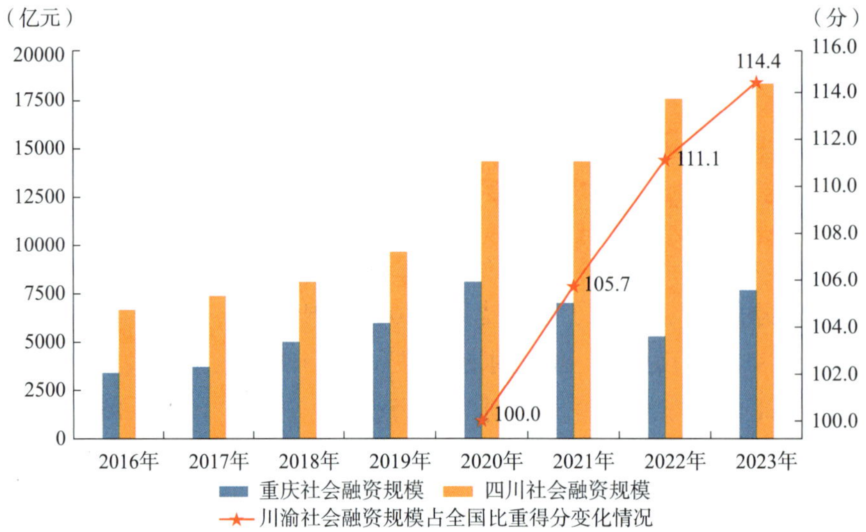

图 4-10　2016—2023 年川渝社会融资规模及其占全国比重得分变化情况

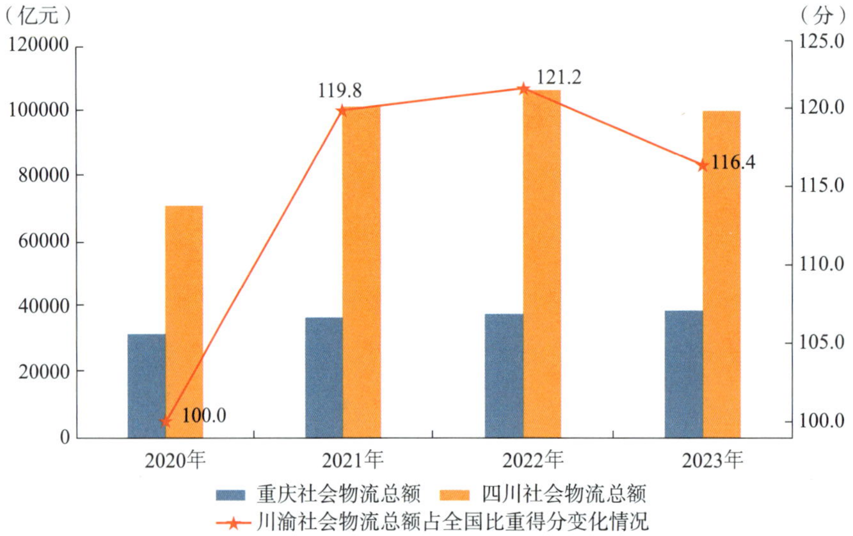

图 4-11　2020—2023 年川渝社会物流总额及其占全国比重得分变化情况

3. 区域协调联动提升

随着经济区与行政区适度分离改革和要素市场一体化建设的纵深推进，川渝两省市之间阻碍要素流动的壁垒加快打破，各类要素在成渝地区双城经济圈范围内自由流动、深度联通和高效配置水平显著提升，2023 年区域协调联动指数为 121.0，较上年提升 14.1 个点。一是人口往来活跃度显著提升。2023 年随着疫情防控的全面放开和经济全面恢复发展，川渝两省市经商、就业、求学、探亲等人口互访频次显著提高，全年人口相互流动 2.59 亿人次，较上年提升 48.7%。其中，四川到重庆 1.89 亿人次、重庆到四川 0.7 亿人次，分别较上年提升 44.8%、60.3%。二是相互投资持续扩大。随着成渝地区双城经济圈新能源汽车、电子信息等世界级产业集群共建稳步推进，川渝之间产业分工协作日益深化，企业相互投资规模持续扩大。2023 年，川渝相互投资企业主体达 2.5 万户，为近 4 年的最高值，较上年增加 4742 户。2020—2023 年川渝互投主体数量及指标得分变化情况见图 4-12。三是货物往来同比减少。在成渝地区双城经济圈加快建设国家综合交通"第四极"、成渝加快共建国家综合货运枢纽补链强链城市群的带动下，川渝物流服务能力得到有力改善。但受国内经济有效需求不足、国内大循环不够顺畅等影响，川渝之间内贸货物往来有所减少。2023 年，川渝经国家铁路交流货物 1605.0 万吨，占全国总量的 4.0%。2016—2023 年成渝间国家铁路货物交流数量及指标得分变化情况见图 4-13。

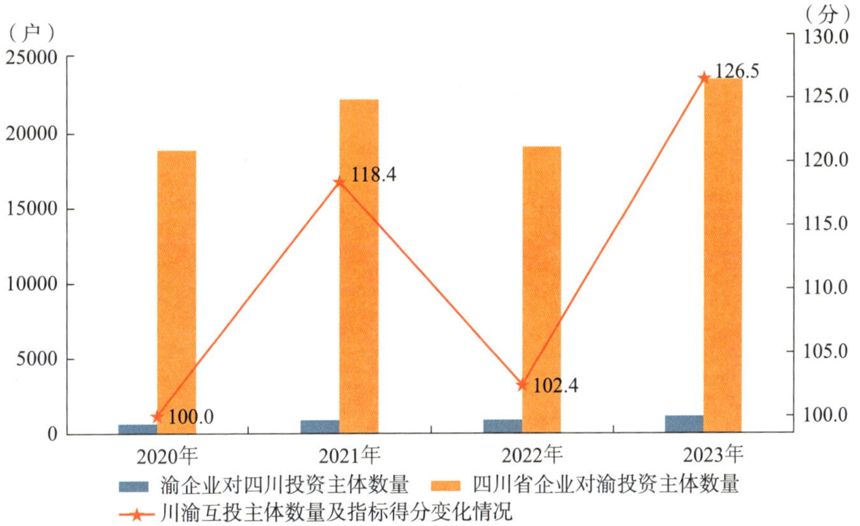

图 4-12　2020—2023 年川渝互投主体数量及指标得分变化情况

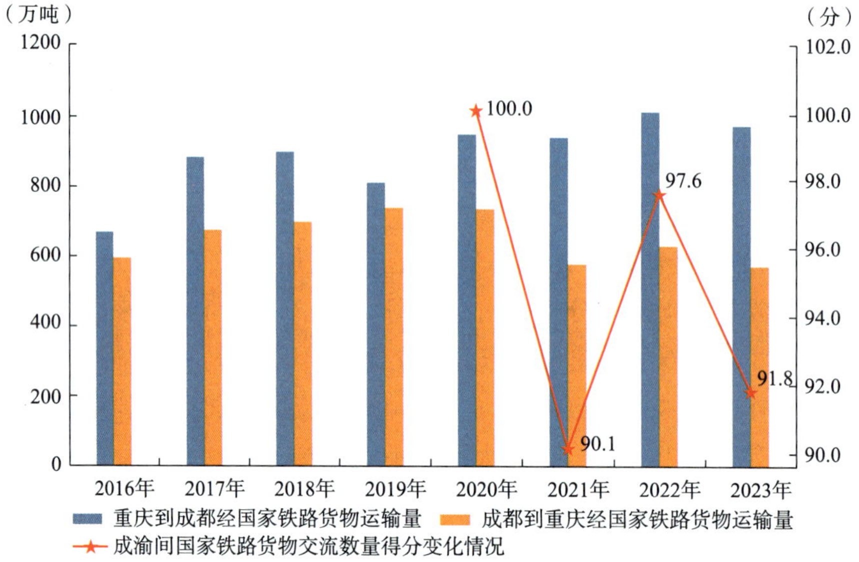

图 4-13　2016—2023 年成渝间国家铁路货物交流数量及指标得分变化情况

（三）基础设施互联互通指数

以建设成渝地区双城经济圈全国交通“极”为导向，全力畅通大通道，完善大网络，构建大枢纽，铁公水空立体交通网络日趋完善，轨道交通、高速公路路网密度不断提升，川渝开行动车和高铁列车数量、多式联运货物中转量等都实现较快增长，推动该指数 2023 年上升至 133.7，较上年增长 15.7 个点（见图 4-14）。

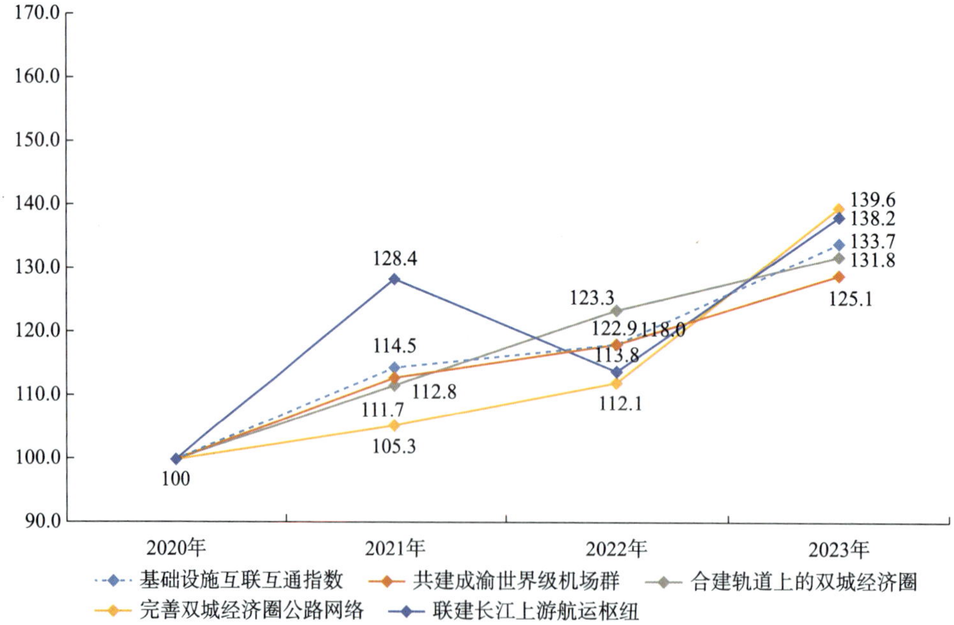

图 4-14　2020—2023 年基础设施互联互通指数及 4 项分指数变化情况

1. 轨道交通网络更加完善

聚力干线铁路、城际铁路、市域（郊）铁路、城市轨道交通建设，多层次轨道交通网络体系加快完善，助推成渝地区双城经济圈 4 个“1 小时交通圈”建设跑出加速度。2023 年，合建轨道上的双城经济圈指数为 131.8，较上年提高 8.5 个点。一是轨道网络加密布局。2023 年，成渝中线高铁、渝西高铁、成达万高铁和渝昆高铁等 4 条高铁提速推进，重庆轨道 9 号线二期、10 号线二期、5 号线北延伸段、5 号线一期中段、18 号线以及成都地铁 19 号线二期投入运营，重庆和成都城市轨道运营里程分别突破 500 千米、600 千米。成渝双核轨道交通路网密度由 2020 年的 0.189 千米 / 平方千米增加至 2023 年的 0.216 千米 / 平方千米。二是双核高速联系更加畅通。伴随成渝地区双城经济圈高铁网络不断完善，成渝铁路、成遂渝铁路、成渝城际铁路等 3 条客运通道加密开行列车，成渝高铁平均每天开行 92 对列车，全年共计发送旅客 5000.9 万人次，创历史新高。2020—2023 年成渝动车高铁日均开行列车数量及指标得分变化情况见图 4-15。

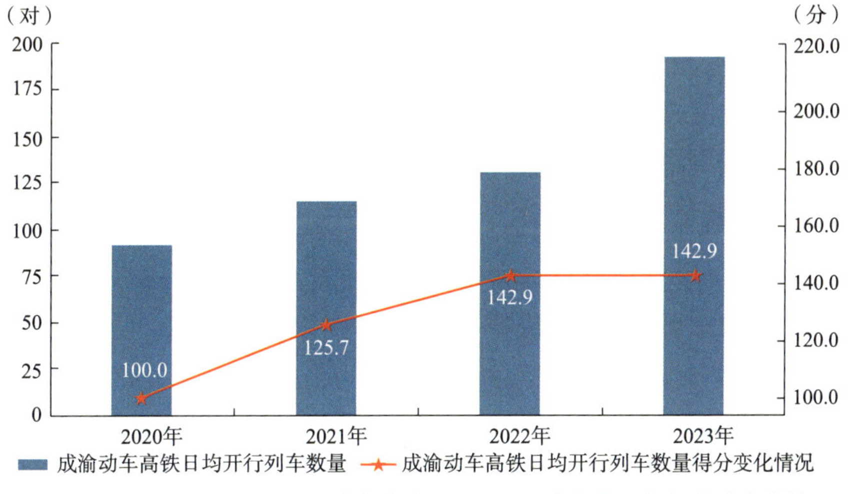

图 4-15　2020—2023 年成渝动车高铁日均开行列车数量及指标得分变化情况

2. 航空枢纽能力持续增强

围绕打造国际航空门户枢纽，成渝地区双城经济圈着力增强双核航空运输能力，成渝世界级机场群建设再上新台阶。2023 年，共建成渝世界级机场群指数为 125.1，较上年提高 2.2 个点。一是枢纽能级明显提高。成都、重庆航空枢纽分别完成货邮吞吐量 77.1 万吨、38.79 万吨，分别居全国第 6 位、第 8 位，两地货邮吞吐量占全国比重由 2020 年的 6.6% 增加到 2023 年的 6.9%。

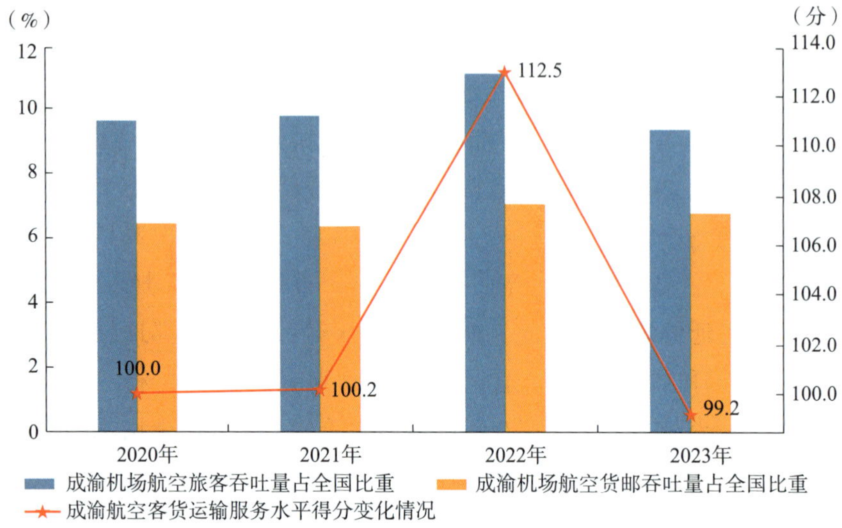

图 4-16　2020—2023 年成渝机场航空客货吞吐量占全国比重及指标得分变化情况

2020—2023 年成渝机场航空客货吞吐量占全国比重及指标得分变化情况见图 4-16。2023 年成都枢纽全年完成旅客吞吐量 7492.4 万人次，全国排名第 3 位，重庆枢纽完成旅客吞吐量 4465.7 万人次，全国排名第 6 位。二是航线网络加快拓展。2023 年，江北国际机场累计开通境内外航线 354 条，通航全球 231 个城市，形成 114 个国内航点和 60 个国际航点的物流货运网络。成都双流国际机场累计开通客运航线 376 条，天府国际机场累计开通客运航线 345 条。

3. 高速公路体系不断加密

成渝地区双城经济圈对外高速公路通道建设不断加密提质，有效加强了节点城市间的快速联通，为区域经济快速发展和一体化进程提供了坚实的支撑。2023 年，完善双城经济圈公路网络指数为 139.6，较上年提高 27.5 个点。一是高速公路密度持续提升。2023 年底，重庆、四川高速公路通车里程分别达到 4142 千米、9803 千米，高速公路密度分别为 5.03 千米 / 百平方千米、2.02 千米 / 百平方千米，较 2020 年分别提高 28.3%、31.2%。二是高速公路通道不断织密。川渝间在建和已建成高速公路通道达 21 条、远景规划至 39 条，重庆成都双核间在建和已建成 3 条高铁通道、6 条高速通道。其中，重庆省际出口通道达到 30 条，实现“县县通高速”，与周边五省全部实现高速直连，在建项目 22 个、1222 千米。四川省际出口通道达到 32 条，在建项目 37 个、3392 千米。2020—2023 年川渝间建成投用的高速公路通道数量及指标得分变化情况见图 4-17。

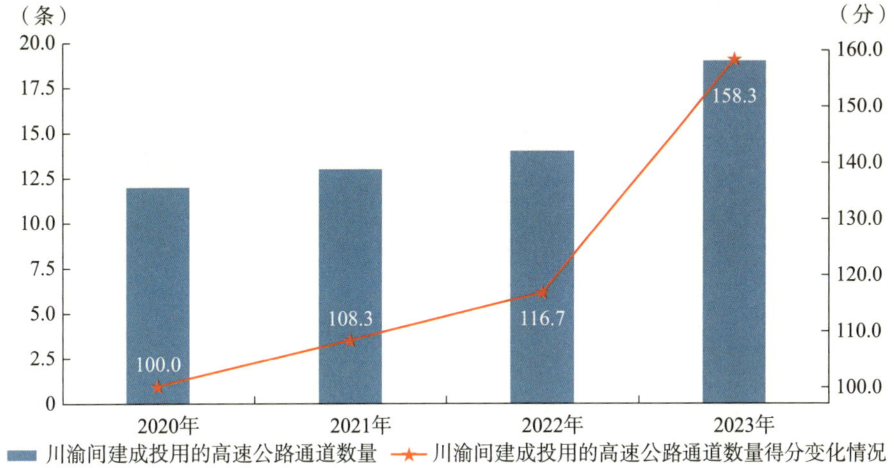

图 4-17 2020—2023 年川渝间建成投用的高速公路通道数量及指标得分变化情况

4. 长江上游航运枢纽功能不断提升

随着长江航道整治工程深入实施，以长江干线为主通道、重要支流为骨架的航道网络日趋完善，川渝间集装箱铁水联运和水水中转标准箱数量稳步上升。2023 年，联建长江上游航运中心指数为 138.2，较上年提高 24.4 个点。一是川渝间水水中转航线数量不断织密。嘉陵江利泽航运枢纽工程正式通航，双江航电枢纽一期工程即将进行首台机组试运行，新田港二期项目主体工程全面完工，三峡水运新通道项目前期工作全面启动，铁公水联运枢纽港口体系加快成形。广元、广安至重庆集装箱水水中转航线实现运输常态化，推动成都、攀枝花、达州等“无水港”到果园港的陆水联运班列化。水水中转航线数量由 2020 年的 4 条增加至 2023 年的 6 条。二是铁水联运和水水中转货物运输稳步上升。稳定开行嘉陵江干支联运集装箱班轮，创新开行“沪渝直达快线”，重庆至上海水运物流缩短至 8 天；常态化开行川—渝—沪外贸直航快班，为企业平均节约物流成本 10% 左右；重庆—泸州—宜宾“水水中转”穿梭巴士开行密度不断增强，同比增长 30% 以上。2020—2023 年川渝间集装箱铁水联运和水水中转标准箱量由 14.5 万标准箱增加至 18.3 万标准箱（见图 4-18）。

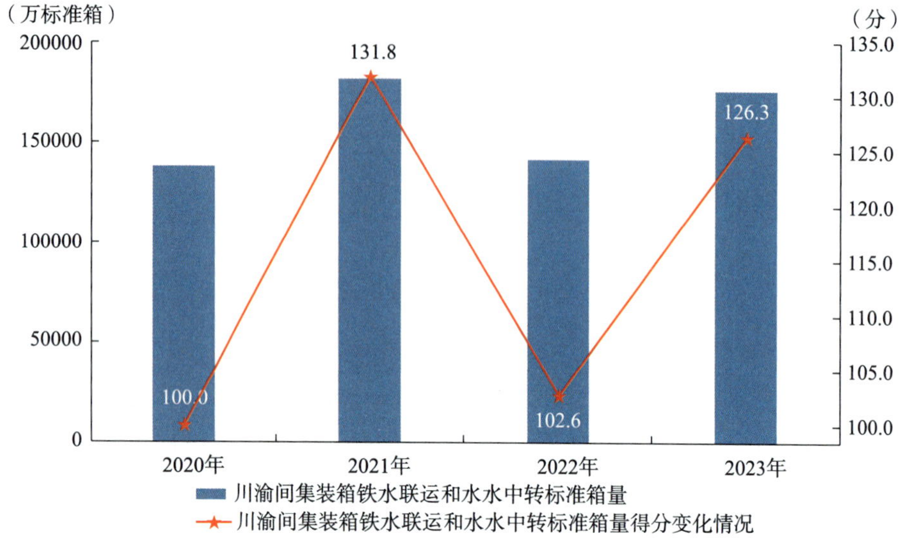

图 4-18　2020—2023 年川渝间集装箱铁水联运和水水中转标准箱量及指标得分变化情况

（四）现代产业协同发展指数

川渝两地强化产业协同，着力建基地、强链条、聚要素，高效分工、错位发展、有序竞争、相互融合的现代产业体系加快构建。2023 年，成渝地区双城经济圈现代产业协同发展指数为 106.4，较上年提高 1.5 个点（见图 4-19）。

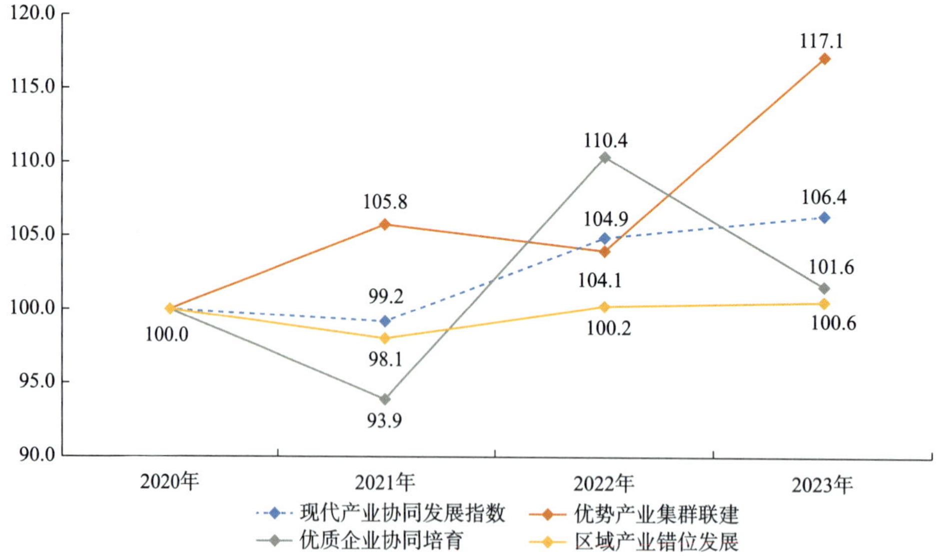

图 4-19　2020—2023 年现代产业协同发展指数及 3 项分指数变化情况

1. 优势产业集群联建加快推进

川渝两地深化制造业协同，共同发展新质生产力，具有川渝特色的优势产业集群加快培育。2023 年，成渝地区双城经济圈优势产业集群联建指数为 117.1，较上年提高 13 个点。一是先进制造业集群建设破题起势。联合举办第二届成渝地区双城经济圈全球投资推介会，共同发布“双城双百”产业投资机会清单。2023 年，川渝两地合计生产汽车 329.3 万辆，占全国汽车总量的 10.9%；电子信息、装备制造产业产值规模分别突破 1.6 万亿元、1.2 万亿元；重庆、四川规上先进材料产业增加值分别同比增长 10.3%、17.2%。2023 年，川渝两地电子信息、汽车优势产业集群区位熵为 1.92，较上年提高 0.49。2016—2023 年川渝电子信息和汽车产业营业收入及区位熵指标得分变化情况见图 4–20。二是数字产业新高地建设全面发力。共建全国一体化算力网络（成渝）国家枢纽节点，联通重庆人工智能创新中心和成都智算中心。工业互联网标识解析国家顶级节点（重庆）与成都灾备节点形成“一顶一备”格局，接入西部 10 省市二级节点 48 个。2023 年，川渝两地数字经济核心产业增加值达 7195.67 亿元，约占 GDP 的 8%，占比较上年提高 0.3 个百分点。2020—2023 年川渝数字经济核心产业增加值及指标得分变化情况见图 4–21。三是西部金融中心建设成效突出。挂牌成立西部金融中央法务区，成立双城（重庆）信用增进股份有限公司。2023 年成渝金融法院受理案件超 1.2 万件；川渝共同产权市场互联网平台累计成交项目 3 万宗、交易额 2111 亿元。2023 年，成渝地区双城经济圈本外币存贷款余额 31.04 万亿元，占全国比重从 2022 年的 5.7% 提升到 5.8%。川渝两地金融业增加值达到 6588.4 亿元，占西部地区的比重由 2020 年的 36.7% 提高至 37%。2020—2023 年川渝金融业增加值及其占西部地区比重指标得分变化情况见图 4–22。

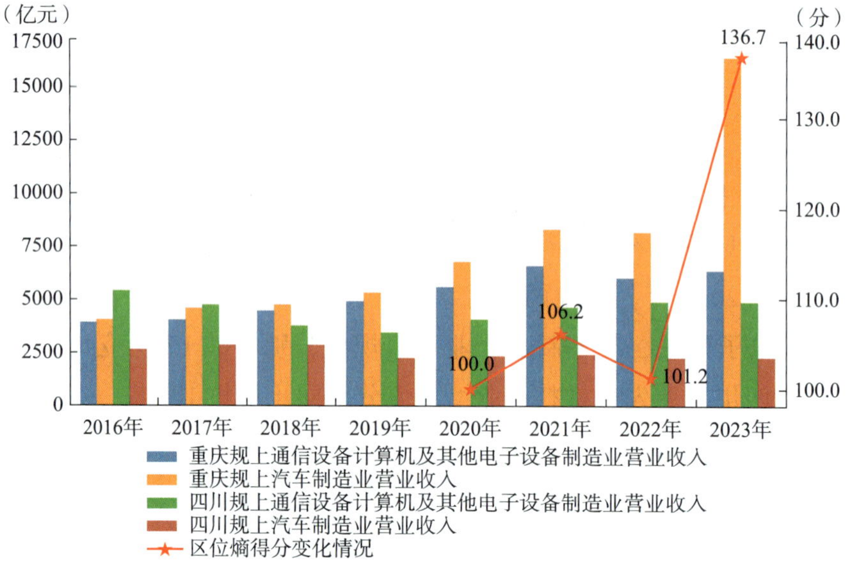

图 4-20　2016—2023 年川渝电子信息和汽车产业营业收入及区位熵指标得分变化情况

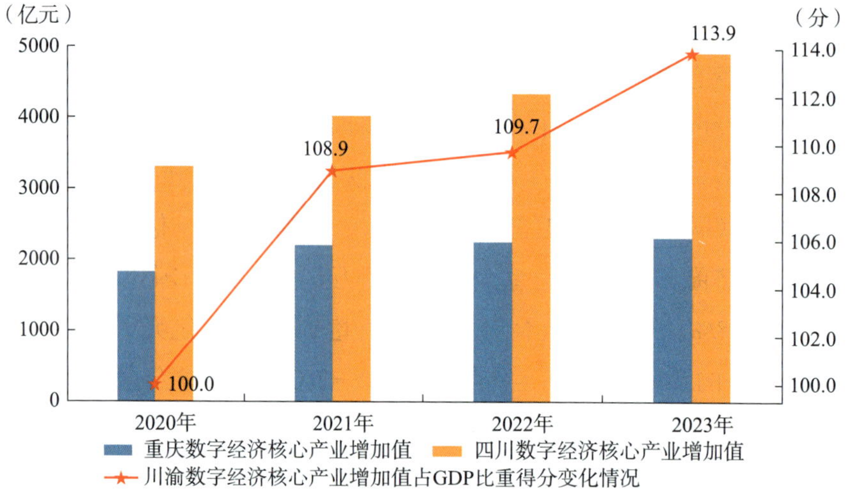

图 4-21　2020—2023 年川渝数字经济核心产业增加值及指标得分变化情况

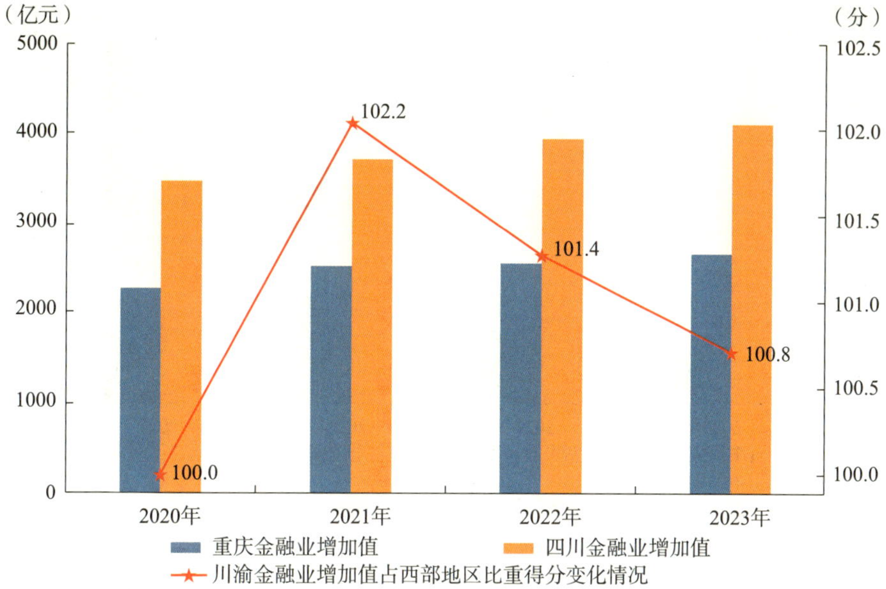

图 4-22　2020—2023 年川渝金融业增加值及其占西部地区比重指标得分变化情况

2. 优质企业协同培育有序推进

围绕重点产业领域，积极培育“专精特新”、单项冠军等优质企业，2023 年川渝两地优质企业协同培育指数为 101.6，较 2020 年提高 1.6 个点。一是国家级专精特新“小巨人”企业加快培育。按照“创新型中小企业—省级‘专精特新’中小企业—国家专精特新‘小巨人’企业”梯度培育路径，分类施策精准培育，具有创新力和竞争力的中小企业群逐步壮大。2023 年，重庆、四川分别新增省级“专精特新”中小企业 1366 家、1394 家，累计分别达 3678 家、3745 家；分别新增国家级专精特新“小巨人”企业 55 家、109 家，累计分别为 286 家、423 家，合计占全国的 6%。2020—2023 年川渝国家级“专精特新”企业数量及其占全国比重指标得分情况见图 4-23。二是国家级高新技术企业保持稳定增长。重庆、四川分别实施高新技术企业和科技型企业“双倍增”行动计划、创新型企业培育“三强计划”，高新技术企业、科技型企业增长态势稳定。2023 年，川渝两地拥有国家高新技术企业 2.46 万家，较上年增长 17.5%。2020—2023 年川渝国家高新技术企业数量及其占全国比重指标得分变化情况见图 4-24。重庆拥有科技型企业 5.85 万家，较上年增长 36%；四川拥有科技型中小企业 2.1 万家，较上年增长 12.4%。

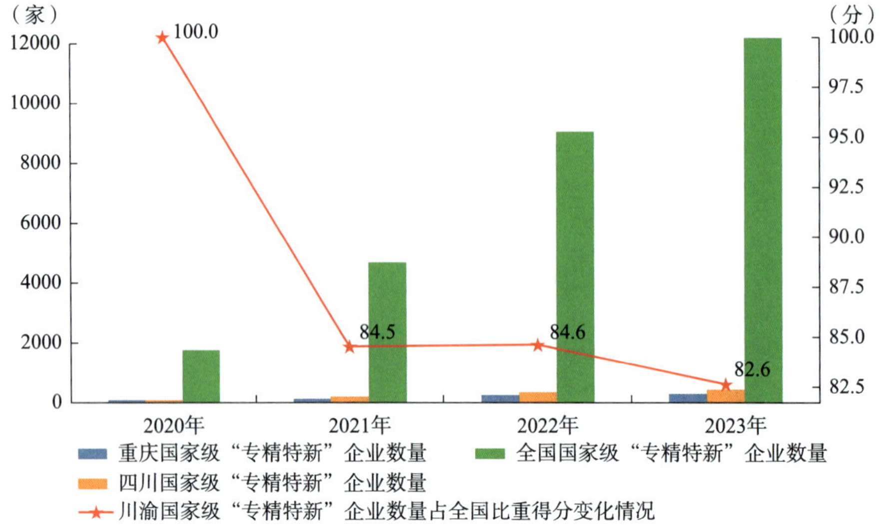

图 4-23　2020—2023 年川渝国家级“专精特新”企业数量及其占全国比重指标得分变化情况

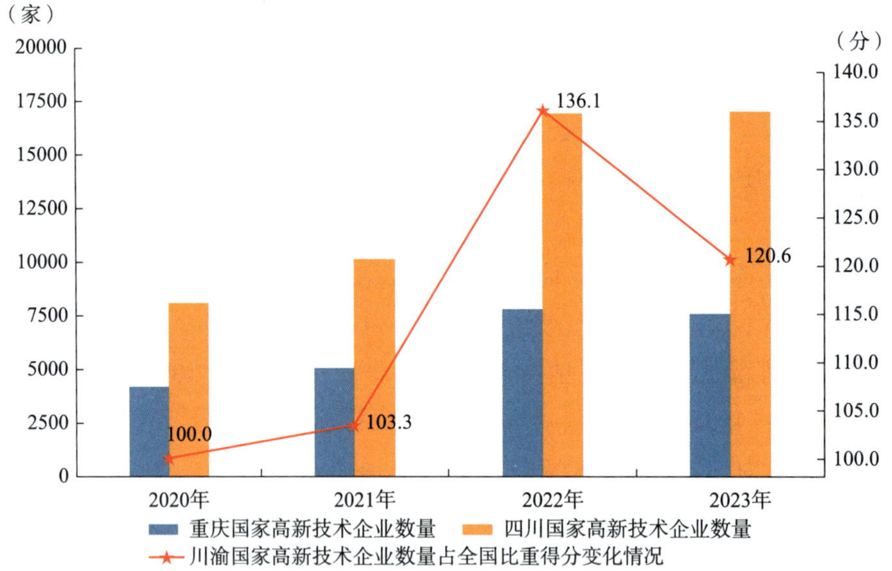

图 4-24　2020—2023 年川渝国家高新技术企业数量及其占全国比重指标得分变化情况

3. 区域产业错位发展取得进展

川渝两地强化产业分工协作、错位发展，产业互补性逐步增强，2023 年区域产业错位发展指数为 100.6，较上年提高 0.4 个点。一是川渝三次产业结构差异有所扩大。川渝两地稳步推进成渝特色高效农业、现代制造业、现代服务业，三次产业结构持续优化。2023 年，重庆、四川三次产业结构分别由2022年的6.9∶40.1∶53.0、10.5∶36.4∶53.1优化调整为6.9∶38.8∶54.3、10.1∶35.4∶54.5。2023年，川渝三次产业结构差异系数由上年的0.9979扩大至1.0021，表明川渝两地三次产业结构更趋差异化发展。二是制造业分工协作取得积极成效。推动汽车产业链、供应链协同发展，川渝两地汇集45家整车企业和1600家汽车零部件规上企业。启动成渝地区电子信息先进制造集群培育提升三年行动，产值规模超1.6亿元、约占全国的14%。2023年，川渝制造业区域分工指数由2022年的0.5793提高至0.5827。2020—2023年川渝产业结构差异系数、川渝制造业区域分工指数得分变化情况见图4-25。

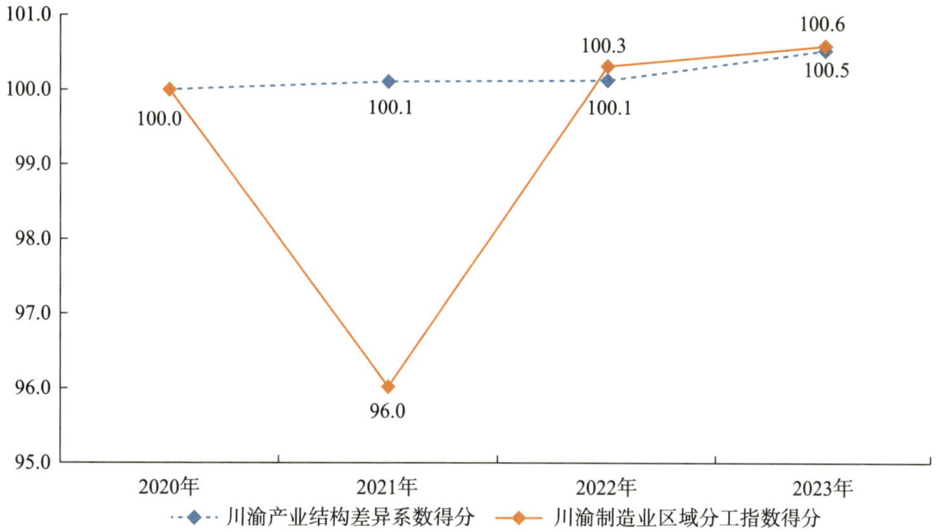

图4-25　2020—2023年川渝产业结构差异系数、川渝制造业区域分工指数得分变化情况

（五）科技创新共建共享指数

围绕共建具有全国影响力的科技创新中心，强化战略科技力量协同布局，携手提升成渝地区双城经济圈创新策源力，区域协同创新发展能力持续增强，科技创新共建共享指数2023年上升至160.3，较上年提高25个点，为构建现代产业体系提供了坚实的科技支撑（见图4-26）。

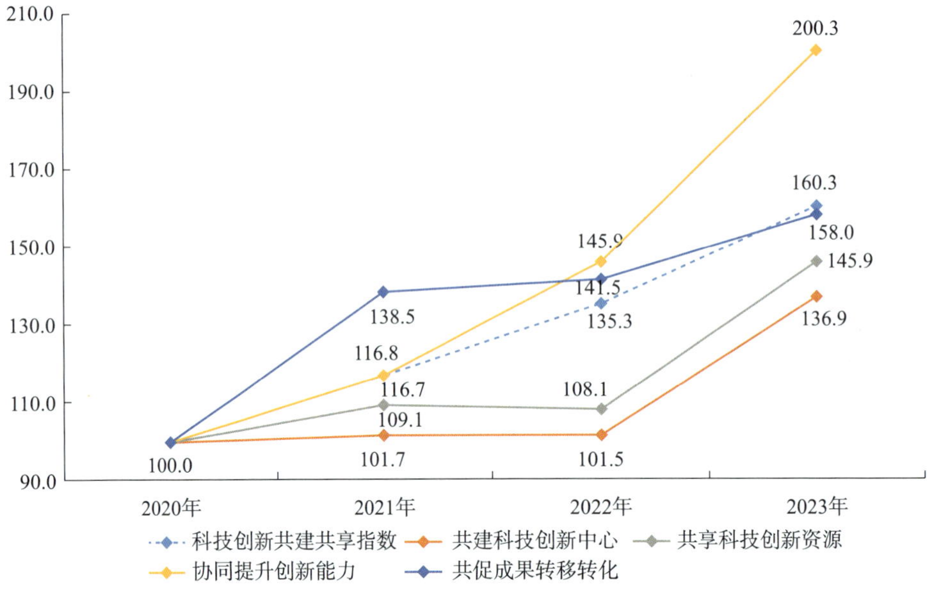

图 4-26　2020—2023 年科技创新共建共享指数及 4 项分指数变化情况

1. 共建科技创新中心成效显著

川渝两地加快共建成渝综合科学中心，完善高能级实验室体系，加速集聚战略性创新资源，国家级创新平台实现大幅增长，基础研究能力、技术攻关能力、成果转化能力显著提升，共建科技创新中心指数 2023 年上升至 136.9，较上年提高 35.4 个点。一是加速集聚战略性科技创新资源。聚焦制约两省市重点产业发展的关键领域，依托成渝金凤和兴隆湖综合科学中心核心承载区，加速共建重大科技基础设施集群，累计建设国家大科学装置 11 个、国家产业（技术）创新中心 5 个，川渝两地累计拥有国家级创新平台 316 个、国家企业技术中心 145 个，形成科技创新中心建设的核心支撑。二是协同构建高水平实验室体系。加快重点实验室联合共建，2023 年，两省市科技部门联合印发《川渝共建重点实验室建设与运行管理办法》，促进重点实验室体系建设和管理进一步完善。高水平协同构建“国家实验室 + 省级实验室 + 重点实验室”实验室体系，2023 年以来，累计完成全国重点实验室重组 25 个，以合作共建方式新增全国重点实验室 3 个，川渝累计建成全国重点实验室 28 个，首批 4 家天府实验室和金凤实验室启动实体化运行。省市级实验室重组加快推进，其中重庆累计完成 160 家市级重点实验室优化重组、四川累计完成 30 家省级重点实验室优化重组。

2. 科技资源互通共享持续深化

川渝两地持续提升科技创新投入水平，推动科技资源互通共享，总体研发经费投入强度进一步提升，科技创新合作领域持续拓展，川渝共享科技创新资源指数 2023 年上升至 145.9，较上年提高 37.8 个点。一是科技创新研发投入稳步增长。2023 年，川渝两地 R&D 经费总量达 2104.5 亿元，同比增长 10.7%，总量占全国的 6.3%，占全国比重同比上升 0.01 个百分点，总体研发经费投入强度提升至 2.33%，高于西部平均水平 0.71 个百分点，继续保持西部领先。其中，重庆投入研发经费达 746.7 亿元，同比增长 8.75%，投入强度达到 2.48%，比上年提高 0.12 个百分点，与全国平均水平的差距比上年进一步缩小 0.01 个百分点。四川投入研发经费达 1357.8 亿元，投入强度达到 2.26%，四川企业研发投入占全社会研发投入比重首次突破 60%。2016—2023 年川渝 R&D 经费支出及其占地区生产总值比重指标得分变化情况见图 4-27。二是科技资源共享共用持续深化。川渝两地推动联合组建川渝技术转移联盟、大学科技园联盟、科研院所联盟等协同创新机构，推动跨区域共享服务 4200 余次，组织开展项目交流对接 54 次，促成川渝两地项目合作落地 15 项，累计整合开放大型仪器设备约 1.3 万台（套）。2020—2023 年，川渝科技资源共享服务平台大型仪器价值由 71.85 亿元增长至 130 亿元，增幅达 80.9%。2020—2023 年川渝科技资源共享服务平台大型仪器价值及指标得分变化情况见图 4-28。合力打通川渝两地高层次人才数据库，强化科技咨询、知识产权、学术交流等 7 个领域服务互认共享，实现共享共用专家资源 4 万余人。

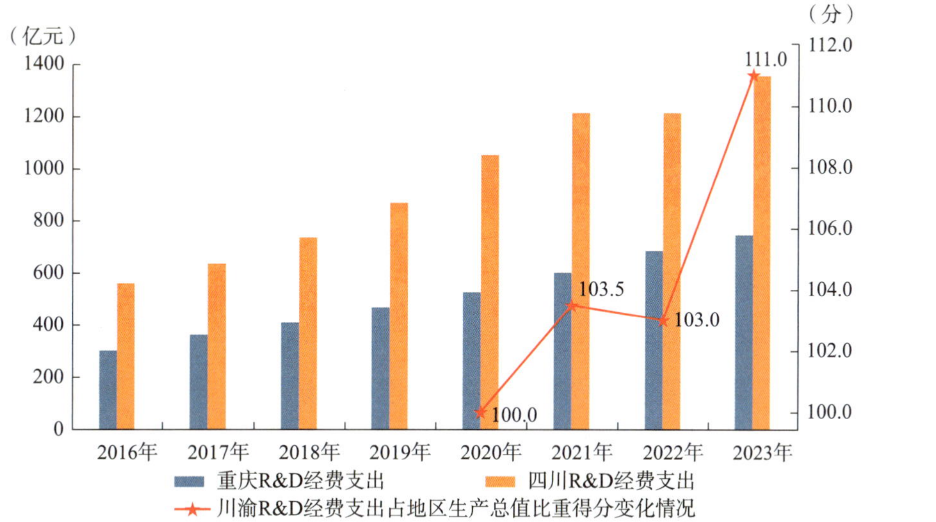

图 4-27　2016—2023 年川渝 R&D 经费支出及其占地区生产总值比重指标得分变化情况

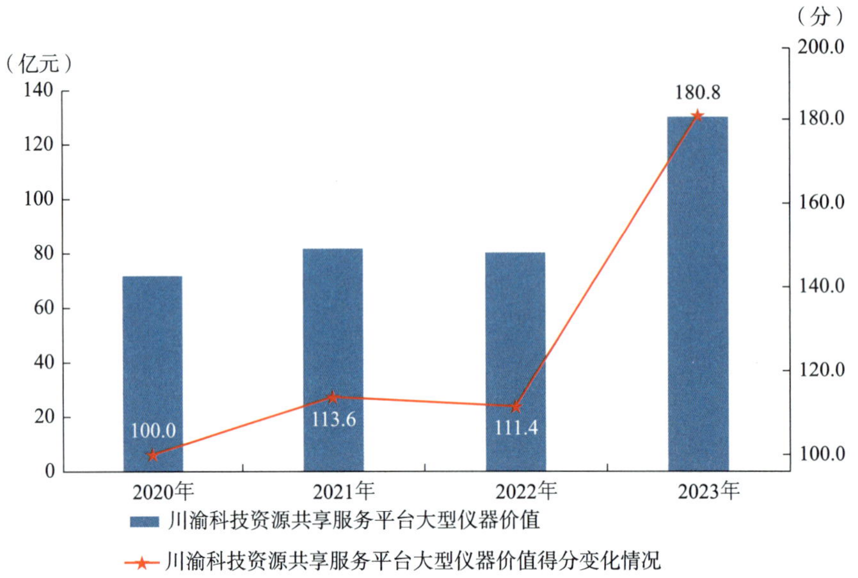

图 4-28　2020—2023 年川渝科技资源共享服务平台大型仪器价值及指标得分变化情况

3. 协同创新能力稳步提升

川渝两地持续提升学术交流、科研协同合作水平，产学研协同创新生态持续优化，创新活力更加充沛，科技论文联合发表量、专利跨省联合申报量稳步增长，协同提升创新能力指数 2023 年上升至 200.3，较上年提高 54.4 个点。一是科技论文联合共同发表量大幅增长。川渝两地持续深化学术交流、科学普及、决策咨询等各方面合作，共同举办 2023 川渝科技学术大会，共同发表科技论文数量由 2022 年的 5.5 万篇提升至 2023 年的 6.2 万篇，同比增长 12.7%。二是专利跨省联合申报持续加强。川渝两地推动实施知识产权跨省通办服务清单化管理，建立知识产权专家、资源及信息联建共享机制，推动知识产权行政保护一体化，2023 年川渝两地专利申报总数达到 16.7 万件，跨省联合申报专利数由 2022 年的 239 件提升至 2023 年的 283 件，同比增长 18.4%，跨省联合申报专利占两地申报专利比重提升至 1.5‰。

4. 共促科技成果转移转化成效显著

川渝两地加强科技成果转化应用，增强创新赋能效应，创新成果不断涌现，专利相互转移量进一步增长，技术交易市场进一步活跃，共促成果转移转化指数 2023 年上升至 158.0，较上年提高 16.5 个点。一是专利跨区域转移量进一步增长。川渝两地强化知识产权运营、交易等平台的信息互通、资源共享和优势互补，共同研究设立成渝地区双城经济圈知识产权转化运用基金，探索知识产权基金投资激励等机制，促进成渝地区双城经济圈的专利加速转化运用。2023 年，川渝两地相互转移专利量达 485 件，同比增长 13.9%。其中，重庆向四川转移的专利量为 238 件，持续保持较高增长水平，四川向重庆转移的专利量为 247 件。二是技术交易市场持续壮大。深入建设重庆、四川成德绵国家科技成果转移转化示范区，协同打造创新科技成果转移转化机制试验田。川渝两地技术交易市场稳步壮大，成交额由 2022 年的 1259.9 亿元增长至 2023 年的 1645.44 亿元、同比增长 30.6%，占全国比重由 2022 年的 4.2% 提升至 2023 年的 4.4%、同比提升 0.2 个百分点。两地加强技术经纪人联合培训，累计培养技术经纪人达 1078 人。

（六）文化旅游融合联动指数

2023 年，随着消费提振政策落地见效，成渝地区双城经济圈文旅市场快速回暖，重庆、成都“网红城市”效应持续显现，两省市加快建设世界知名旅游目的地，文化旅游融合发展态势持续增强，区域热度不断攀升，推动文旅产业发展势头良好，成为区域高质量发展的重要支撑，2023 年文化旅游融合联动指数提升至 119.3，较上年提高 30.8 个点（见图 4–29）。

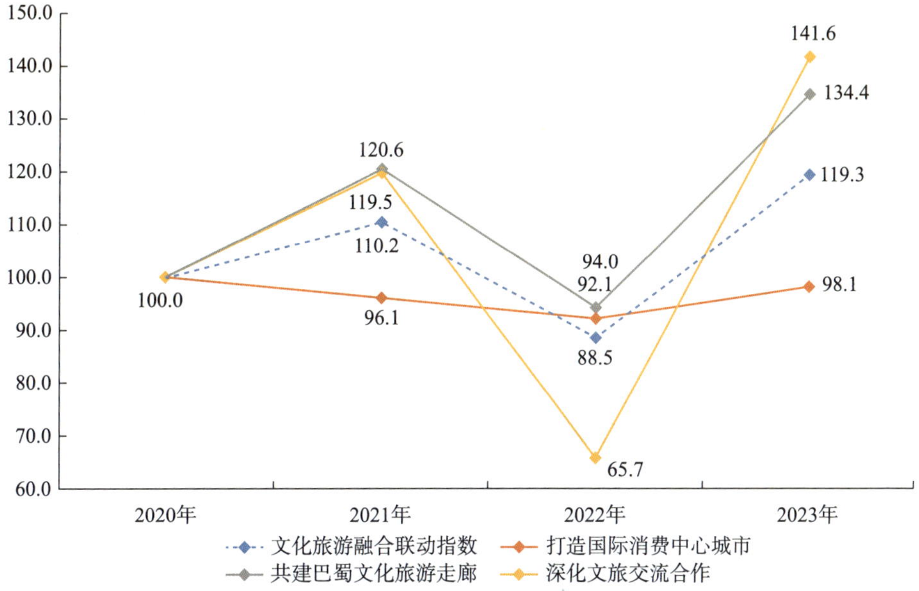

图 4–29　2020—2023 年文化旅游融合联动指数及 3 项分指数变化情况

1. 国际消费中心城市建设成效显著

成渝地区消费新场景、新模式加快培育，叠加促消费政策带动，以高质量供给引领和创造市场需求，推动重庆、成都建设国际消费中心城市蹄疾步稳，2023 年打造国际消费中心城市指数提升至 98.1，较上年提高 6 个点。一是社会消费实现快速增长。随着消费载体及供给更趋丰富多元，居民消费需求不断得到满足，重庆、成都分别入选 2023 福布斯中国城市消费活力榜第 4 名、第 6 名，2023 年，成渝地区双城经济圈社会消费品零售总额达到 37587.74 亿元，占全国的比重由 2022 年的 7.84% 提高到 7.97%，新业态新商业蓬勃发展，线上消费表现亮眼，限额以上企业通过互联网实现的商品零售额增长 9.5%，区域消费市场热度全面提升。2020—2023 年成渝地区双城经济圈社会消费品零售总额及其占全国比重指标得分变化情况见图 4-30。二是川渝线下商圈消费热度小幅增长。伴随两省市各类消费载体扩容提质有序推进，消费新场景、新模式、新 IP 不断涌现，“行业首牌”“品牌首秀”“新品首发”蓬勃发展，带动线下商圈热度不断升温，观音桥、春熙路等川渝世界知名商圈加快打造，居“2023 全国商圈商业力排行榜”前十位，解放碑—朝天门商圈社会消费品零售总额在西部地区率先突破 1000 亿元大关。根据联通商圈消费大数据[①]，2023 年成渝 20 余个重点监测商圈热度达到 73.5，较上年提升 17.3 个点，解放碑商圈、观音桥商圈、春熙路商圈等迭代升级成果涌现。

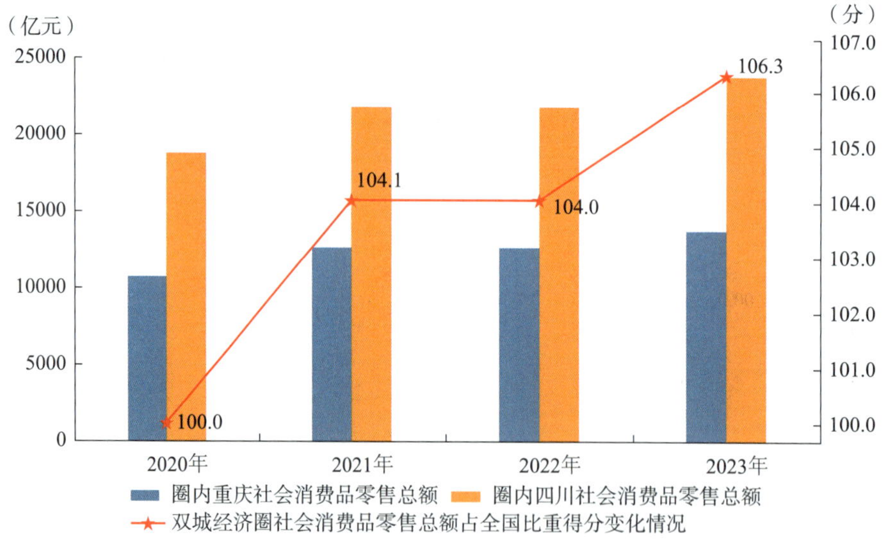

图 4-30　2020—2023 年成渝地区双城经济圈社会消费品零售总额及其占全国比重指标得分变化情况

① 商圈消费大数据主要利用手机信令数据，分析重庆、成都20个重点监测商圈2020年以来的到访人流量，通过商圈区域图层识别区域内的联通基站，统计当日在商圈日驻留时长和大于等于 30 分钟且职地住地均不在此商圈的人群。

2. 共建巴蜀文化旅游走廊迈上新台阶

在扩大文旅内需、推动业态创新、深化国际合作等政策措施带动下，川渝两地特色文化旅游消费快速复苏，带动巴蜀文旅走廊建设成势见效，2023 年，共建巴蜀文化旅游走廊指数提升至 134.4，较上年提高 40.4 个点。一是旅游景区量质齐升。两地联合创建文化和旅游区域协同发展国家试验区，2023 年涪陵区武陵山大裂谷、万州凰花果山、自贡市中华彩灯大世界等一批川渝两地旅游景区实现提档升级，累计创建国家 5A 级旅游景区 29 个。川陕苏区红军文化公园、五华山康养休闲旅游度假区、巴蜀非遗文化产业园等川渝共建文化旅游精品项目有序推进（见图 4–31）。二是川渝文旅市场稳步复苏态势明显。重庆过夜游客接待人数突破 1 亿人次，同比增长 88.1%，全市旅行社国内旅游接待游客 796.1 万人次，同比增长 293%。四川接待游客 6.8 亿人次，同比增长 42%，A 级旅游景区共接待游客 6.3 亿人次，实现门票收入 61.5 亿元，旅游产业增长态势持续显现。

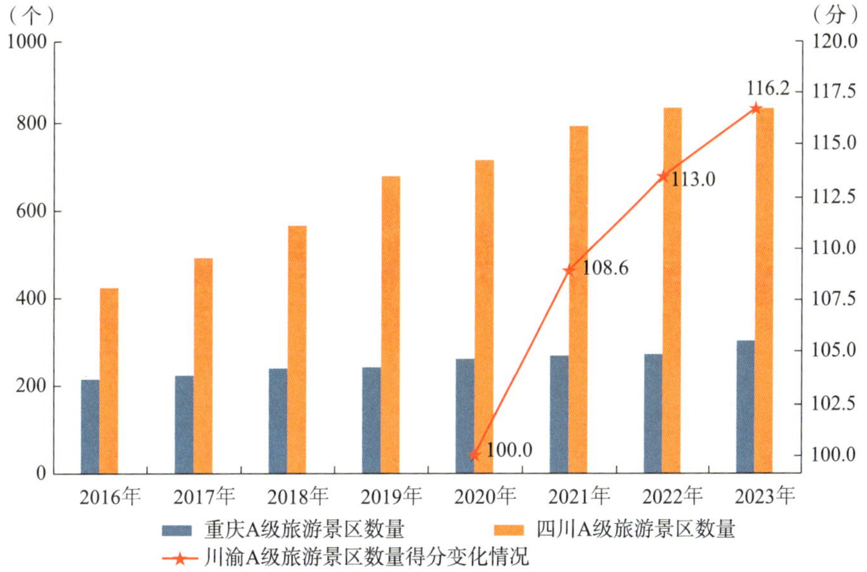

图 4–31　2016—2023 年川渝 A 级旅游景区数量及指标得分变化情况

3. 川渝商贸文旅协作加快推进

两地文旅合作全方位、多领域深入推进，文旅跨省市协同发展模式不断创新，2023 年深化文旅交流合作指数提升至 141.6，较上年提高 75.9 个点。一是文旅协作模式不断取得新突破。两地旅游从竞争走向竞合，“宽洪大量”“资足常乐”“七星揽月”“美石美刻”等一批川渝文旅组合高频互动，川渝巴蜀文旅走廊主题列车正式开行，积极探索重庆成都旅游同频共振和双向导流，辐射带动巴蜀文化旅游走廊沿线城市之间文旅合作发展，“百万职工游巴蜀”“旅游中国看巴蜀”等活动成效明显。二是川渝居民跨省消费规模大幅增长。联通大数据显示，2023 年川渝居民跨省旅游达到 390.9 万人次，较上年增长 54.2%，川渝旅游热度均持续上升，川渝居民跨省商圈消费达到 3800.3 万人次，较上年增长 68.6%。在两地旅游吸引力不断增强、交通出行更加便捷高效、互游促进政策持续投放等带动下，两地商贸文旅交流更加频繁，往来人次再创新高。

（七）生态环境共保联治指数

川渝两地围绕共建美丽中国先行区，持续完善生态保护网络、共秀美丽家园，携手形成区域污染共治、政策共商、生态共保、发展共促整体合力，生态共建共享机制进一步完善，跨区域跨流域生态网络持续织密。生态环境共保联治指数 2023 年上升至 117.0，较上年提高 5.9 个点，长江上游重要生态安全屏障地位进一步巩固（见图 4–32）。

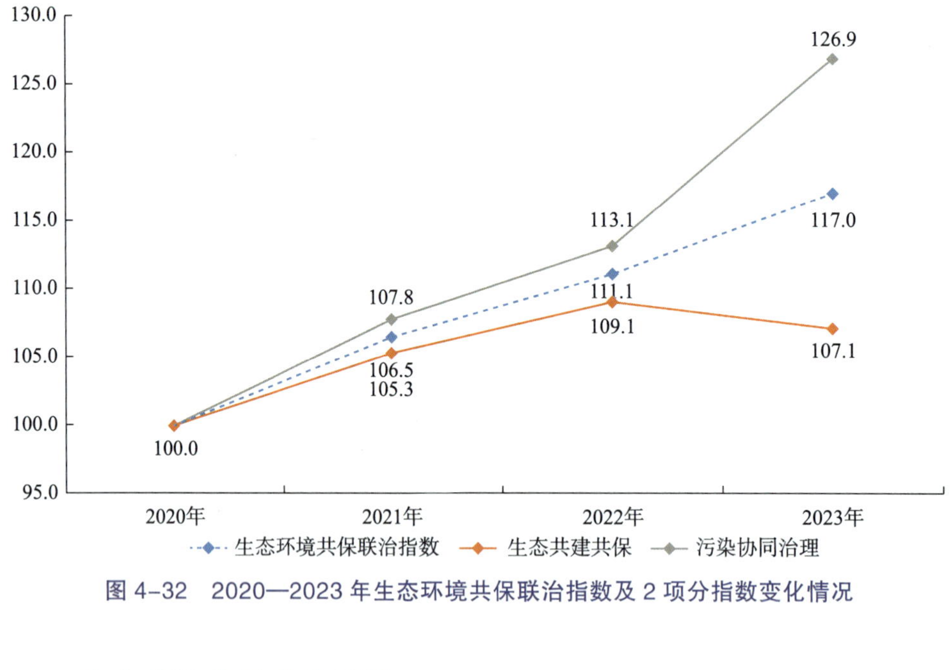

图 4–32　2020—2023 年生态环境共保联治指数及 2 项分指数变化情况

1. 生态共建共保成效显著

川渝两地持续深化生态共保共建、污染协同防治，健全生态联建联保机制，统筹山水林田湖草系统治理，在共同筑牢长江上游重要生态屏障中彰显新担当。一是一体化环境监测合作持续深化。推进生态环境大数据协同共享应用合作、危险废物跨省市转移同治。2023 年，川渝共享空气质量监测数据 2200 万余条，同比增长 29.4%。川渝危险废物跨省市转移“白名单”机制扩大至川渝滇黔湘豫 6 个省市，“白名单”种类由 3 种增加至 59 种，审批时限由 1 个月压缩到约 5 天，经营单位扩大至 70 家，跨省转移累计审批量 26.82 万吨。两省市共同制定危险废物跨省“点对点”定向利用实施方案，创新川渝省市共建高竹新区固体废物跨省转移实行省市内审批试点，建立全国首个跨省域新污染物治理的联防联控机制。二是空气环境质量保持优良。川渝两地空气质量基本指标总体全部达标，空气质量优良天数占 87.4%，高于京津冀平均优良天数 57.5% 的比例以及长三角平均优良天数 83.7% 的比例。重庆连续 4 年稳定在 320 天以上，连续 6 年无重污染天气，四川 2023 年空气质量指数排全国第 13 位、较上年提升 3 位。2020—2023 年川渝空气质量优良天数占比及指标得分变化情况见图 4–33。主要污染物排放持续降低，其中，两地二氧化硫、颗粒物的排放量分别由 2020 年的 23.06 吨、30.87 吨下降至 2023 年的 14.5 吨、19.8 吨，降幅分别达 37.1%、35.9%。2020—2023 年川渝废气中主要污染物排放情况及指标得分变化情况见图 4–34。三是跨界治水成效显著。健全川渝“河长制”机制，联合打造川渝“河长制”合作 3.0 版，完成 81 条川渝跨界河流“一河一图一策”编制并深入实施，推动跨界河流水生态环境质量得到持续改善。2023 年，重庆 53 个国控断面、川渝 25 个跨界河流国控断面以及四川 203 个国考断面水质优良比例均达 100%，长江干流川渝段水质保持为Ⅱ类，一江碧水永续东流得以确保，水环境质量持续保持在全国第一方阵。

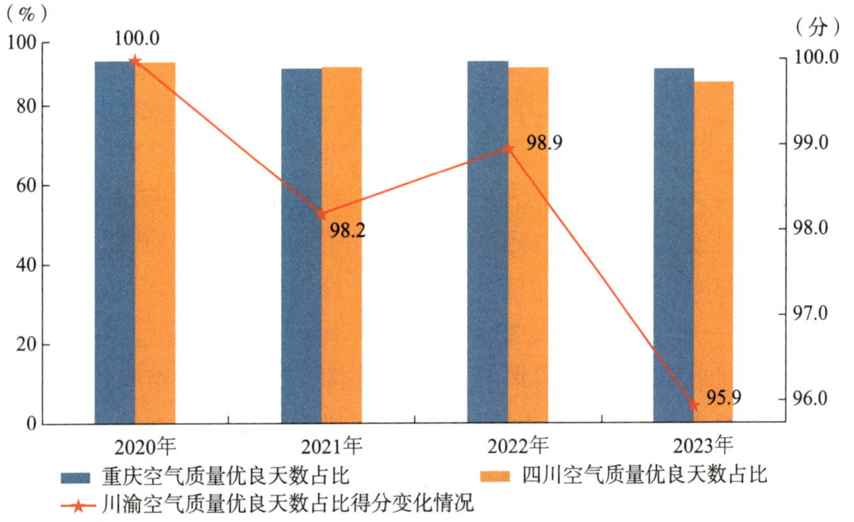

图 4–33 2020—2023 年川渝空气质量优良天数占比及指标得分变化情况

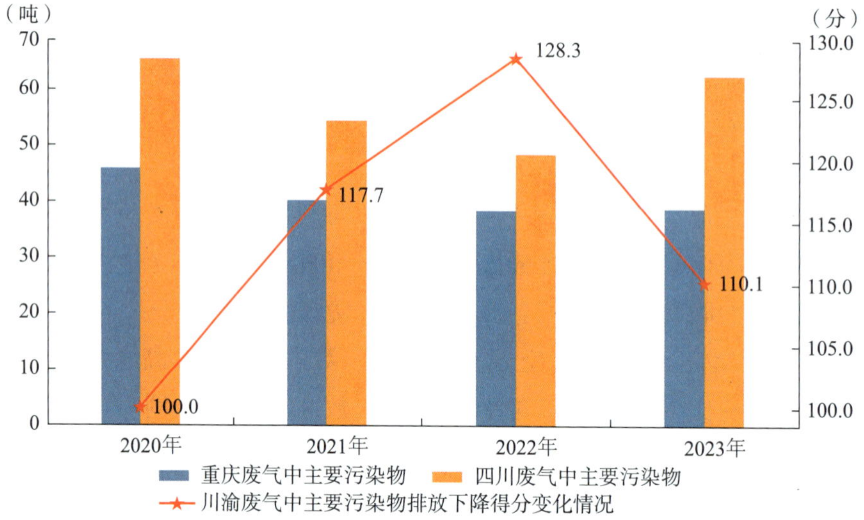

图 4–34　2020—2023 年川渝废气中主要污染物排放情况及指标得分变化情况

2. 污染协同治理水平稳步提升

川渝两地扎实打好碧水蓝天保卫战，强化城市污染治理协作，提升联合执法水平，宜居水平不断提升，污染协同治理指数 2023 年上升至 126.9，较上年提高 13.8 个点。一是跨区域环保联合执法机制更加健全。共同建立实施成渝地区生态环境分区管控制度，编制形成玻璃、水泥、陶瓷工业大气污染物和水产养殖尾水污染物地方排放标准，联合发布《成渝地区双城经济圈生态环境标准编制规范》。联合出台川渝生态环保《联合执法工作机制》，统一企业环境信用评价标准、统一自由裁量基准，推动违法线索互联、调查取证互助、处理结果互认、执法尺度统一。实现川渝毗邻 19 个市区贯穿全年联合执法常态化开展，累计发现并推动解决问题 2000 余个，立案查处 150 余件。二是城市生活垃圾无害化处理能力稳步提升。川渝两地协同加强城市生活垃圾无害化处理能力建设，固体废物综合利用能力显著提升。2023 年，两地城市生活垃圾无害化处理能力由 7.45 万吨 / 日提升至 9.77 万吨 / 日，占全国生活垃圾无害化处理能力 115.2 万吨 / 日的 8.5%，较上年提升 1.8 个百分点。2020—2023 年川渝城市生活垃圾无害化处理能力及指标得分变化情况见图 4–35。川渝一般工业固体废物综合利用率由 49.8% 提升至 50.4%，城市固体废物源头减量和资源化利用水平进一步提高，但与全国 60% 的平均水平差距较上年扩大 2.3 个百分点，固体废物综合利用能力有待加快提升。2020—2023 年川渝一般工业固体废物综合利用率及指标得分变化情况见图 4–36。三是城市污水治理协同推进。协同构建“源厂网河湖岸一体”污水治理新体系，加大城镇污水集中收集处理力度，基本消除城市建成区生活污水直排口和收集处理设施空白区，截至2023年底，重庆城市污水处理厂达91座，四川城市（县城）污水处理厂340座，川渝城市生活污水集中收集率均达到63%以上，城市污水处理率达到97.7%，有力地确保了双城经济圈水质安全。

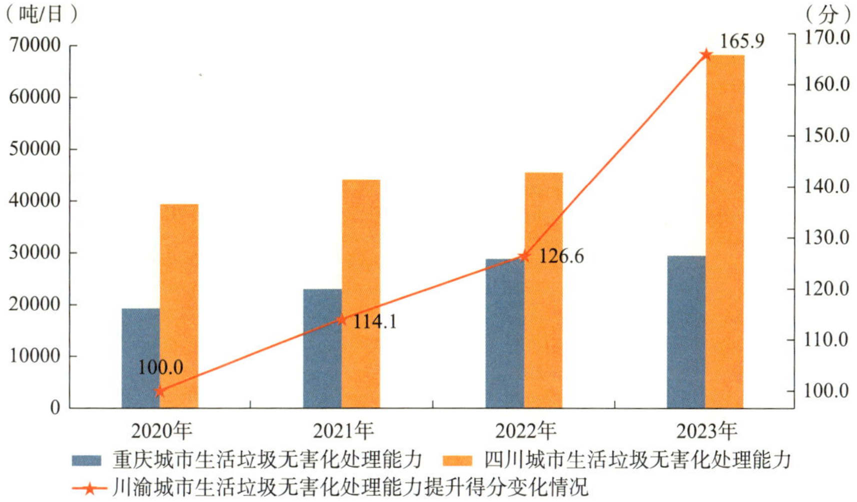

图4-35 2020—2023年川渝城市生活垃圾无害化处理能力及指标得分变化情况

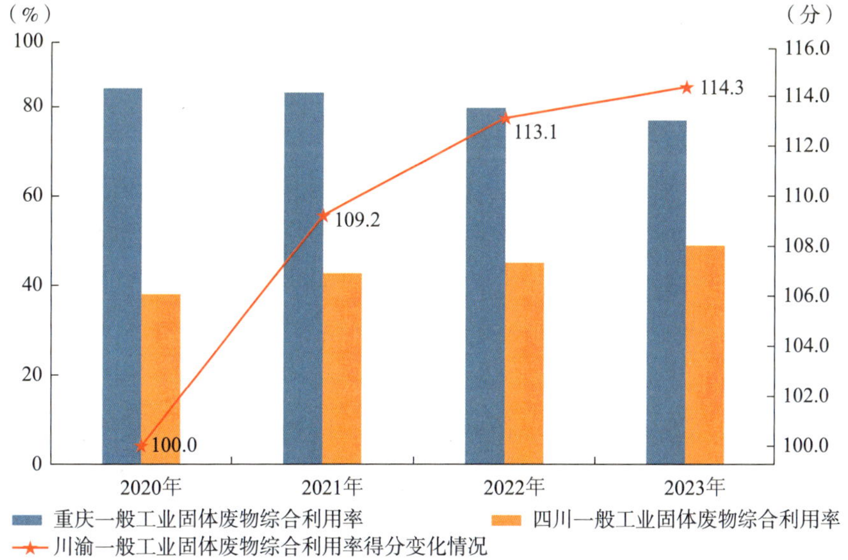

图4-36 2020—2023年川渝一般工业固体废物综合利用率及指标得分变化情况

（八）改革开放协同推进指数

受全球消费电子需求放缓、订单转移等因素影响，川渝对外开放压力增大，两地积极应对，持续培育开放新动能，积极推动西部陆海新通道、中欧班列（成渝）提质扩量，共建对外开放大通道、建设统一大市场等取得积极进展，2023 年改革开放协同推进指数达到 118.2，较上年提高 9 个点（见图 4–37）。

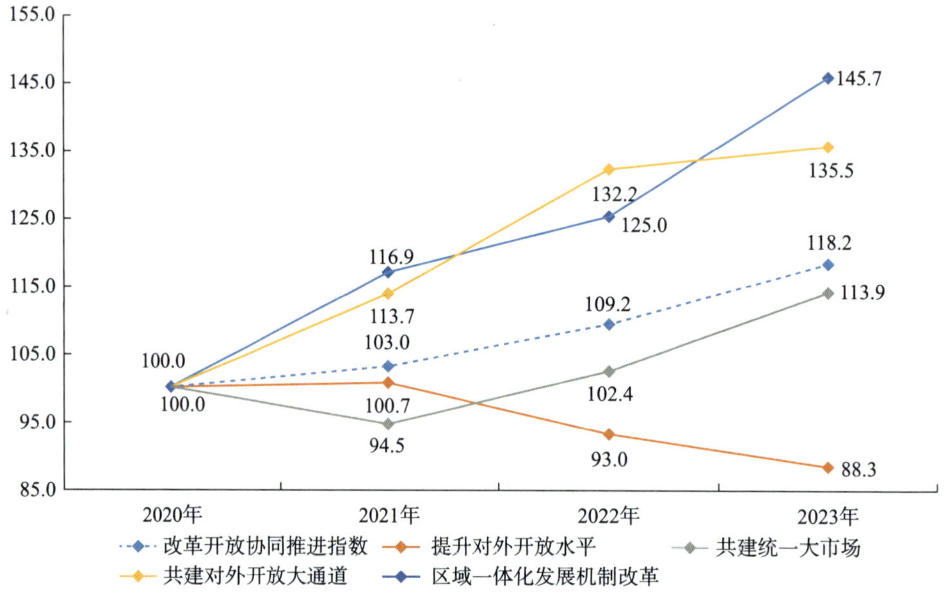

图 4–37　2020—2023 年改革开放协同推进指数及 3 项分指数变化情况

1. 对外开放承压运行

在地缘政治冲突加剧、需求承压、订单外流等因素影响下，2023 年提升对外开放水平指数为 88.3，较上年下降 4.7 个点，对外贸易发展压力较大，但内陆开放的韧性和潜力仍较强。一是对外贸易形势严峻。受发达国家市场消费需求疲软、持续加息、美西方遏制打压加深等因素影响，订单和产能转移加快，全国进出口贸易整体增长承压，尤其受笔记本电脑、电子元件等智能终端产品海外需求疲软影响，川渝两地进出口总额为 1.67 万亿元，较上年降低 0.15 万亿元，占全国比重由 4.5% 降低到 4.0%。2016—2023 川渝进出口总额及占全国比重指标得分变化情况见图 4–38。二是实际利用外资有所减弱。伴随全球经济疲软、国际需求乏力、高端制造回流，国际资本跨境投资动力不足，欧美日等发达国家推进“中国 +1”产业转移对我国引进外资带来不利影响延续，2023 年川渝两地实际利用外商直接投资额为 45.18 亿美元，占全国比重 2.8%，与上年基本持平。2016—2023 年川渝实际利用外商直接投资额及占全国比重指标得分变化情况见图 4–39。

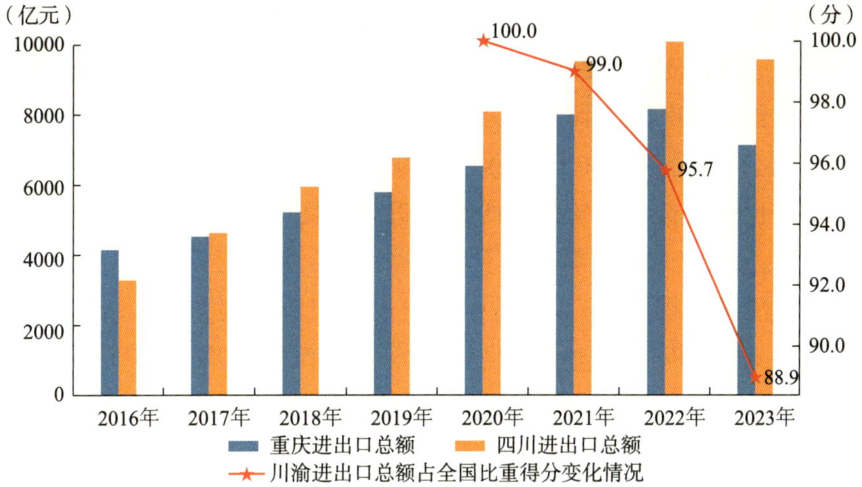

图 4-38　2016—2023 年川渝进出口总额及占全国比重指标得分变化情况

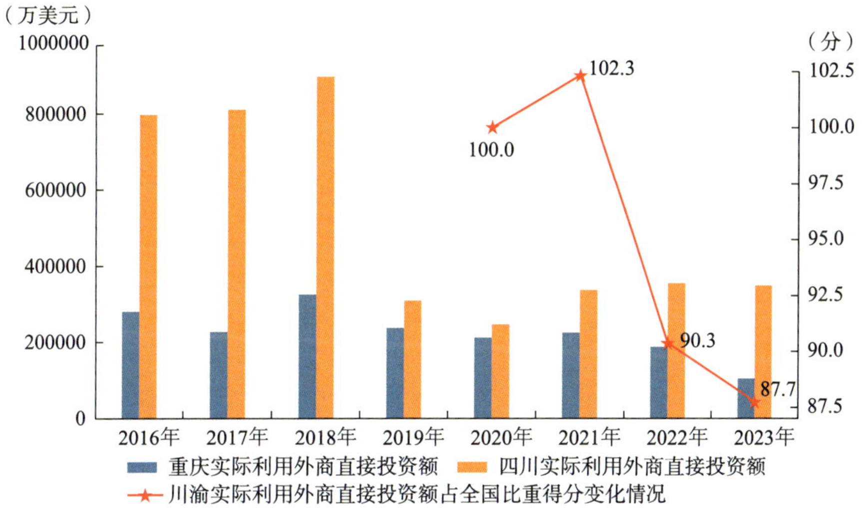

图 4-39　2016—2023 年川渝实际利用外商直接投资额及占全国比重指标得分变化情况

2. 对外通道运力持续释放

川渝两地深入推进西部陆海新通道等对外开放大通道建设，加快完善多式联运物流体系，协同提升开放通道互联互通水平，通道对经贸带动的作用不断显现，推动内陆开放枢纽加快形成，2023 年共建对外开放通道指数提升到 135.5，较上年提高 3.3 个点。一是西部陆海新通道建设乘势见效。西部陆海新通道铁海联运班列开行突破 9000 列，辐射国内 70 个城市、144 个站点，通达全球 490 个港口。2023 年铁海联运班列、跨境公路班车（重庆、四川）、国际铁路联运班列（重庆、广西、四川）运输集装箱共计 61.52 万标准箱，同比增长 7%，货值 643.26 亿元，同比增长 16%。重庆、四川开行数量、运输货值长期位于全国首位，到北部湾港实现“双向天天班”，“物流 + 经贸 + 产业”模式优化持续升级，2023 年西部陆海新通道重庆、四川总运量超过 25 万标准箱，较上年增长 15.7%，总货值接近 450 亿元，较上年增长 23.6%，增长势头强劲。2020—2023 年川渝西部陆海新通道班列累计发送货物量及指标得分变化情况见图 4–40。二是中欧班列（成渝）稳步运行。2020 年以来中欧班列（成渝）货运规模快速增长、运输货值不断提高、货源结构不断优化、区域合作不断扩大、运输稳定性不断增强。2023 年中欧班列（成渝）累计开行超 5300 列，运输箱量超 43 万标准箱，均居全国第 1 位。在全国率先落地铁路进出境快速通关业务模式，缩减单列班列口岸通关作业时间 24 小时以上。2020—2023 年中欧班列（成渝）开行数量及指标得分变化情况见图 4–41。三是“一带一路”贸易规模不断提高。川渝两地在“一带一路”倡议下积极作为，科技人文交流不断深入，川渝与沿线国家间经贸联系不断增强。2023 年，两地与共建“一带一路”国家进出口规模达到 0.73 万亿元，较上年增长 0.13 万亿元，在全国对“一带一路”沿线国家进出口总额大幅提高的情况下，川渝占比从上年的 4.35% 降低到 3.73%，降低 0.62 个百分点。2020—2023 年川渝对“一带一路”沿线国家进出口总额及指标得分变化情况见图 4–42。

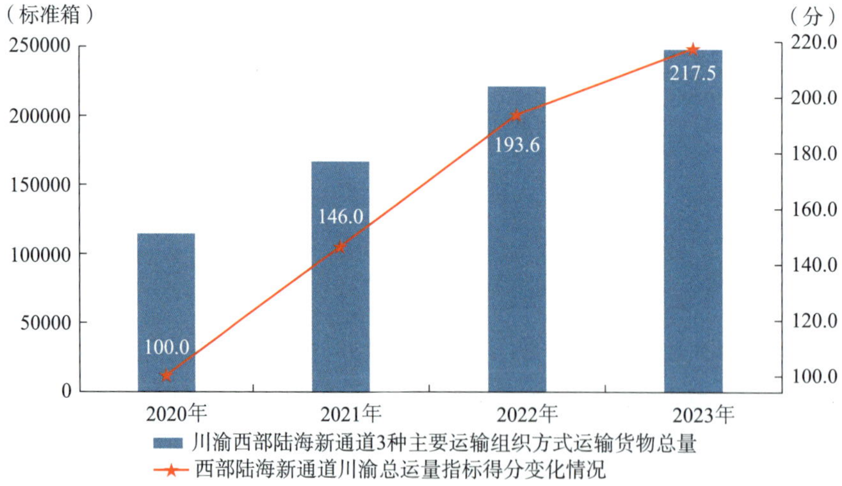

图 4–40　2020—2023 年川渝西部陆海新通道班列累计发送货物量及指标得分变化情况

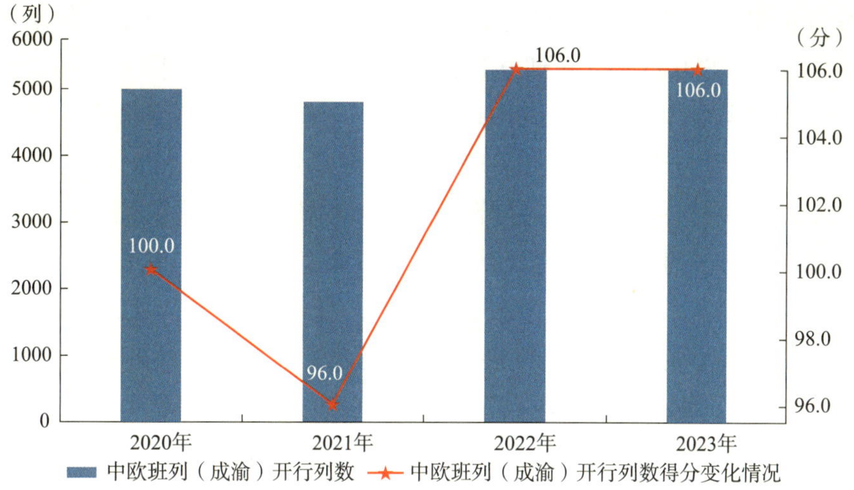

图 4-41　2020—2023 年中欧班列（成渝）开行数量及指标得分变化情况

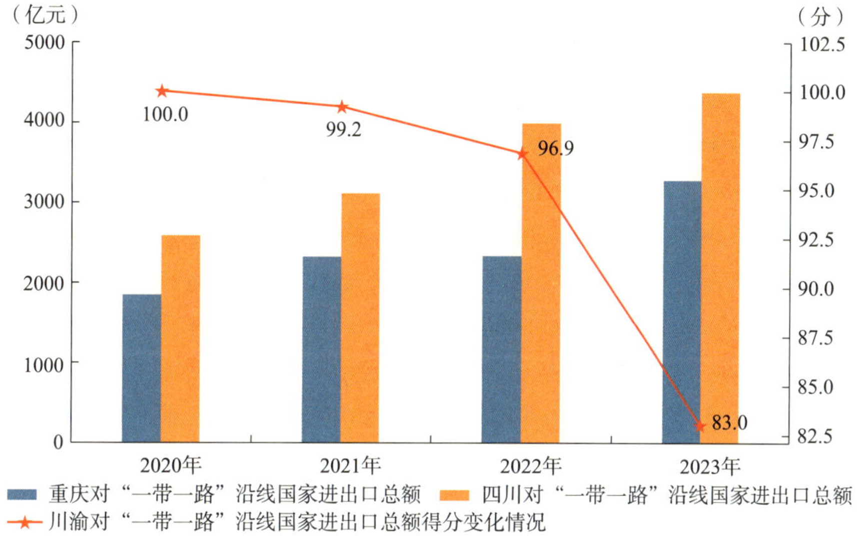

图 4-42　2020—2023 年川渝对"一带一路"沿线国家进出口总额及指标得分变化情况

3. 统一大市场建设进程加快

两地加快共立标准、健全制度，积极探索建立统计分算、税收分成利益分享机制，更好发挥市场配置资源的决定性作用，助推更好激活西部超大规模内需市场，促进经济循环畅通。2023 年共建统一大市场指数提升到 113.9，较上年提高 11.5 个点。一是统一消费大市场持续推进。川渝两地持续深化市场准入"异地同标"，共同健全市场制度规则，共同强化区域市场监管，推动市场监管一体化"加速度"发展，部分资源要素价格差异有所缩小。2023 年重庆消费者价格指数为 99.7，四川消费者价格指数为 100，川渝物价水平差异系数由 2022 年的 0.117 提升到 0.138，差异略有变大（见图 4-43）。2023 年重庆二手房平均销售价格为 12121.0 元 / 平方米，四川二手房平均销售价格为 15690.0 元 / 平方米，成渝二手房交易价格差异系数由 2022 年的 0.1837 降低到 0.1815，一致性增强。二是统一劳动力市场持续推进。川渝两地在全国率先实现跨区域人才职称评价互认，联合发布急需紧缺人才目录，共享共用专家资源 4 万余人，“重庆英才服务卡”与“天府英才卡”实现 7488 名高层次人才互认，人力资源一体化发展试点和人力资源产业园共建行动扎实开展。2023 年，重庆、四川企业人均人工成本中位数分别为 7.3 万元、8.0 万元，成本差距由 2022 年的 1.07 万元缩小到 0.77 万元，川渝企业人工成本一致性大幅提高（见图 4-44）。三是统一物流大市场持续推进。成渝中线高铁开工建设，川渝省际高速公路建成通车 15 条，组建长江上游港口联盟，优化长江上游分段通航标准，共同出资建设万州新田港二期工程，建设统一运营品牌，“铁公水空”联运组织效率和运输服务一体化水平持续提高。2023 年，重庆到成都公路物流运价指数、成都到重庆公路物流运价指数分别为 104.3、129.2，运价差距由上年的 29.06 缩小到 24.95（见图 4-45）。

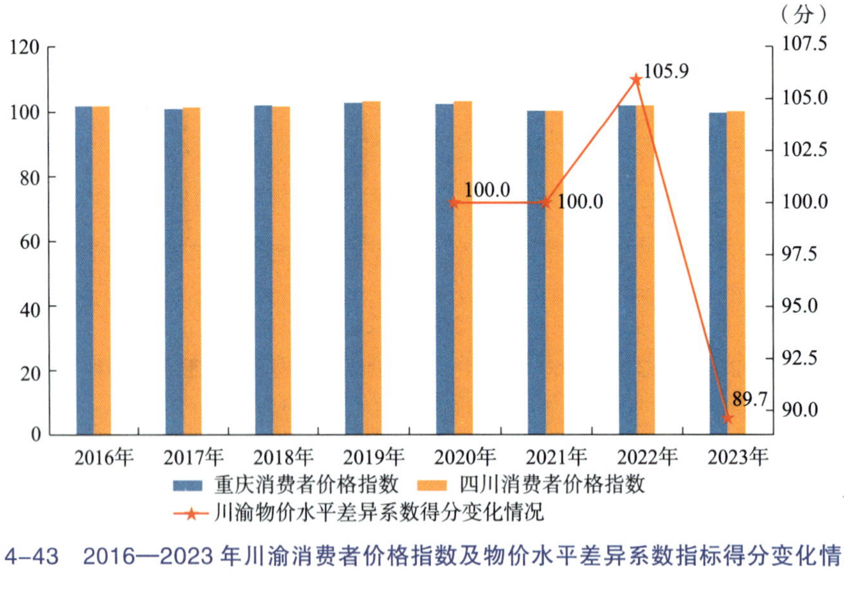

图 4-43 2016—2023 年川渝消费者价格指数及物价水平差异系数指标得分变化情况

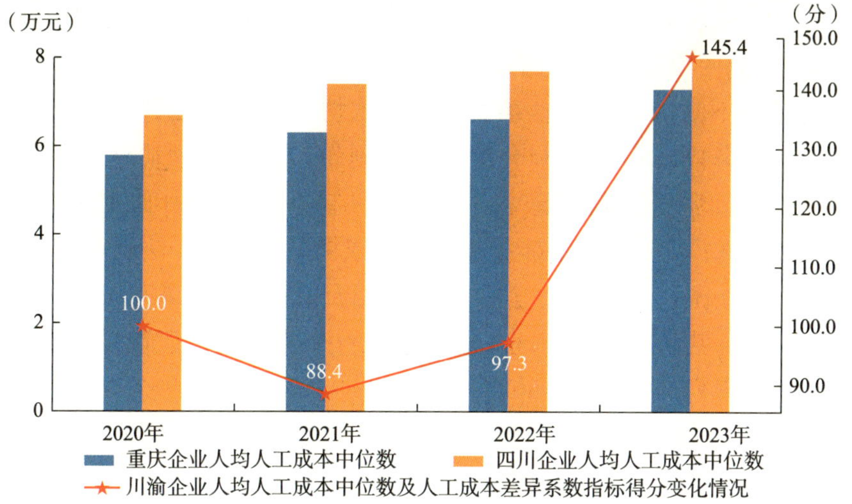

图 4-44　2020—2023 年川渝企业人均人工成本中位数及其差异系数指标得分变化情况

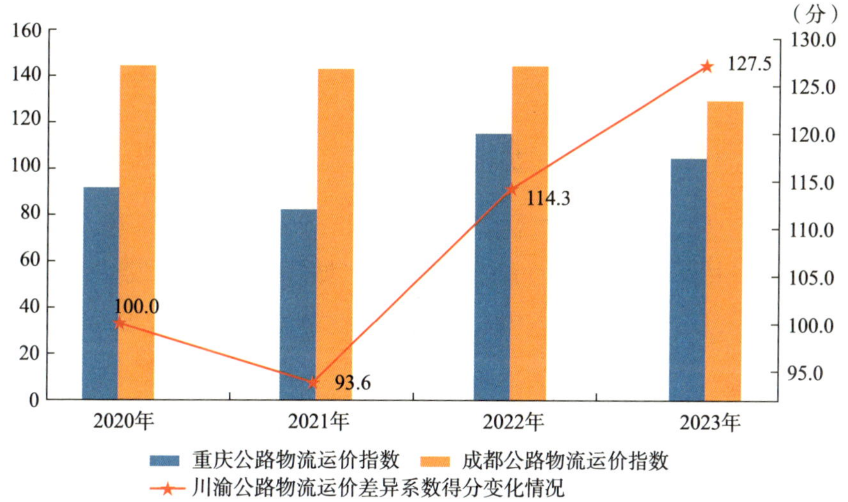

图 4-45　2020—2023 年成渝公路物流运价指数及运价差异系数指标得分变化情况

4. 区域一体化发展机制改革稳步推进

川渝区域协作发展机制体系不断完善，标志性成果持续显现，继长三角地区、粤港澳大湾区之后，成渝地区双城经济圈跨区域 18 条协作经验做法首次得到国家层面系统总结推广，改革创新促发展的态势得到巩固。一是重大项目引领发展体制机制不断夯实。两地以重大项目落地为抓手，持续支撑成渝地区双城经济圈高质量发展，川渝两地建立省市领导联系重大项目机制效果突出，引领成渝中线高铁、渝昆高铁、渝西高铁、成达万高铁、成渝世界级机场群、长江上游航运中心、川渝 1000 千伏特高压交流工程、川渝千亿立方米天然气基地 8 个项目加快推动。按年度滚动实施川渝共建重点项目，项目数量、总投资额呈现逐年高速增长态势，2024 年共建项目达到 300 个，较上年增长 52 个，项目总投资达到 3.6 万亿元，较上年增长 0.35 万亿元。二是协调协商机制不断完善。川渝建立起多层次协商推进机制，常态化召开党政联席会议、常务副省市长协调会议、分管副省市领导专项协调会议，建立重大项目联合调度服务机制。建立协同立法机制，实现立法项目协商确定、立法文本协商起草、立法程序同步推进、立法成果共同运用、法规实施联动监督，建立健全干部互派挂职机制。三是经济区和行政区适度分离改革扎实推进。建成全国首个跨省共建的省级新区，成立全国首个跨省税费征管服务中心，共创全国首个中欧班列合作品牌，市场准入服务"异地同标"和企业跨省市"一键迁移""关银一 KEY 通"等一批改革经验获国家发展改革委通报推广。建立税收征管一体化机制探索加快落实，探索建立两区分离税费统计分析指标体系，在川渝毗邻地区联合设立高竹新区、内江—荣昌平台建立"川渝税费争议调解室"。利益分享机制逐步建立，在毗邻市区（县）因地制宜率先探索，总部经济、企业兼并重组、项目合作共建等跨区域经济合作形式的财税利益分配事项有序落实。持续落实长江干流 + 濑溪河的跨省流域横向生态保护补偿机制。

（九）推动城乡融合发展指数

以国家城乡融合发展试验区重庆西部片区、成都西部片区建设为牵引，促进城乡要素自由流动、公共资源合理配置、城乡产业协同发展，城乡空间、经济、社会融合度持续提高，2023 年推动城乡融合发展指数达到 122.1，较上年提高 13.3 个点（见图 4–46）。

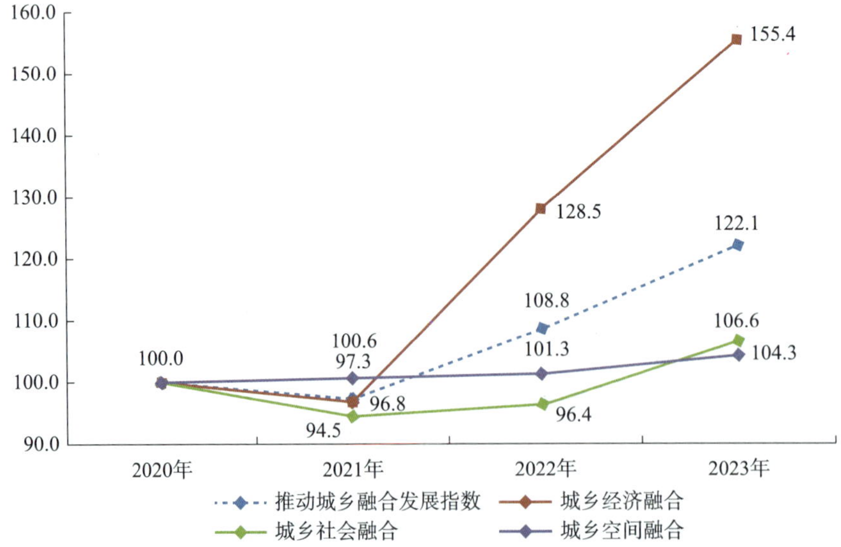

图 4–46　2020—2023 年推动城乡融合发展指数及 3 项分指数变化情况

1. 城乡经济融合成效突出

围绕成渝现代高效特色农业带建设，着力把乡村产业纳入城乡产业体系大格局中，实现一、二、三产业融合互动发展。2023 年城乡经济融合指数达到 155.4，较上年提高 26.9 个点。一是城乡产业协同提质增效。2023 年川渝两地新增麦制品、蔬菜、设施蔬菜 3 个国家级优势特色产业集群，累计达 14 个。农业产业平台能级持续提升，2023 年新增国家现代农业产业园 5 个、国家农业现代化示范区 8 个、国家农业产业强镇 15 个。二是城乡消费差距逐步缩小。城乡居民消费潜力不断释放，2023 年重庆、四川城镇居民人均消费支出分别为 31531 元、29280 元，分别增长 3.1%、5.9%，增速较上年分别提高 0.7 个、3.4 个百分点；农村居民人均消费支出分别为 17964 元、17901 元，分别增长 7.4%、4.1%。川渝两地城乡居民人均消费支出差异系数为 2.8053，较 2022 年下降 0.0098，表明城乡消费差距逐步缩小。2016—2023 年川渝城乡居民人均消费支出及城乡消费差异系数指标得分变化情况见图 4–47。三是城乡消费结构不断优化。体现居民发展型消费需求的教育文化娱乐消费支出日益提升，2023 年重庆、四川城镇居民人均教育文化娱乐消费支出分别占城镇居民人均消费支出的 11%、10.3%，占比较上年分别提高 0.7 个、0.8 个百分点；农村居民人均教育文化娱乐消费支出分别占农村居民人均消费支出的 10.4%、10.2%，占比较上年分别提高 0.5 个、2 个百分点。2020—2023 年川渝城乡居民发展型消费支出占比及支出比重差异系数指标得分变化情况见图 4–48。

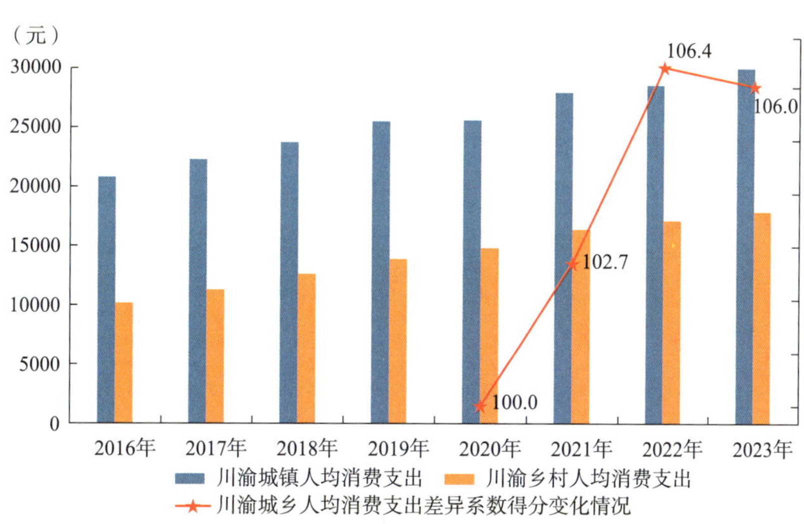

图 4–47 2016—2023 年川渝城乡居民人均消费支出及城乡消费差异系数指标得分变化情况

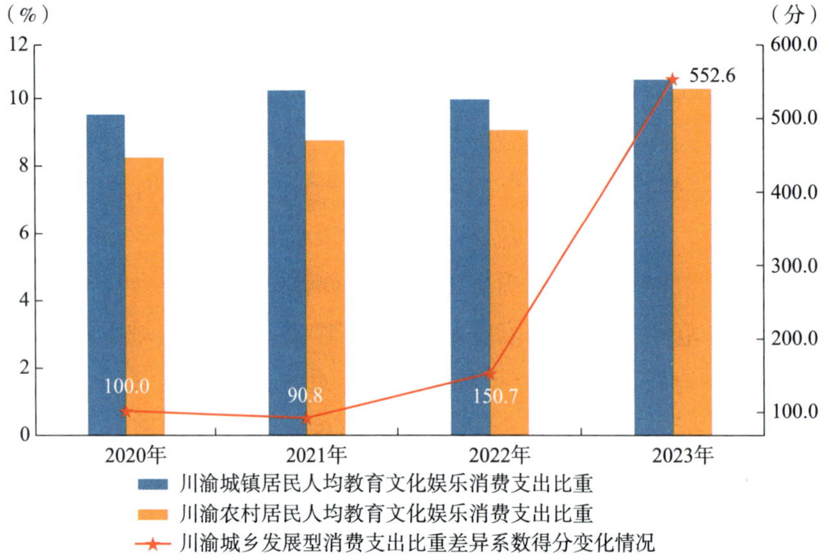

图 4-48　2020—2023 年川渝城乡居民发展型消费支出占比及支出比重差异系数指标得分变化情况

2. 城乡社会融合稳步推进

完善要素市场化配置体制机制，城乡要素配置更加高效，城乡基本公共服务均等化提速推进。2023 年城乡社会融合指数为 106.6，较上年提高 10.2 个点。一是城乡居民收入差距缩小。深入实施千万农民增收致富促进行动，建立健全农民增收长效机制，农村居民收入保持较快增长，2023 年重庆、四川农村居民人均可支配收入分别增长 7.8%、7%，增速较上年分别提高 1.2 个、0.8 个百分点。重庆、四川城乡居民人均可支配收入比分别为 2.28∶1、2.26∶1，较 2022 年分别缩小 0.08、0.05。2016—2023 年川渝城乡居民人均可支配收入及收入分配差异系数指标得分变化情况见图 4-49。二是城乡就业保持总体稳定。抓好高校毕业生、农民工、就业困难人员等重点群体就业，川渝两地城乡就业局势总体稳定。2023 年，重庆、四川城镇分别新增就业人员 73.86 万人、104.02 万人，分别较上年增长 4.5%、4.4%。截至 2023 年底，重庆、四川分别拥有农民工 790.7 万人、2659 万人，其中省市内务工占比分别为 67.3%、58.2%，占比较上年分别提高 2.6 个、0.7 个百分点。三是城乡公共服务普惠共享。教育、医疗、养老等社会事业短板加快补齐，城乡教育联合体和“三通”（政通、人通、人才通）医共体建设持续深化。2023 年，重庆、四川每千人口拥有执业（助理）医师数分别为 3.2 人、2.5 人。“智慧养老”加快发展，2023 年川渝两地新增 13 个智慧健康养老应用试点示范基地。

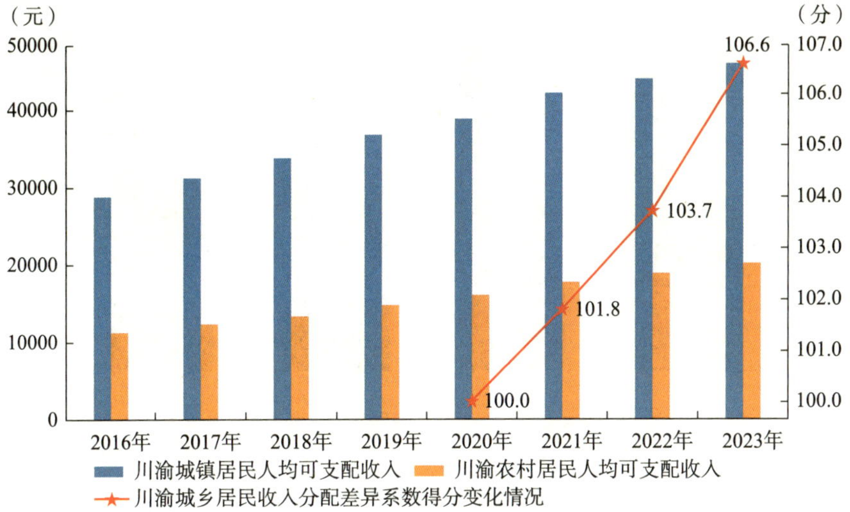

图 4-49　2016—2023 年川渝城乡居民人均可支配收入及收入分配差异系数指标得分变化情况

3. 城乡空间融合持续优化

川渝两地协同推动城乡空间一体化规划，城乡空间加快重塑，城乡发展更趋协调。2023 年，城乡空间融合指数为 104.3，较上年提高 3 个点。一是城乡空间一体化规划。国土空间“一张图”加快实现，完善《成渝地区双城经济圈国土空间规划（2021—2035 年）》，推动川渝毗邻地区国土空间规划联合编制、报批落地。川渝两省市国土空间总体规划已批复，地市、区县国土空间规划全部形成成果，实用性村庄规划按需应编尽编，有效引导县、乡、村功能衔接互补。二是城镇体系日益完善。重庆、成都进入现代化国际都市行列，万州、涪陵、永川、合川、綦江（万盛）、黔江等重庆区域中心城市和绵阳、宜宾泸州组团、南充达州组团等四川省域副中心城市加快建设。2023 年，重庆中心城区、成都市之外城市 GDP 达 34124.7 亿元，占双城经济圈的 58.4%。2020—2023 年川渝两大中心城市 GDP 及以外城市 GDP 占成渝地区双城经济圈比重得分变化情况见图 4-50。三是城乡人口分布更趋合理。2023 年，重庆、四川分别推进户籍迁移“跨省通办”5 万人次、11.6 万人次，其中四川迁入重庆 4.1 万人。2023 年，重庆、四川分别有 20.4 万、233.41 万农业转移人口落户城镇。2023 年，川渝两地常住人口累计达到 11559.4 万人，常住人口城镇化率达到 62.85%，较上年提高 1.05 个百分点。2016—2023 年川渝常住人口城镇化率及指标得分变化情况见图 4-51。

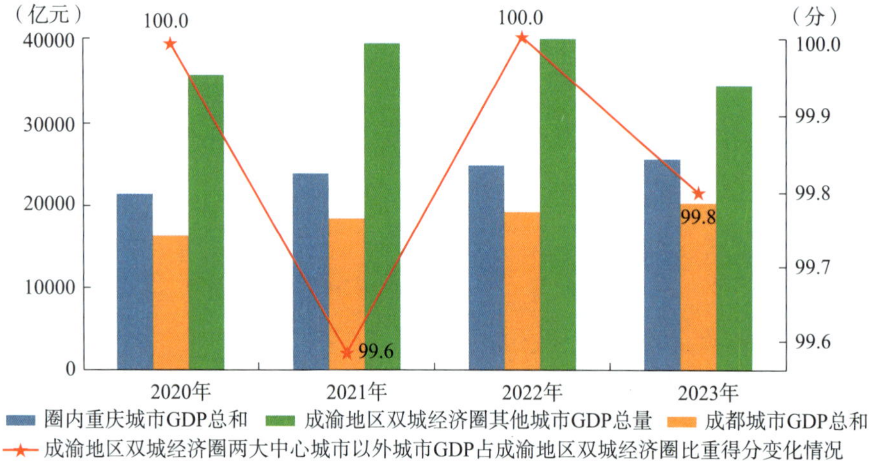

图 4-50　2020—2023 年川渝两大中心城市 GDP 及以外城市 GDP 占成渝地区双城经济圈比重得分变化情况

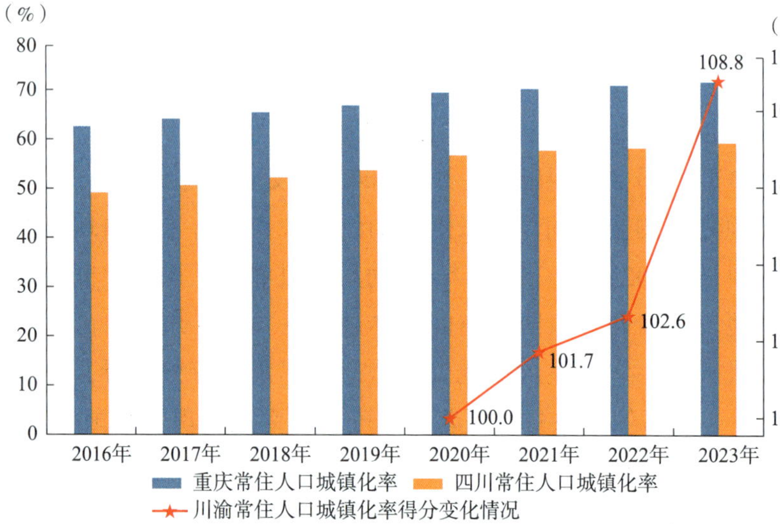

图 4-51　2016—2023 年川渝常住人口城镇化率及指标得分变化情况

（十）公共服务便利共享指数

2023 年以来，川渝两地在人力资源、公共教育、医疗卫生、社会保障、文化体育等多领域开展了大量务实合作，公共服务工作衔接交流日益密切，政策体系逐步建立健全。区域公共服务发展差距进一步缩小，公共服务便利共享保持较好态势。2023 年公共服务便利共享指数达到 157.8，较 2022 年上升了 20 个点。其中，公共服务资源共享维度上升幅度大，上升了 29.7；公共服务标准化便利化上升了 27；居民公共服务满意度上升幅度较小，上升了 3.4（见图 4-52）。

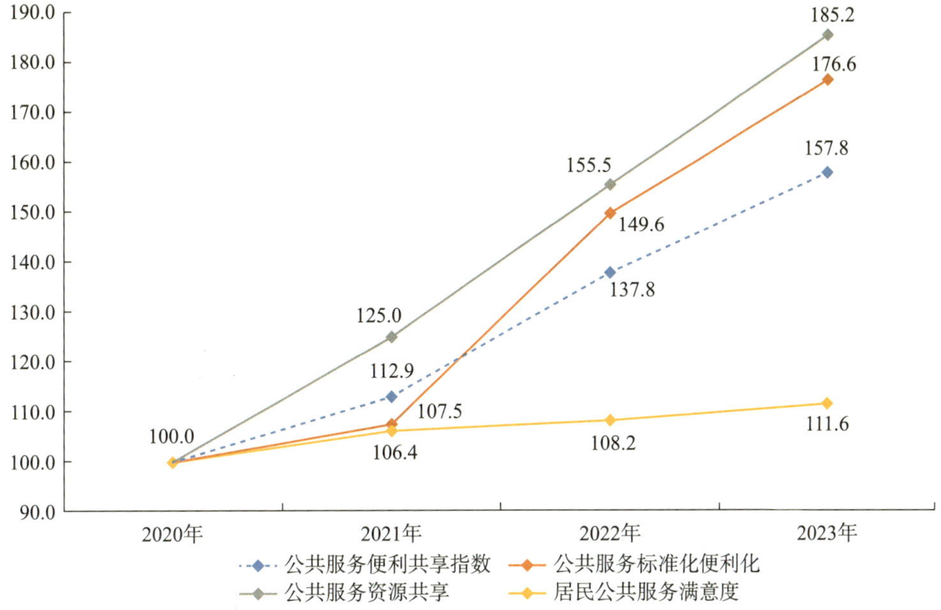

图 4-52　2020—2023 年川渝公共服务便利共享指数及 3 项分指数变化情况

1. 公共服务标准化便利化稳步提升

川渝两省市相互赋能，联动创新服务方式，深化公共服务平台共建、资源共享、体系同构，与生活息息相关的服务事项办理更加高效便捷，高品质便捷生活圈聚力成势。一是便捷生活服务提质扩面。联合印发《推进川渝公共服务一体化深化便捷生活行动事项（2024 年版）》，聚焦“住、业、游、乐、购”多场景，优化“渝快办”“天府通”“蓉易办”等平台服务功能，“川渝通办”事项加速落地，场景不断拓宽，截至 2024 年 11 月，川渝两地先后推出了四批“川渝通办”事项，涉及企业群众高频事项 355 项，两地群众同城感不断增强。2020—2023 年“川渝通办”事项累计数及指标得分变化情况见图 4-53。二是以重点领域为引领的公共服务政策加快制定。全面落实川渝民政合作联席会议、联络办公室、专项小组三个层面合作机制。突出探索创新互认机制措施，推动就业、医疗、养老、住房、户籍等领域政策迭代升级，实现“同城同待”，形成了一批全国首创跨省公共服务政策协同举措。在住房和医疗等领域实施公积金政策融合互通、城镇职工基本医疗保险缴费年限互认、联动扩大长期护理保险互认范围等 6 项举措，两地公共服务政策标准协同进一步增强。2021—2024 年，川渝累计办理住房公积金川渝跨省异地转移接续数量逐年增加，2024 年 1—10 月，川渝之间累计办理转移接续 6.39 万人次，涉及金额 10.14 亿元；发放住房公积金异地贷款 10754 笔，金额 47.87 亿元。2020—2023 年住房公积金川渝跨省异地转移接续数量及指标得分变化情况见图 4-54。

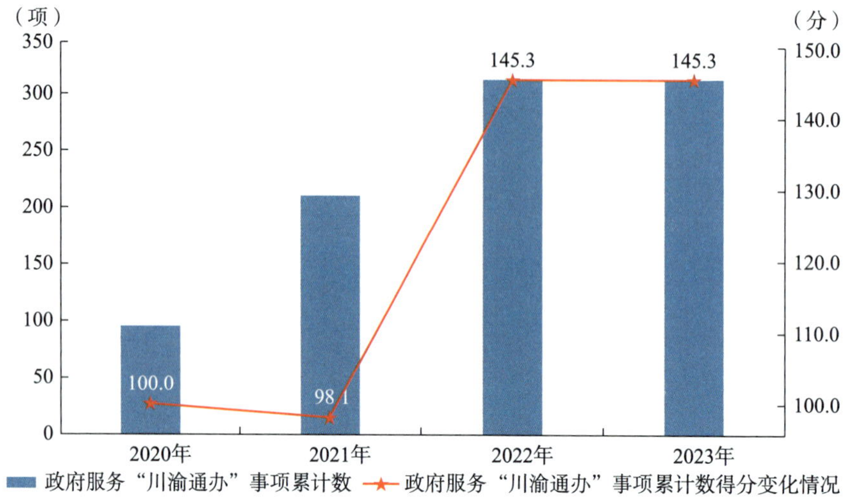

图4-53　2020—2023年“川渝通办”事项累计数及指标得分变化情况

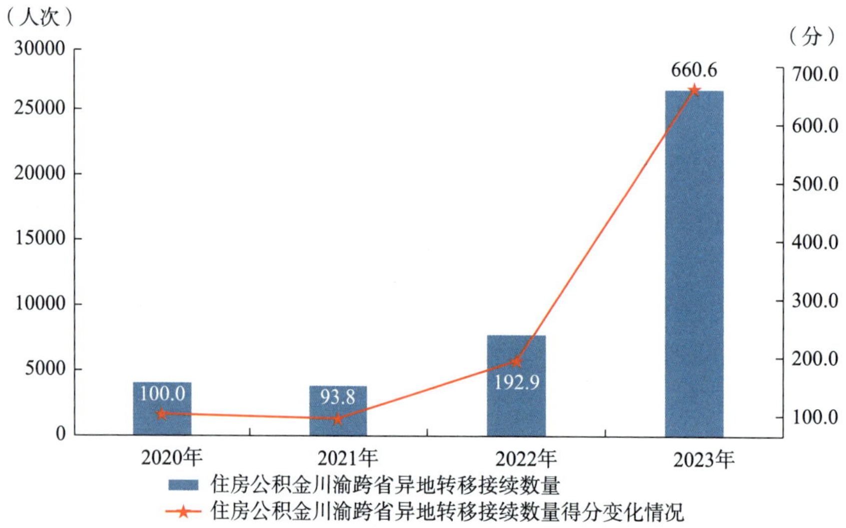

图4-54　2020—2023年住房公积金川渝跨省异地转移接续数量及指标得分变化情况

2. 公共服务资源共享加速推进

川渝两地强化战略协作、政策协同、平台对接和利益共享，公共服务合作领域持续拓展，公共服务共建共享和优化提质取得新进展。一是就业社保领域走向深入协同。2024年联合发布《成渝双核企业薪酬调查报告》，截至2024年12月，互通共享人力资源和就业岗位信息累计超65万个，年均两地实现劳务转移超11万人，“人才卡”累计互认互通人才1.1万余人。在社保领域，实现全国首个城镇职工医保缴费年限跨省互认，开展工伤保险跨省异地就医直接结算试点。持续推进川渝养老保险关系无障碍转移，共同推进社会保险协同认证，持续提升川渝社保标准化水平。持续拓展社保卡“一卡通”应用，截至 2024 年 12 月，实现两地 24 个景区畅通出行，129 家图书馆通借通还。探索“川渝合作 + 社银合作”新模式，联合打造全国首个覆盖全域的跨省社银合作体系。二是教育协作能级不断提升。推动区域教育融合，特别是职业教育共建共享成效显著。万达开川渝统筹发展示范区组建了职业教育联盟、基础教育联盟。打造遂潼区域职业教育中心，重庆电力高等专科学校潼南校区、四川师范大学遂宁校区等一批学校建成投用。数据显示，遂潼川渝毗邻地区一体化发展先行区的高校已从 2020 年的 1 所增加至目前的 10 所，在校生从 3.9 万人增至 6.7 万人。三是医疗养老资源加快共享。持续推进国家医学医疗“双中心”建设，截至 2024 年 12 月，推动川渝 1861 家医疗机构实现川渝电子健康卡扫码互认，检查检验结果互认提质扩面至川渝 291 家二级及以上公立医院 112 项结果。国家老年疾病临床医学研究中心（四川大学华西医院）在重庆设立分中心。推进跨省异地就医直接结算，重庆、成都异地住院免备案，川渝地区职工医保缴费年限累计计算，推进医院检查检验结果互认和医疗服务“一码通”。川渝住院费用跨省异地就医直接结算率由 2022 年的 70% 增长至 2023 年的 88%（见图 4-55）。四是公共交通共建共享扎实推进。推广跨省市公交地铁“一卡通”服务模式，持续增加川渝毗邻地区跨省城际公交线路，川渝公共交通“一卡通”发放数量由 2022 年的 98.5 万张增加至 2023 年的 218.6 万张（见图 4-56）。提升两地机票免费改签服务，多家航空公司上线“川渝区域通”服务，允许川渝境内机场订票的乘客在航班起飞前 4 小时内免费更改行程并全额退票。

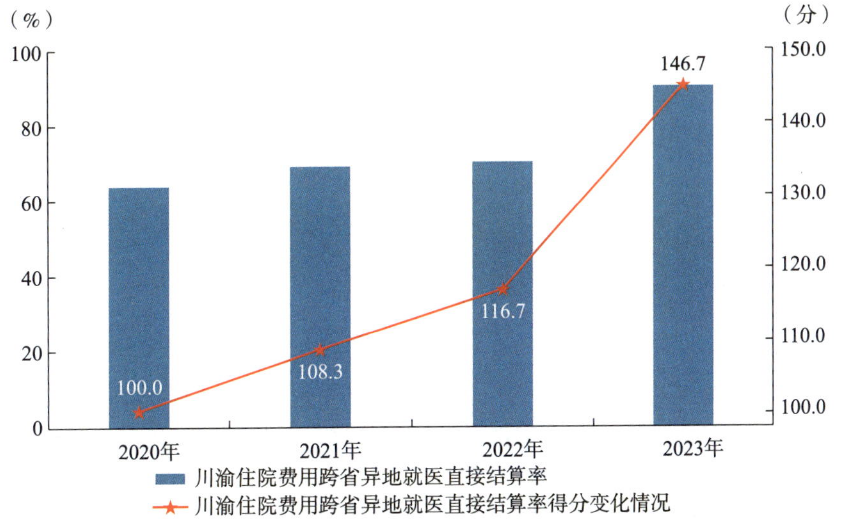

图 4-55　2020—2023 年川渝住院费用跨省异地就医直接结算率及指标得分变化情况

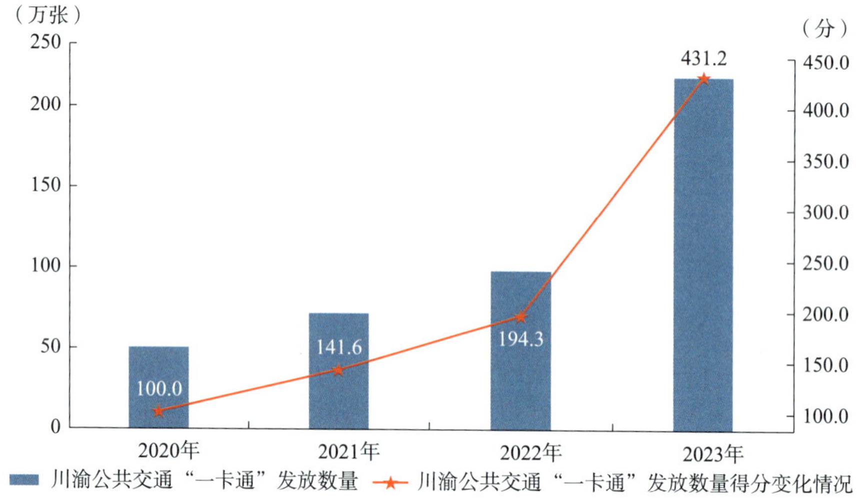

图 4-56　2020—2023 年川渝公共交通“一卡通”发放数量及指标得分变化情况

3. 居民公共服务满意度维持较高水平

川渝两地聚焦群众急难愁盼问题，联合推出了一系列便民措施，公共服务政策的精准度不断提升，服务事项更接地气、更合民意、更加科学，政策落实效果得到了群众肯定。一是公共服务群众满意度逐年上升。西部大数据前沿应用研究院川渝公共服务便利共享舆情分析数据显示，川渝公共服务便利共享群众满意度逐年提高，由 2020 年的 91.2% 提高到 2023 年的 99.01%，上升 7.81 个百分点（见图 4-57），成渝地区双城经济圈成为两地群众交往更频繁、办事更方便、生活更舒心的“幸福圈”。二是医疗卫生领域群众满意度

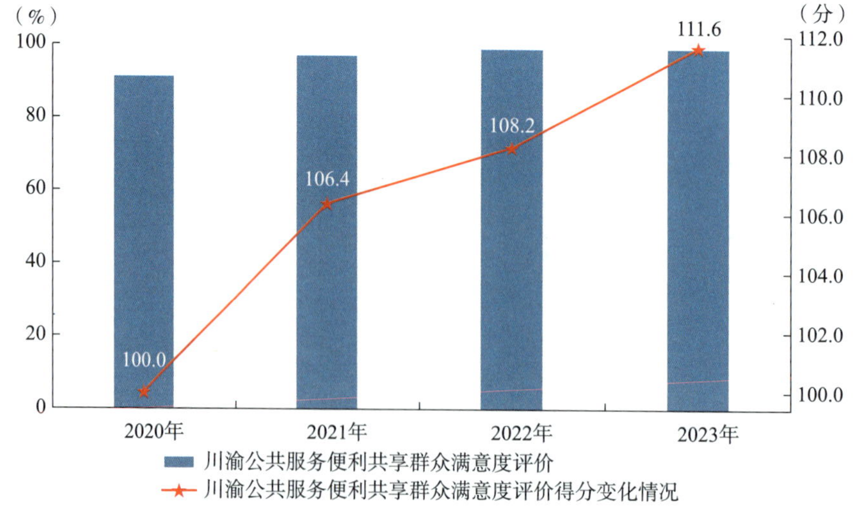

图 4-57　2020—2023 年川渝公共服务便利共享群众满意度评价及指标得分变化情况

提升幅度最大。2023 年群众满意度排名前三的公共服务领域为就业社保（96.65%）、教育文化（93.49%）和医疗卫生（93.25%）。满意度同比提升最高的为医疗卫生领域，由 85.11% 提升到 93.25%，提高了 8.14 个百分点，说明川渝两地在就业社保、教育文化和医疗卫生等领域民众获得感较高。

六、对策建议

（一）加快构建区域协调发展新格局

坚持在发展中实现协调、以协调促进发展，健全完善区域协调发展战略机制，加快构建“双核”引领、“双圈”互动、全域联动的成渝地区双城经济圈发展新格局。一是强化双核联动联建和区域引领。聚焦“五个共建”和“五个互联互通”，加快谋划实施共投共建、相向协作、共同争取合作事项，集成提升“双核”产业引领、科技创新、门户枢纽、综合服务等核心功能。重庆主城都市区统筹建设中心城区、渝西地区和现代化渝东新城，中心城区依托两江新区、西部（重庆）科学城等高层级平台，加快集聚全球高端要素和提升高端城市功能，渝西地区和渝东新城加快产城融合发展，提升人口和产业承载力。成都以公园城市建设为引领，优化“三中心一基地”核心功能空间布局，塑造城市发展新动能。二是促进双圈互动。高水平培育重庆都市圈和成都都市圈，推动广安全面融入重庆都市圈。完善都市圈同城化发展体制机制，加快重庆西扩、成都东进，协同引导双核非核心功能向成渝主轴疏解，引导周边城市积极承接双核产业转移和功能外溢。强化“双圈”产业分工协作、招商政策协同、服务体系共通，促进土地、资金、人才等要素协同高效配置。三是强化全域联动。促进川南、渝西地区融合发展，推动渝东北、川东北地区一体化发展，壮大川渝次级中心城市和毗邻地区平台，联动“双核”辐射带动全域融合发展。培育壮大涪陵、合川、永川、綦江—万盛经开区、万州、黔江等重庆市区域中心城市，以及绵阳、宜宾泸州组团、南充达州组团等四川省域经济副中心。加大合作共建高竹新区等毗邻地区合作平台，推动平台实体化运作，促进政策互认、一体规划、设施互联、产业共兴、园区共建、环境共治和利益共享。

（二）基础设施互联互通水平持续提升

发挥铁路、水运骨干优势，航空和公路的互补优势，推动铁路货运网、内河航运网、道路集散网、空中快运网打造形成多功能集成和多业态融合的铁公水空多式联运体系，提升链接全球、服务全国、辐射周边、畅通末梢的集疏运服务水平。一是“轨道上的双城经济圈”更加便捷。完善多层次轨道交通网络，继续强化四个“1小时交通圈”，大力推动成渝中线高铁建设，确保成达万高铁、西渝高铁、渝昆高铁宜宾至昆明段、渝万高铁工程建设进度，加快建设成渝城市轨道交通网络和市域轨道交通线路，力争2025年成都、重庆轨道运营里程分别超过800千米、600千米，区域交通出行效率大幅提升，一体化的交通出行更加方便快捷。二是持续加密高（快）速路网。加快推动万州至达州、沿江北线涪陵至万州段、沿江南线高速万州至巴东段等实施，提高高速公路对外服务能力，促进与周边城市产业联动发展。推进梓白高速、垫丰武高速等建设，高效串联垫江、丰都和武隆，提升市域内高速互联互通效率。推动中心城区经璧山机场至永川快速物流通道、永（川）荣（昌）自（贡）快速物流通道，以及江津至永川快速物流通道建设，增强中心城区与川南渝西地区联系效率，支撑枢纽港产业园发展。对渝东南现有G319国道进行提级改造，形成串联黔江、秀山至湖南快速物流通道，促进黔江、秀山一体化发展。三是提升航道港口能级。加快实施长江九龙坡至永川段航道整治，打通长江黄金水道瓶颈，积极争取提升至一级航道，实现常年5000吨级船舶直达中心城区、3000吨级船舶直达永川。加快推动乌江白马至彭水航道整治、涪江重庆段航道整治，提升为三级航道，提高乌江、涪江通航能力，实现与长江黄金水道干支联动。续建涪陵港区龙头作业区二期工程、万州港区新田作业区二期工程，提升核心港区吞吐能力。开展珞璜港、龙头港、朱沱港等布局建设滚装码头的前期研究，进一步完善港口功能，服务涪陵、江津、永川等地汽车产业发展。四是持续提高航空枢纽能级。加快推动成都天府国际机场二期项目，加快实施成都双流机场提质改造工程，促进成都“两场一体”高效协同、功能互补、差异发展。尽快完成重庆璧山机场前期工作，力争“十五五”初期开工建设，2030年建成投用。顺利完成重庆江北国际机场T3B航站楼及第四跑道建设，确保2025年上半年投用。围绕“一带一路”沿线国家拓展国际航线网络，重点加强东南亚、南亚、中亚地区国际航线布局。

（三）推动现代产业高效协同发展

坚持科技创新与产业创新融合发展，构建以先进制造业为骨、生产性服务业为筋的现代化产业体系，做大做强新质生产力发展动力源。一是协同提升现代制造业集群能级。统筹推进传统产业转型升级、战略性新兴产业壮大、未来产业培育，加快构建“产业大脑＋未来工厂”。共建全国重要的先进制造业基地，优化拓展电子、汽车、装备制造供需对接平台功能，联合争创燃料电池汽车示范城市群和智能网联新能源汽车国家先进制造业集群。提速推进成渝“氢走廊”“电走廊”“智行走廊”等“三条走廊”应用场景建设。二是大力发展现代生产性服务业。加快发展科技服务、产业金融等新业态、新模式，推进全球设计之都建设，培育千亿级检验检测产业集群。一体化推进绿色金融、科技金融、普惠金融等改革创新试点政策，争创成渝地区双城经济圈文化和旅游区域协同发展国家试验区，共建高水平服务业创新集聚示范区。三是协同推动数字经济高质量发展。共建成渝一体化数字资源枢纽底座，推动两地政务网、感知网跨域联通，共同开放能力组件场景。深入推进成渝地区工业互联网一体化发展示范区建设，持续建设网络基础设施，打造一批行业产业大脑、未来工厂、智能工厂和数字化车间。依托西部（重庆）科学城先进数据中心、水土国际数据港、仙桃数据谷、成都市智算中心等平台，积极集聚数字经济企业尤其是国内外头部数字企业，加快培育人工智能、网络安全、数字文创、电子商务、区块链等特色产业集群。

（四）深化川渝科技创新共建共享

围绕“国家所需、成渝所能”，协同培育战略科技力量，唱好科技“双城记”，一体推进科技创新和科技成果转化，加快共建具有全国影响力的科技创新中心，下好创新“一盘棋”。一是协同打造高能级科技创新平台。提升西部科学城创新能级，打造战略科技力量集中承载地，强化“一城多园”模式牵引带动。加快成渝（金凤）综合性科学中心和成渝（兴隆湖）综合性科学中心建设，重庆重点加快金凤科创园二期建设，持续实施一批重点科创项目，新投用一批国家级科技创新平台，着力打造学科内涵关联、空间分布集聚的原始创新集群。以实验室体系为战略支撑，强化双核协同创新，支持首批优化重组的全国实验室加快科技攻关，高质量组建第二批全国重点实验室，协同布局建设4个天府实验室和4个重庆实验室。加快建设超瞬态实验装置、大规模分布孔径深空探测雷达等重大科技基础设施，提质建设金凤实验室，推进嘉陵江、明月湖等实验室筹建重庆实验室，争取创建精密位移测量等全国重点实验室。二是强化关键核心技术联合攻关。稳步提升总体研发经费投入强度，重点加大企业研发投入力度，缩小研发投入强度与全国平均水平的差距。聚焦航空航天、电子信息、生物医药、网络安全等特色优势领域，深入实施成渝科技创新合作项目，健全川渝两地产学研单位联合申报和承担国家科技计划项目组织实施机制，联合开展产学研协同攻关。推动创新赋能新质生产力，协同打造未来产业先导区、加速园以及试验场，培育产业协作配套、技术协同创新、资源共享融通新模式。在基础研究、应用基础研究、关键核心技术攻关领域，合力推动设立联合攻关基金。持续推进高价值专利育成中心建设，培育一批高价值核心专利和专利组合。三是推动科技资源跨区域服务共享。做优做强成渝地区双城经济圈技术转移联盟，协同共建国家科技成果转移转化示范区，加快共建成渝地区“一带一路”国际技术转移中心。强化川渝技术交易市场一体化建设，联合开展创新要素跨区域自由流动试点。强化专利跨省联合申报、科技论文联合共同发表，健全成渝地区科技成果交易信息联合发布机制，持续办好川渝科技学术大会。深化川渝重点实验室合作，推进大型科研仪器资源共享共用、高层次人才互认共享。积极打造成渝创新联合体，运行好万达开技术创新中心，推动川渝毗邻地区融合创新发展带纳入国家区域创新体系建设布局，加快推进成渝中线科创走廊建设，提升成渝中线科创走廊沿线市区创新能力。

（五）携手共促文化旅游融合联动

紧抓打造国际范、中国味、巴蜀韵的世界级休闲旅游胜地机遇，努力挖掘旅游消费新增长点，不断拓展川渝旅游消费增长空间，不断优化川渝合作机制、推动川渝共同创建更具影响力的旅游品牌。一是加快营造文旅消费新热点。聚焦夜间经济、假日经济，积极创建国家级夜间文化和旅游消费集聚区，开展智慧商圈、智慧商场、智慧商店示范创建，引领商圈创新转型发展。丰富拓展成渝双城消费节活动，成立成渝双城消费服务联盟，合力搭建两地消费载体、经营主体、特色产品、精品文旅宣传推介和对接交流平台，宣传推广两市消费新场景、新业态、新模式、新热点。着眼于促进经济发展和就业机会的增加，深入实施经营增收、就业增收、惠农增收、财产增收、以城带乡等促增收计划，推动成渝地区双城经济圈城乡居民收入稳步增长，带动消费市场加快恢复。二是增强川渝文旅品牌影响力。紧抓川渝联合创建文化和旅游区域协同发展国家试验区机遇，加强以“安逸四川　巴适重庆”为核心的国际旅游品牌体系建设，以5A级旅游景区为核心推动旅游同频共振和双向导流，聚焦魅力都市、壮美三峡、石窟艺术等主题旅游线路，做大做强“致敬世界遗产之旅”“巴蜀特色文化之旅”“川渝精品旅游自驾之旅”“西部地理发展之旅”“康养休闲度假之旅”“山地特色运动之旅”等旅游精品。加快完善巴蜀文旅品牌国际联合推广机制，建设巴蜀旅游国际传播媒体矩阵和服务平台，协同实施品牌传播与推广计划。三是积极推动川渝文旅协同发展机制创新。加快完善川渝文旅发展顶层设计，统筹调配好现有文旅资源，共同制定川渝旅游景区协同发展规划，积极谋划共同出资的巴蜀旅游投资集团、巴蜀文旅发展基金建设，建立更加紧密更加稳固的市场化合作机制，促进川渝文旅间产业要素高效便捷流动。促进两地文旅数据全面开放共享，共同开发旅游 AI 大模型，持续推进“惠游重庆”“智游天府”平台互联互通，共同提高川渝文旅运营效益。

（六）持续深化生态环境共保联治

深入落实“共抓大保护、不搞大开发”方针，加强川渝两地生态共保联治，共同筑牢长江上游重要生态屏障，协同打造美丽中国先行区，以高水平保护支撑高质量发展。一是协同强化生态系统保护和修复。强化重要生态空间一体化保护修复，全面落实成渝地区双城经济圈“六江”生态廊道建设规划，推进江河水系绿色生态廊道建设。深入实施成渝地区生态环境分区管控，推动“三线一单”生态环境分区管控制度落实落细。持续深化“林长制”“山长制”，协同实施“两岸青山 · 千里林带”和国家储备林建设等重大生态工程，加强三峡库区消落带修复，构建四川以大熊猫国家公园为主体的自然保护地体系、重庆“两江四岸”生态保护网络，持续提升生态系统质量和稳定性。深入实施生物多样性保护行动计划，完善长江“十年禁渔”执法能力建设，持续开展“绿盾”自然保护地强化监督行动，强化毗邻地区自然保护地和生态保护红线监管。二是强化生态环境一体化监测监管。加快地方生态环境标准统一，推动生态环境监测网衔接融合，建设生态环境保护协同综合展示平台，共享水、大气等环境质量数据，加强典型经验案例向全国复制推广。深化司法协作，加强交界水域禁捕联合执法监管，协同防范和严厉打击非法捕捞、非法销售等违法犯罪行为。加强生态环保联动督察，联合开展生态环境执法检查、应急演练和隐患排查整治，共同建设环境应急物资储备基地，持续提升区域环境应急处置能力。加快生态环境领域“大综合一体化”行政执法改革，持续健全多跨协同联合执法体系。三是深化污染综合治理协同联动。深入推进“联合河长制”，常态化开展联合巡河，协同健全“源厂网河湖岸一体”污水治理体系，推进大清流河、南溪河等跨界河流一体化治理。深化大气污染联防联控，推进重污染天气应急响应一体联动，加强细颗粒物和臭氧协同控制。共同推进嘉陵江等重点区域水土流失治理，实施三峡库区腹心地带生态修复工程，加强岸线缓冲带防护林体系建设。健全川渝新污染治理联防联控机制，推动开展新污染物川渝联合调查，研究制定成渝地区重点管控新污染物补充清单。实施碳达峰碳中和行动计划，共同推进遂宁、潼南等地开展减污降碳协同创新试点，持续健全生态绿色产业体系。

（七）合力推动内陆改革开放高地建设

推动多领域深入改革，高水平推进开放通道、开放平台建设，协同扩大全方位高水平开放，推动区域统一市场高质量建设，打造更具竞争力的国际化营商环境。一是大力提升内陆开放动力。持续发挥西部陆海新通道、中欧班列（成渝）、中新互联互通项目等对经贸的促进作用，进一步降低企业运输成本，推动经贸合作便捷高效，加快东南亚、非洲、东欧等新兴市场开拓，扩大沿线国家和地区产品进口，发挥成渝开发开放平台“保税＋物流”优势，大力推动保税加工、市场采购贸易、保税物流等外贸新业态发展，扩大优质水果、粮食、矿石等进口，进一步释放外贸增长潜力。推动开放经济升级，积极争取设立加工贸易产品内销免税区，积极引进高附加值加工贸易产业，培育壮大全球备件加工分拨、全球维修、再制造等加工贸易新业态，支持保税研发、保税仓储、保税物流、保税租赁、保税展销等服务贸易发展，推进加工贸易向服务型制造转型。二是推动成渝高标准市场体系建设。提高要素跨区域配置效率，进一步完善川渝间经营主体跨区域迁移的便利化措施，“无障碍一次办”服务更加便捷高效。稳步开展跨省市公平竞争审查交叉互评，深入开展“川渝开放合作区”虚拟地址注册登记。通过金融创新支持区域经济可持续发展，积极探索建立跨省市的联合授信机制，推动两地金融机构更好地服务实体经济，扎实推进重庆国家级绿色金融改革创新试验区、成都国家级普惠金融服务乡村振兴改革试验区建设。三是打造国际一流营商环境。深化政务服务“川渝通办”，推动跨省市通办提质扩面，推动商贸流通、对外合作等领域电子证照跨区域互认共享。推动信用体系协同发展，共同开发信用应用场景，促进公共信用信息平台互联互通，推动守信激励和严重失信主体名单共享互认。

（八）持续提升城乡融合发展水平

全面深化国家城乡融合发展试验区重庆西部片区、成都西部片区改革探索，促进城乡要素顺畅流动、公共资源合理配置，重塑城乡发展新格局，逐步缩小城乡差距，实现共同富裕。一是促进城乡要素高效配置。共同争取国家要素市场化改革试点落地，持续深化统一大市场背景下经济区与行政区分离改革。有序放开重庆中心城区、成都落户限制，推动成渝地区双城经济圈户籍准入年限同城化累计互认，探索居住证与身份证功能衔接并轨，健全常住地提供基本公共服务制度。统筹推进农村宅基地、承包地、集体经营性建设用地等“三块地”改革，推动共建农村产权流转交易市场。加强财政涉农资金整合使用，建立健全以农村信用、政策性农业保险、政府性融资担保为重点的农村金融服务体系。二是推动城乡公共资源均衡配置。推动城乡规划建设“同标”，加快成渝地区双城经济圈国土空间规划报批。推动城乡基础设施“同网”，统筹推进农村“五网”基础设施建设，创建一批巴渝和美乡村示范村。推动城乡基本公共服务“同质”，深化县、乡、村公共服务一体化试点，巩固城乡教育联合体和“三通”（政通、人通、人才通）医共体建设成果，持续改善农村养老设施和服务水平。三是深化城乡融合发展改革试点示范。推动重庆西部片区与成都西部片区改革联动、互学互鉴，共同谋划实施年度重点任务，总结推广一批跨省域城乡融合发展经验做法。推动重庆深化“小县大城”“强镇带村”试点，稳步实施铜梁巴岳农庄等 12 个城乡融合发展示范工程；推动四川“1+20”县域内城乡融合发展改革试点，加快在重点领域和关键环节攻坚破难。

（九）深入推进公共服务便利共享

聚焦急难愁盼问题，着力深化公共服务领域改革，加快补齐公共服务领域短板弱项，持续提升教育、医疗、文化、社会保障等公共服务协同供给质效，有重点地推进公共服务向成渝中部地区城市延伸，全面提升经济圈整体基本公共服务共建共享水平。一是持续提升公共服务标准化便利化水平。推广公交地铁“一卡通”服务模式，持续增加川渝毗邻地区跨省城际公交线路和发车频次。推进社保卡“一卡一码通”，在部分省级、市区政务服务中心实现刷卡（扫码）核验身份、办理事项等，持续拓展更多应用场景。打通大数据的堵点、难点，推动通办服务事项标准化建设，不断拓展川渝高频事项“免证办”范围和深度，持续擦亮“川渝通办”品牌。持续推进住房公积金互认互贷、二级及以上公立医疗机构检查检验结果互认。二是进一步推动公共服务资源共建共享。健全跨区域产业人才共引共育机制，协同推进改革试验、打造人才示范区，协同争取国家政策，共享政策性红利，促进高层次人才互认公用。建立信息互通机制，共享社会组织信息，逐步实现执法信息和信用信息关联对比。实施公积金政策融合互通，优化双向差异化缴存、互认互贷互提等政策举措，协同开展灵活就业人员参加住房公积金制度试点，构建符合灵活就业人员居住需求的住房公积金保障支持体系。三是以重点领域改革为引领不断增强民众满意度。聚焦群众异地办事需求，将关联性强、办理量大、办理时间相对集中的多个事项系统整合，推动更多高频通办事项在川渝两地跨域办理。通过数据赋能提升服务便利度，推广电子证照、电子签章等应用，做到无差别受理、同标准办理，并减少申请材料和办事环节。建立健全医疗资源共享长效工作机制，探索院地合作、院间协同，推动双核优质医疗资源向成渝中部地区倾斜，提升基层医院综合实力，实现医疗资源的优化配置和高效利用，解决群众“看病难”问题。

附录　指标解释

一、一级指标（9 项）

1. 区域经济协调发展指数

区域经济协调发展水平的提升是成渝地区双城经济圈一体化发展的目的导向和结果体现。区域经济协调发展指数围绕《规划纲要》“构建双城经济圈发展新格局”建设要求，聚焦全面提升双城发展能级、综合竞争力，优化成渝地区双城经济圈协同发展格局等重点内容，从经济发展能级、要素资源引力、区域协调联动 3 个方面 9 项指标反映成渝地区双城经济圈在全国经济发展格局中的能级和水平，反映其对资源要素吸引集聚能力提升情况，以及川渝两地人流、资金、物流等资源要素紧密联系程度等。

2. 基础设施互联互通指数

基础设施互联互通是成渝地区双城经济圈一体化发展的先导条件和基础保障。按照《规划纲要》“合力建设现代基础设施网络”“构建一体化综合交通运输体系”的主要内容和方向，基于共建成渝世界级机场群、合建轨道上的双城经济圈、联建长江上游航运枢纽、完善双城经济圈公路网络 4 个方面，构建 8 项指标衡量双城经济圈“空、铁、水、公”综合立体交通网络互联互通、无缝对接建设水平。

3. 现代产业协同发展指数

现代产业协同发展是成渝地区双城经济圈一体化发展的根基和关键支撑。现代产业协同发展指数结合《规划纲要》“加快构建高效分工、错位发展、有序竞争、相互融合的现代产业体系”等任务要求的主旨要义，围绕优势产业集群联建、优质企业协同培育、区域产业错位发展 3 个方面 7 项指标来反映川渝两地立足比较优势，挖掘内在特色，形成产业多元化分工协作发展体系情况以及取得的成效。

4. 科技创新共建共享指数

科技创新共建共享是成渝地区双城经济圈一体化发展的内生动力和核心要义。科技创新共建共享指数以《规划纲要》“共建具有全国影响力的科技创新中心”任务内容为遵循，从共建科技创新中心、共享科技创新资源、协同提升创新能力、共促成果转移转化等 4 个方面 8 项指标评估双城经济圈通过加强企业、高校、科研机构、政府等创新主体间的协同互动，组织整合创新资源，共建共享、互赢互利建设成效。

5. 文化旅游融合联动指数

文化旅游融合联动是成渝地区双城经济圈一体化发展市场空间拓展的主要领域。围绕《规划纲要》“打造富有巴蜀特色的国际消费目的地”“激发市场消费活力，不断增强巴蜀消费知名度、美誉度、影响力”等目标任务，构建形成涵盖打造国际消费中心城市、共建巴蜀文化旅游走廊、深化文旅交流合作 3 个方面 6 项指标的指数体系，以资源融合、服务融合、交流推广融合为重点，促进形成成渝地区双城经济圈文旅优势叠加的良好局面。

6. 生态环境共保联治指数

生态环境共保联治是成渝地区双城经济圈一体化发展的必然要求和关键环节。生态环境共保联治指数紧扣《规划纲要》“共筑长江上游生态屏障”中“推动生态共建共保”“加强污染跨界协同治理”等目标任务，从生态共建共保、污染协同治理两个方面选择 6 项指标，衡量川渝共建生态保护、协同污染治理，坚持绿色发展、建设生态文明的工作推进情况和取得的成效。

7. 改革开放协同推进指数

改革开放协同推进是成渝地区双城经济圈一体化发展的重要引擎和动力源。围绕《规划纲要》“联手打造内陆改革开放高地”“加快构建对外开放大通道”等相关任务要求，聚焦提升对外开放水平、共建对外开放大通道、共建统一大市场、区域一体化发展机制改革等 4 个方面的 12 项指标，衡量成渝地区双城经济圈促进内陆开放枢纽建设、打造内陆开放门户、推动川渝要素市场一体化以及探索经济区与行政区适度分离改革等方面的进展情况。

8. 推动城乡融合发展指数

推动城乡融合发展是成渝地区双城经济圈一体化发展的内在要求和最艰巨、最繁重的任务。根据《规划纲要》“共同推动城乡融合发展”任务和“缩小成渝区域发展差距”等目标，从经济融合、社会融合、空间融合3个方面选择5项指标衡量双城经济圈城乡之间的双向融合发展情况。指标当中有4项为一致性指标，主要通过测度城乡居民消费、就业、收入等方面的差异程度，反映成渝地区双城经济圈缩小经济社会发展差距取得的成效。

9. 公共服务便利共享指数

公共服务便利共享是成渝地区双城经济圈一体化发展的本质要求。围绕《规划纲要》“强化公共服务共建共享”主要任务要求，从公共服务标准化便利化、公共服务资源共享、居民公共服务满意度3个方面5项指标衡量双城经济圈基本公共服务一体化发展情况。其中，既有“川渝通办”事项数等反映成渝地区双城经济圈公共服务一体化水平的客观计量指标，也有川渝公共服务满意度等主观指标来反映人民群众享有更多获得感、幸福感的主观感受情况。

二、二级指标（29项）

1. 经济发展能级

从经济发展规模、经济发展质量、经济发展效益三个维度反映成渝地区双城经济圈在全国经济发展格局中的能级和水平。

2. 要素资源引力

主要考察川渝对人口、资金、物流等要素资源的集聚与吸引能力。

3. 区域协调联动

反映川渝间人口、企业、货物等经济要素资源的联系强度。

4. 共建成渝世界级机场群

反映成渝共同打造国际航空门户枢纽，合力打造世界级机场群取得的成效。

5. 合建轨道上的双城经济圈

衡量成渝城市轨道、城际铁路交通网络体系建设水平，体现成渝双核之间交通联系的便捷程度。

6. 完善双城经济圈公路网络

反映成渝地区双城经济圈公路路网高效通达、互联互通水平。

7. 联建长江上游航运枢纽

关注川渝航运联合调度和协同组织发展水平。

8. 优势产业集群联建

反映川渝共同打造世界级优势产业集群、培育壮大数字经济、建设西部金融中心的发展成效。

9. 优质企业协同培育

反映川渝加快培育发展优质企业，推动产业高质量发展的情况。

10. 区域产业错位发展

衡量川渝产业合理分工、错位发展的情况。

11. 共建科技创新中心

衡量川渝共建具有全国影响力的科技创新中心平台的建设水平。

12. 共享科技创新资源

反映川渝共同实施科技创新研发投入、共用科研仪器设备，协力推进西部科学城建设的情况。

13. 协同提升创新能力

反映川渝共同开展科技合作，协同提升自主创新能力的情况。

14. 共促成果转移转化

衡量川渝专利转移、技术转化成果规模提升水平。

15. 打造国际消费中心城市

通过城市消费能级、核心商圈吸引力测度，衡量川渝国际消费中心城市建设的水平。

16. 共建巴蜀文化旅游走廊

从充分挖掘文化旅游资源、提升旅游影响力和吸引力的角度反映川渝共建巴蜀文化旅游走廊情况。

17. 深化文旅交流合作

通过川渝商圈、景区游客互输互送情况，反映两地旅游交流与合作水平。

18. 生态共建共保

反映川渝共建生态保护机制情况以及取得的成效。

19. 污染协同治理

反映川渝建立污染协同治理情况以及取得的成效。

20. 提升对外开放水平

考察对外贸易情况、对外开放程度和吸引国际资本能力。

21. 共建对外开放通道

反映川渝以共建“一带一路”为引领，打造对外开放国际大通道，促进内陆开放枢纽建设取得的成效。

22. 共建统一大市场

通过物价、房价、人工成本、公路物流运价要素的地区间价格差异，衡量川渝市场的统一性程度。

23. 区域一体化发展机制改革

反映川渝推进建设重大合作项目，完善协调协商机制，破除要素跨省流动的区域壁垒，推动行政区与经济区适度分离改革，扩大全方位高水平开放的进展情况。

24. 城乡经济融合

通过测度城乡居民人均消费总量、消费结构方面的差异程度，反映城乡经济发展差距变动方向。

25. 城乡社会融合

通过测度城乡居民收入差距情况，反映川渝城乡社会发展进步情况。

26. 城乡空间融合

反映成渝地区双城经济圈“大中小”城市协调发展及农业转移人口市民化发展水平。

27. 公共服务标准化便利化

反映川渝政府公共服务一体化建设水平。

28. 公共服务资源共享

反映川渝公共服务资源共享建设一体化发展水平。

29. 居民公共服务满意度

反映川渝居民对公共服务一体化建设的满意度水平。

三、三级指标（66 项）

1. 经济总量占全国比重（%）

该指标为成长性指标，数据范围为成渝地区双城经济圈，指标算法为成渝地区双城经济圈地区生产总值占全国比重，数据来源于《成渝地区双城经济圈经济发展监测报告》、国家统计年鉴。

2. 人均 GDP 与全国之比（%）

该指标为成长性指标，数据范围为成渝地区双城经济圈，指标算法为成渝地区双城经济圈人均 GDP 与全国人均 GDP 之比，数据来源于《成渝地区双城经济圈经济发展监测报告》、国家统计年鉴。

3. 全员劳动生产率与全国之比（%）

该指标为成长性指标，数据范围为川渝，指标算法为川渝全员劳动生产率与全国之比，数据来源于重庆统计年鉴、四川统计年鉴、国家统计年鉴。

4. 常住人口数占全国比重（%）

该指标为成长性指标，数据范围为成渝地区双城经济圈，指标算法为成渝地区双城经济圈常住人口数占全国人口总数的比重，数据来源于《成渝地区双城经济圈经济发展监测报告》、国家统计年鉴。

5. 社会融资总量占全国比重（%）

该指标为成长性指标，数据范围为川渝，指标算法为川渝社会融资总量占全国比重，数据来源于重庆统计年鉴、四川统计年鉴。

6. 社会物流总额占全国比重（%）

该指标为成长性指标，数据范围为川渝，指标算法为川渝社会物流总额占全国比重，数据来源于重庆统计年鉴、四川统计年鉴、国家统计年鉴。

7. 川渝间人口流动频率（人次）

该指标为关联性指标，数据范围为川渝，指标算法为基于联通手机信令数据测算的川渝间人口流动人次情况，数据来源于联通。

8. 川渝企业跨省投资主体数量（户）

该指标为关联性指标，数据范围为川渝，指标算法为基于市场监管局企业登记注册数据，测算得到的四川企业与重庆企业之间互相投资的主体数量，数据来源于市信用平台。

9. 川渝间经国家铁路货物交流数量（万吨）

该指标为关联性指标，数据范围为川渝，指标算法为重庆货物经国家铁路到四川货运量和四川货物经国家铁路到重庆货运量的总和，数据来源于国家统计年鉴。

10. 开通国际国内航线数量（条）

该指标为成长性指标，数据范围为成渝，指标算法为重庆江北机场、四川天府国际机场、四川双流机场开通国际国内航线数量之和，数据来源于新闻、政府工作报告、政务。

11. 航空客货运输服务水平（%）

该指标为成长性指标，数据范围为成渝，指标算法为成渝机场航空旅客吞吐量占全国比重同比 ×0.5+ 成渝机场航空货邮吞吐量占全国比重同比 ×0.5，数据来源于全国民用运输机场生产统计公报。

12. 轨道交通路网密度（千米 / 平方千米）

该指标为成长性指标，数据范围为川渝，指标算法为川渝轨道交通城市运营线路网总长度与建成区面积之比，数据来源于重庆统计年鉴、四川统计年鉴。

13. 成渝动车高铁日均开行列车数量（对）

该指标为关联性指标，数据范围为成渝，指标算法为成渝跨省城际高铁、动车对开组总对数，数据根据新闻及政府工作报告整理。

14. 川渝高速公路密度（千米 / 平方千米）

该指标为成长性指标，数据范围为川渝，指标算法为川渝高速公路路网总长度与行政区划总面积之比，数据来源于国家统计年鉴。

15. 川渝间建成投用的高速公路通道数量（条）

该指标为关联性指标，数据范围为川渝，指标算法为川渝间建成的通车高速公路通道数量，数据来源于政务。

16. 川渝间水水中转航线数量（条）

该指标为关联性指标，数据范围为川渝，指标算法为川渝间水水中转航线数量，数据来源于政务。

17. 川渝间集装箱铁水联运和水水中转标准箱量（标准箱）

该指标为关联性指标，数据范围为川渝，指标算法为集装箱铁水联运与水水中转总标准箱量变化情况，数据来源于政务。

18. 电子信息、汽车优势产业集群区位熵

该指标为成长性指标，数据范围为川渝，指标算法为川渝电子信息产业区位熵和川渝汽车产业区位熵的均值，数据来源于重庆统计年鉴、四川统计年鉴。

19. 数字经济核心产业增加值占 GDP 比重（%）

该指标为成长性指标，数据范围为川渝，指标算法为川渝数字经济核心产业增加值总量占川渝 GDP 比重，数据来源于政务、重庆统计年鉴、四川统计年鉴。

20. 金融业增加值占西部地区比重（%）

该指标为成长性指标，数据范围为川渝，指标算法为川渝金融业增加值总量占西部地区比重，数据来源于重庆统计年鉴、四川统计年鉴。

21. 国家级“专精特新”企业数量占全国比重（%）

该指标为成长性指标，数据范围为川渝，指标算法为川渝国家级“专精特新”企业总数，数据根据国家“专精特新”企业公示名单整理。

22. 国家级高新技术企业数量占全国比重（%）

该指标为成长性指标，数据范围为川渝，指标算法为川渝国家高新技术企业总数，数据来源于高新技术企业认定管理工作网。

23. 川渝产业结构差异系数

该指标为一致性指标，数据范围为川渝，指标算法为 1/（川渝三次产业结构相似系数），数据来源于重庆统计年鉴、四川统计年鉴。

24. 川渝制造业区域分工指数

该指标为一致性指标，数据范围为川渝，指标算法为 $s[jk]=\sum|(q[ij]/q[j])-(q[ik]/q[k])|$，其中 q［ij］和 q［ik］分别表示重庆、四川的 i 产业的规上工业企业营业收入，q［j］和 q［k］分别是两省市各自的规上工业企业总营收，该指标为正向指标，无须正向处理。数据来源于重庆统计年鉴、四川统计年鉴。

25. 川渝国家重大科技基础设施数量（个）

该指标为成长性指标，数据范围为川渝，指标算法为重庆国家重大科技基础设施数与四川国家重大科技基础设施数之和，数据根据新闻及政府工作报告整理。

26. 川渝国家重点实验室数量（个）

该指标为成长性指标，数据范围为川渝，指标算法为重庆国家重点实验室数量与四川国家重点实验室数量之和，数据根据新闻及政府工作报告整理。

27.R&D 经费支出占地区生产总值比重（%）

该指标为成长性指标，数据范围为川渝，指标算法为川渝全社会 R&D 经费支出 / 川渝地区生产总值，数据来源于重庆统计年鉴、四川统计年鉴。

28. 川渝科技资源共享服务平台大型仪器价值（万元）

该指标为关联性指标，数据范围为川渝，指标算法为川渝科技资源共享服务平台重庆入网大型仪器价值年末数，数据来源于重庆科技资源共享平台仪器入网情况通报。

29. 川渝联合共同发表科技论文数量（篇）

该指标为关联性指标，数据范围为川渝，指标算法为基于中国知网发布的川渝联合发表科技论文数量，数据根据中国知网整理。

30. 川渝跨省联合申报专利数占两地申报专利数比重（%）

该指标为关联性指标，数据范围为川渝，指标算法为川渝跨省联合申报专利数 / 两地申报专利总量，数据来源于专利查询网站。

31. 川渝间专利转移数量（件）

该指标为关联性指标，数据范围为川渝，指标算法为川渝间专利相互转移数量，数据来源于政务。

32. 川渝技术交易额占全国比重（%）

该指标为成长性指标，数据范围为川渝，指标算法为川渝技术交易额总和与全国总量之比，数据来源于科技部火炬高技术产业研发中心。

33. 社会消费品零售总额占全国比重（%）

该指标为成长性指标，数据范围为成渝地区双城经济圈，指标算法为成渝地区双城经济圈社会消费品零售总额与全国总量之比，数据来源于《成渝地区双城经济圈经济发展监测报告》、国家统计年鉴。

34. 川渝线下商圈消费热度指数

该指标为成长性指标，数据范围为川渝，指标算法为通过对成渝地区双城经济圈重点监测的 20 家线下商圈到访人流量、驻留时间加权平均得到的消费热度指数，数据来源于联通。

35. 川渝 A 级旅游景区数量（个）

该指标为成长性指标，数据范围为川渝，指标算法为川渝两地 A 级旅游景区数量总和，数据来源于四川统计年鉴、重庆统计年鉴。

36. 川渝旅行社接待国内游客人次

该指标为成长性指标，数据范围为川渝，指标算法为川渝两地旅行社接待国内游客人数之和，数据来源于国家文化和旅游年鉴。

37. 川渝居民跨省商圈消费人次

该指标为关联性指标，数据范围为成渝，指标算法为居住地在重庆 / 四川，到访四川 / 重庆重点监测商圈的人次之和，数据来源于联通。

38. 川渝居民间跨省旅游人次

该指标为关联性指标，数据范围为川渝，指标算法为居住地在重庆 / 四川，到访四川 / 重庆 4A 级及以上景点旅游人次之和，数据来源于联通。

39. 川渝空气质量优良天数占比（%）

该指标为成长性指标，数据范围为川渝，指标算法为川渝两地平均空气质量优良天数占比，数据来源于重庆统计年鉴、四川统计年鉴。

40. 川渝废气中主要污染物排放降低率（%）

该指标为成长性指标，数据范围为川渝，指标算法为 1/ 川渝两地废气中二氧化硫、氮氧化物、颗粒物3类主要污染物排放总量，数据来源于国家统计年鉴。

41. 跨界河流国控断面水质达标率（%）

该指标为关联性指标，数据范围为川渝，指标算法为川渝跨界河流25个国控断面水质达标率，数据根据新闻、政府工作报告等资料整理。

42. 川渝城市生活垃圾无害化处理能力提升

该指标为成长性指标，数据范围为川渝，指标算法为川渝城市生活垃圾无害化处理能力总和，数据来源于国家统计年鉴。

43. 川渝一般工业固体废物综合利用率（%）

该指标为成长性指标，数据范围为川渝，指标算法为川渝一般工业固体废物综合利用量总和/川渝一般工业固体废物产生量总和，数据来源于国家统计年鉴。

44. 川渝城市污水处理率（%）

该指标为成长性指标，数据范围为川渝，指标算法为川渝城市污水处理总量/川渝城市污水排放量总和，数据来源于住房城乡建设部网站。

45. 进出口总额占全国比重（%）

该指标为成长性指标，数据范围为川渝，指标算法为川渝两地进出口总额与全国总额之比，数据来源于重庆统计年鉴、四川统计年鉴。

46. 实际利用外商直接投资额占全国比重（%）

该指标为成长性指标，数据范围为川渝，指标算法为川渝两地外商直接投资总额与全国总额之比，数据来源于重庆统计年鉴、四川统计年鉴。

47. 川渝对“一带一路”沿线国家进出口总额占全国比重（%）

该指标为成长性指标，数据范围为川渝，指标算法为川渝对“一带一路”沿线国家进出口总额合计占全国总量之比，数据来源于“一带一路”相关统计报告。

48. 西部陆海新通道川渝总运量（标准箱）

该指标为成长性指标，数据范围为川渝，指标算法为西部陆海新通道川渝3种运输方式总运量之和，数据来源于政务。

49. 中欧班列（成渝）开行列数

该指标为关联性指标，数据范围为川渝，指标算法为中欧班列（成渝）开行列数，数据根据新闻、政府工作报告等资料整理。

50. 川渝物价水平差异系数

该指标为一致性指标，数据范围为川渝，指标算法为重庆、四川消费者物价指数的差异系数，并进行正向处理，数据来源于重庆统计年鉴、四川统计年鉴。

51. 川渝二手房交易价格差异系数

该指标为一致性指标，数据范围为川渝，指标算法为重庆、四川二手房交易价格的差异系数，并进行正向处理，数据来源于中国指数研究院。

52. 川渝人工成本差异系数

该指标为一致性指标，数据范围为川渝，指标算法为重庆、四川中位数人工成本的差异系数，并进行正向处理，数据来源于重庆、四川人力资源市场工资价位和行业人工成本信息年报。

53. 川渝公路物流运价差异系数

该指标为一致性指标，数据范围为川渝，指标算法为重庆、四川公路物流运价指数的差异系数，并进行正向处理，数据来源于中国物流信息中心网站。

54. 川渝共建重大项目投资额

该指标为关联性指标，数据范围为川渝，指标算法为川渝每年发布的川渝共建重大项目投资总额，数据根据政府工作报告等资料整理。

55. 川渝协调协商机制

该指标为观察性指标，数据范围为川渝，主要反映川渝在政策谋划、工作推进、改革创新、协同立法、干部互派等领域构建协调协商机制的进展和成效，数据根据新闻、政府工作报告等资料整理。

56. 经济区和行政区适度分离改革

该指标为观察性指标，数据范围为川渝，主要反映川渝探索建立经济区与行政区适度分离统计分算、跨行政区合作收益共享、成本共担等机制的进展和成效，数据根据新闻、政府工作报告等资料整理。

57. 城乡人均消费支出差异系数

该指标为一致性指标，数据范围为川渝，指标算法为川渝城镇居民人均消费支出和农村居民人均消费支出的差异系数，并进行正向处理，数据来源于重庆统计年鉴、四川统计年鉴。

58. 城乡发展型消费支出比重差异系数

该指标为一致性指标，数据范围为川渝，指标算法为城乡居民人均教育文化娱乐消费支出比重的差异系数，并进行正向处理，数据来源于重庆统计年鉴、四川统计年鉴。

59. 城乡居民收入分配差异系数

该指标为一致性指标，数据范围为川渝，指标算法为川渝城镇居民人均可支配收入和农村居民人均可支配收入的差异系数，并进行正向处理，数据来源于重庆统计年鉴、四川统计年鉴。

60. 双城经济圈两大中心城市以外城市 GDP 占双城经济圈比重（%）

该指标为成长性指标，数据范围为成渝地区双城经济圈，指标算法为（双城经济圈 GDP- 两大中心城市 GDP 总和）/ 双城经济圈 GDP，数据来源于《成渝地区双城经济圈经济发展监测报告》、重庆统计年鉴、四川统计年鉴。

61. 川渝常住人口城镇化率（%）

该指标为成长性指标，数据范围为川渝，指标算法为川渝城镇地域上的常住人口占全部常住人口的比重，数据来源于重庆统计年鉴、四川统计年鉴。

62. 政务服务“川渝通办”事项数（项）

该指标为关联性指标，数据范围为川渝，指标算法为川渝高频政务服务事项异地办理数量，数据来源于政务。

63. 累计办理住房公积金川渝跨省异地转移接续数量（人次）

该指标为关联性指标，数据范围为川渝，指标算法为川渝两地年度累计办理住房公积金川渝跨省异地转移接续数量，数据来源于政务。

64. 川渝公共交通“一卡通”发放数量（个）

该指标为关联性指标，数据范围为川渝，指标算法为川渝公共交通“一卡通”发放数量，数据来源于政务。

65. 川渝住院费用跨省异地就医直接结算率（%）

该指标为关联性指标，数据范围为川渝，指标算法为川渝两地年累计跨省异地住院、跨省普通门诊、跨省定点药店购药直接结算人次数量，数据来源于政务。

66. 川渝公共服务便利共享群众满意度评价（%）

该指标为成长性指标，数据范围为川渝，指标算法为从破除体制、机制、政策障碍，公共服务便捷度、教育文化体育资源共享满意度、公共卫生和医疗养老合作满意度等方面设计问卷，通过舆情分析获取数据，数据来源于联通。

高频报告

2024 年成渝地区双城经济圈一体化发展高频大数据报告

第一部分　川渝人口流动大数据分析报告

成渝地区双城经济圈是我国西部人口最密集、产业基础最雄厚、创新能力最强、市场空间最广阔、开放程度最高的区域。活跃的人口流动能够为成渝地区经济社会发展注入强大动力。本分析报告基于联通手机信令数据，采用反推扩样全量用户算法①，对川渝人口跨省流入流出②、川渝人口内部流动③的路径、空间、时间、职住出行等特征、趋势进行跟踪监测，分析川渝人口吸引力、人口流动活力和人口联系紧密度。

一、流入流出情况

川渝人口净流入规模扩大，人口集聚效应增强。随着成渝地区双城经济圈建设高位推进，川渝两省市综合实力、发展活力不断增强，人口吸引力持续提升，人口净流入态势明显。2024 年 1—11 月，川渝人口流入 7.27 亿人次，同比增长 5.1%。人口流出 2.93 亿人次，与上年同期基本持平。川渝净流入 4.34 亿人次，同比增长 8.7%，超过过去 4 年每年的总量，较 2023 年增长 13.4%，是 2020 年的 2.7 倍（见图 5–1）。其中，重庆净流入 3.16 亿人次、同比增长 25.6%，四川净流入 1.18 亿人次、同比增长 15.0%。

川渝与毗邻省市和广东往来最为密切。从人口流入看，广东、贵州、云南、湖北、陕西连续 2 年居川渝人口流入省份前五位，2024 年 1—11 月流入人次分别为 8032.98 万人次、7721.3 万人次、6188.19 万人次、4594.64 万人次、4316.58 万人次，合计占川渝人口流入总量的 42.5%（见图 5–2）。从人口流出看，贵州、云南、陕西、湖北、广东连续 5 年居川渝人口流出省份前五

---

① 反推扩样全量用户算法：综合考虑联通手机用户的市场占比、工业和信息化部每人拥有号码个数等条件，建立扩样算法公式，得到相对具有代表性的全部手机用户情况。该算法曾获工业和信息化部认可。

② 跨省流动数据中，流入数据主要统计当天有 3 个及以上小时接入重庆 / 四川范围内的基站，且前两天都未接入重庆 / 四川基站的用户；流出数据主要统计当天未接入重庆 / 四川基站，但前两天都接入重庆 / 四川基站的用户。

③ 川渝人口内部流动数据主要根据互联网位置服务数据和手机信令数据识别在川渝不同研究区域内出现且当日 0~24 小时区域内驻留时长超过 30 分钟的用户数，再根据扩样模型得到总人次情况。

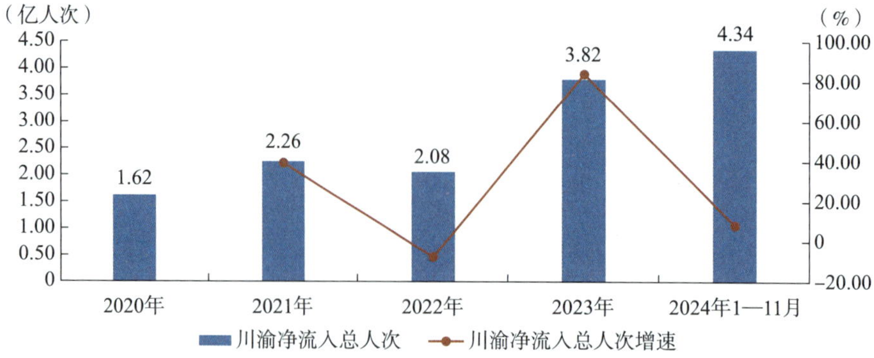

图 5-1　2020 年以来川渝净流入人次情况

位，2024 年 1—11 月吸纳川渝流出人次分别为 3645.19 万人次、2872.4 万人次、2451.95 万人次、2427.22 万人次、2234.23 万人次，合计占川渝人口流出总量的 46.5%（见图 5-3）。

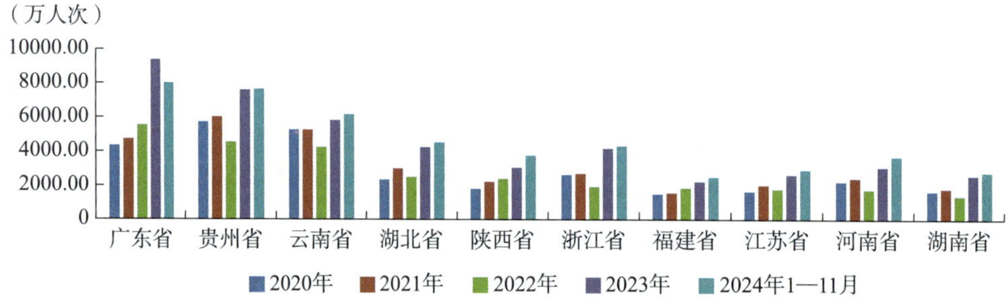

图 5-2　川渝人口流入排名前十省份

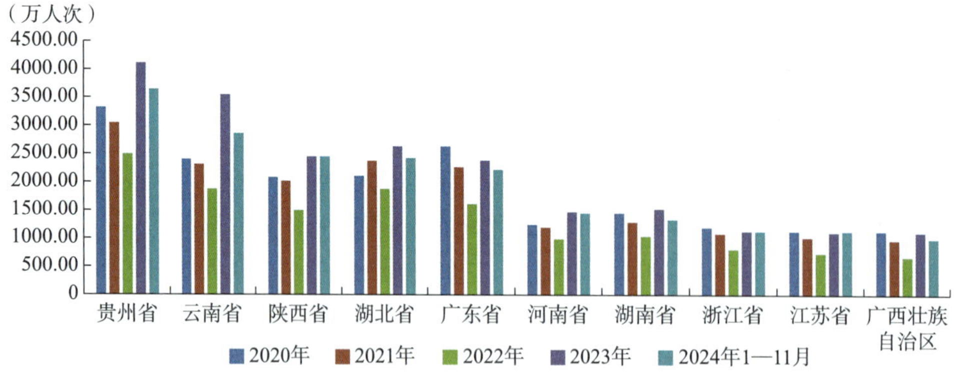

图 5-3　川渝人口流出排名前十省份

“双核”与区域中心城市人口吸引力提升。2024 年 1—11 月，“双核”吸引人口流入 3.63 亿人次，占川渝总量的 49.9%，较上年同期提升 4.3 个百分点。

其中，重庆主城都市区人口流入 2.9 亿人次，占全市的 72.1%，渝北、沙坪坝、渝中、江北、南岸流入人次居全市前五位；成都人口流入 7321.18 万人次，占四川省总量的 22.5%。同时，重庆区域中心城市涪陵、合川、永川、綦江、万州、黔江流入人次分别同比增长 11.9%、19.8%、11.8%、23.9%、8.2%、22.5%。四川省域副中心城市绵阳、宜宾、泸州、南充、达州流入人次分别同比增长 15.4%、12.0%、15.4%、10.3%、3.2%（见图 5-4、图 5-5）。

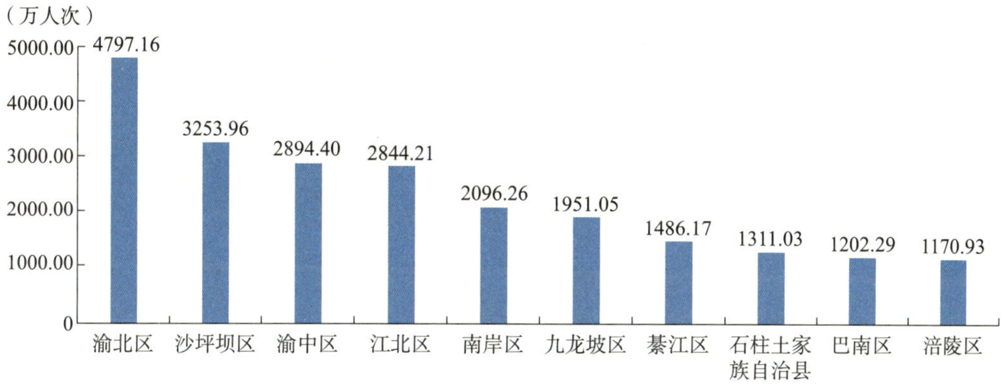

图 5-4　2024 年 1—11 月重庆人口流入前十城市

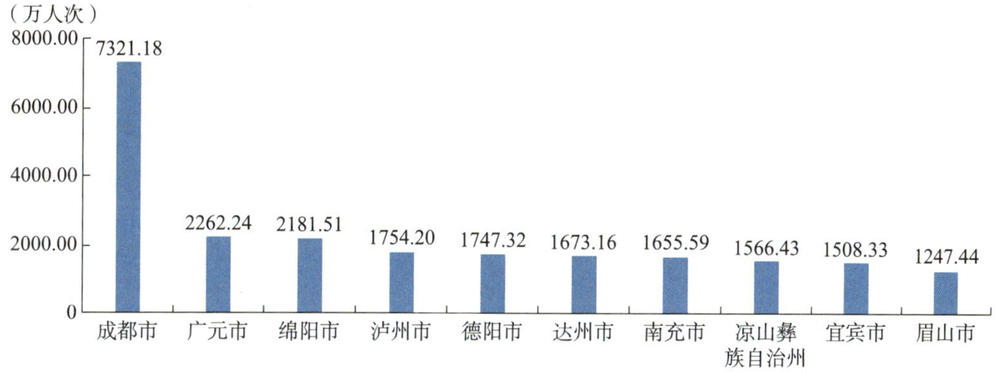

图 5-5　2024 年 1—11 月四川人口流入前十城市

二、内部流动情况

川渝互访人次持续上升。2024 年 1—11 月川渝间人口流动达到 2.7 亿人次、同比增长 12.3%。四川到重庆、重庆到四川分别为 19698.3 万人次、7406.0 万人次，同比分别增长 12%、13.3%，前者是后者的 2.9 倍。四川净流入重庆 1.3 亿人次，净流入最多的月份为春节所在的 2 月（见图 5-6）。

“双核”间、毗邻地区间人口往来密切。从四川人口流向看，主城都市区是主要到访地，2024 年 1—11 月主城都市区的四川到访人次达 1.6 亿，占

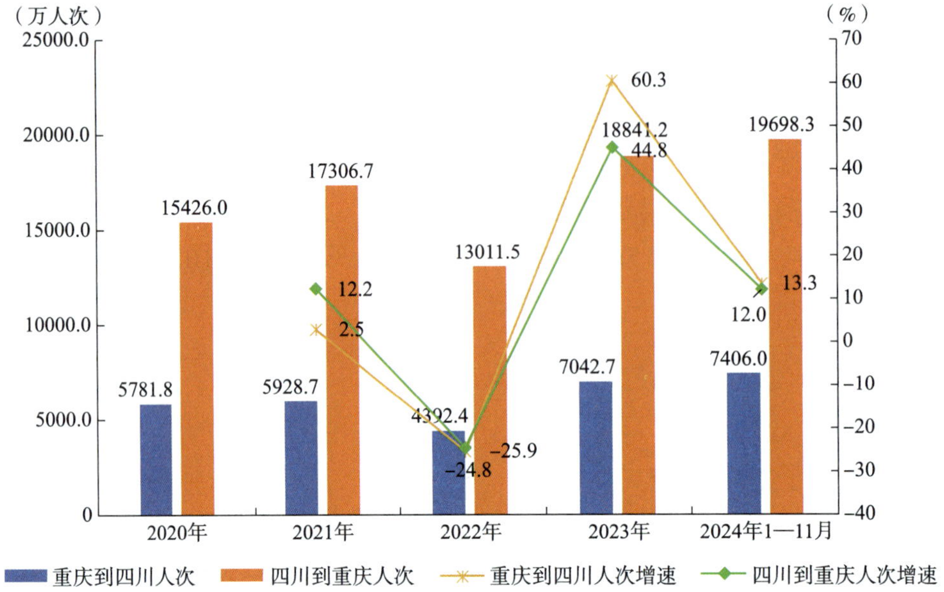

图 5-6　2020 年以来川渝人口内部流动人次变化情况

四川到重庆总人次的 82%。其中，渝北、沙坪坝、江北、合川、渝中的四川到访人次居全市前五位，分别为 2317.1 万人次、1730.9 万人次、1212.4 万人次、1091.6 万人次、1047.7 万人次，主要来自成都、广安、达州等地市。从重庆人口流向看，成都、广安、达州、内江、资阳的重庆到访人次居全省前五位，分别为 1129.9 万人次、1125.9 万人次、623.8 万人次、537.4 万人次、505.1 万人次，主要来自重庆中心城区（见图 5-7）。

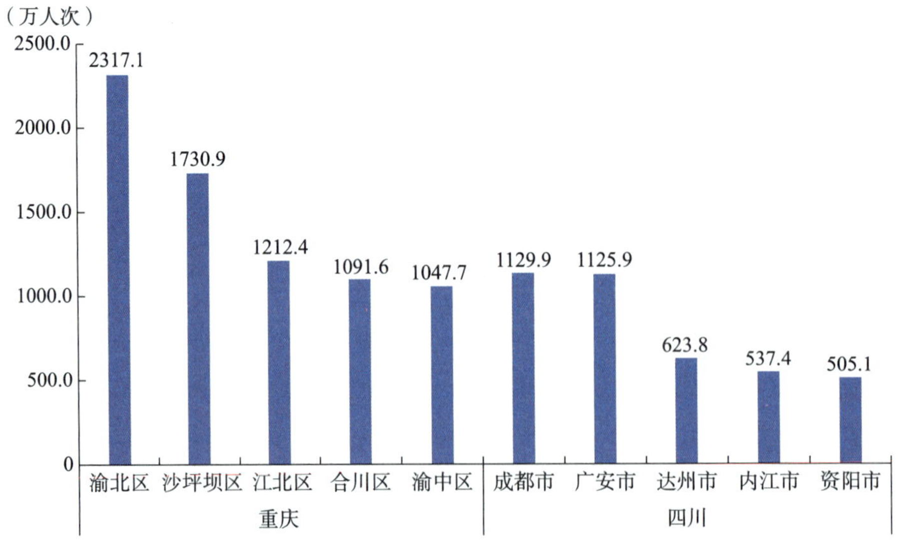

图 5-7　2024 年 1—11 月重庆的四川到访人次、四川的重庆到访人次前五城市

三、职住人流情况

川渝跨省通勤整体较为活跃。2024 年 1—11 月，川渝跨省通勤人次达到 262.5 万人次。其中，居住在四川、上班在重庆的通勤人次为 158.7 万人次，占川渝跨省通勤人次的 60.4%；居住在重庆、上班在四川的通勤人次为 103.8 万人次，同比增长 8.4%，占川渝跨省通勤人次的 39.6%（见图 5–8）。

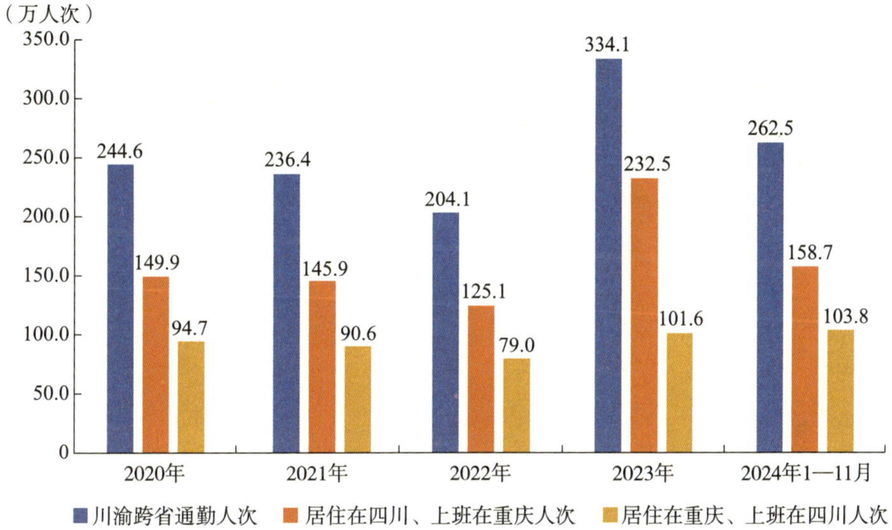

图 5–8　2020 年以来川渝跨省通勤人次变化情况

“双核”和毗邻地区职住分离现象较为明显。2024 年 1—11 月，主城都市区、成都跨省通勤人次分别为 219.4 万人次、51 万人次，前者是后者的 4.3 倍。广安、达州、成都是四川到重庆上班人数最多的 3 个地市，其中，广安到渝北、合川，达州到开州、梁平，成都到中心城区工作人数居多。渝北、沙坪坝、九龙坡是重庆到四川上班人数最多的 3 个区，到成都、广安上班的人数居多（见图 5–9、图 5–10）。

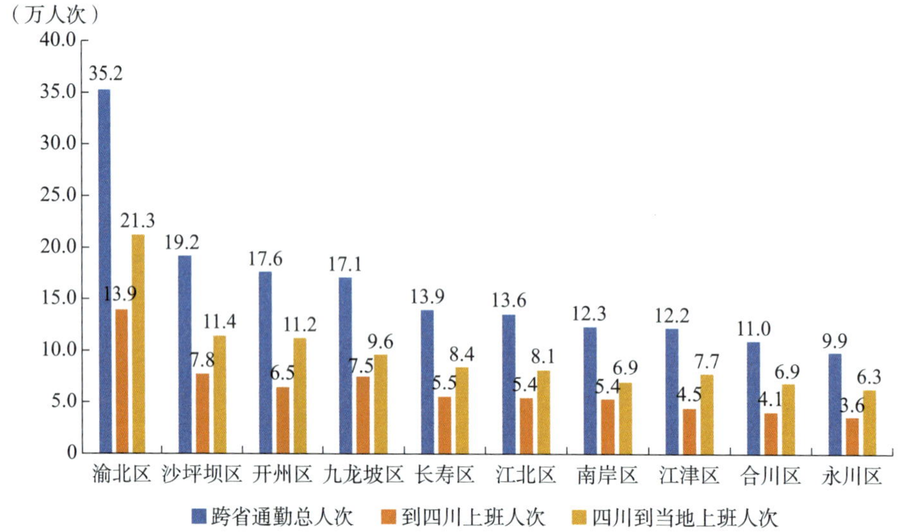

图 5-9　2024 年 1—11 月重庆跨省通勤人次前十城市

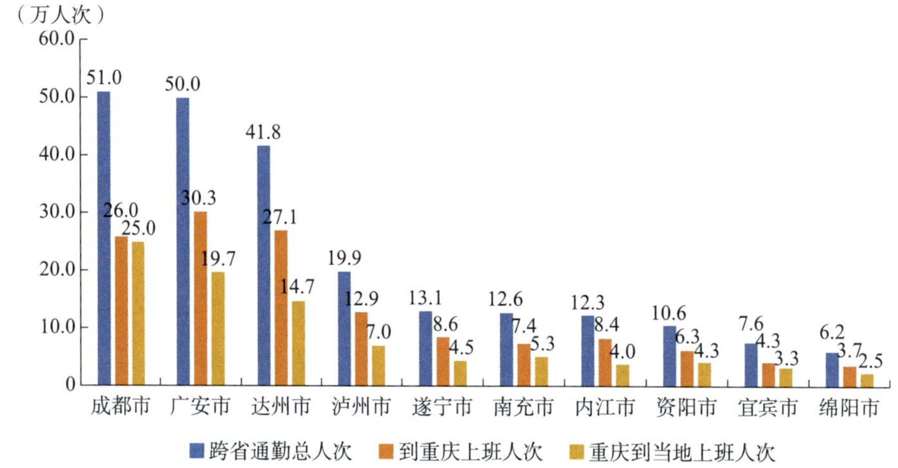

图 5-10　2024 年 1—11 月四川跨省通勤人次前十城市

第二部分 成渝商圈消费大数据分析报告

成渝商圈消费大数据分析主要基于联通手机信令数据，按照算法模型①，重点监测重庆中心城区、成都各10个商圈②的到访客流量和访客年龄、性别、来源地等情况。商圈人气热度是观察消费的一个重要窗口，监测分析城市重点商圈人流量有助于提前感知居民消费意愿，跟踪城市消费市场活力变化情况，识别捕捉苗头性、趋势性和潜在性问题，为重庆推动加快恢复和扩大消费提供决策参考。

一、商圈客流热度

成渝商圈消费热度明显提升。2021—2023年，成渝20个重点监测商圈分别日均到访337.4万人次、210.3万人次、262.8万人次。2024年以来，成渝两地围绕商务部“消费促进年”总体安排，助力各大商圈加快打造消费新场景、新业态、新模式，带动商圈客流量明显增加。2024年1—11月，成渝重点监测商圈日均到访345.1万人次，是上年同期的1.49倍，并恢复到2020年同期的近80%。其中，重庆商圈客流量165.4万人次，同比增长67.8%；成都商圈客流量179.6万人次，同比增长35.4%（见图5-11）。

商圈人均驻留时长逐步改善。2021—2023年，成渝商圈人均驻留时长基本稳定在2.4小时左右。2024年以来，以“首店”和创新市集为代表的新型消费场景加速涌现，各大商圈加快布局新锐、时尚、潮流、个性化“首店”

① 根据联通用户互联网日志和手机信令数据，分析用户每日驻留点经纬度坐标和驻留时间，基于此识别出的在不同商圈当日0~24时在该区域内驻留时长超过30分钟并且职住地不在该区域范围内的用户即为商圈访客。汇总统计各商圈联通用户流量，再根据扩样模型得到商圈总客流数据。用户职住地识别方法为统计分析在固定时间段内用户在工作与非工作时间驻留地点位置与时长的差别，以此区分用户的职地和住地。

② 从商圈知名度、人气度、成熟度等维度，分传统商圈、新兴商圈两种类型，综合确定重点监测商圈名单。其中，重庆中心城区选取的10个重点监测商圈主要分布在中心城区，分别为解放碑—朝天门、观音桥、杨家坪、三峡广场、南坪、大坪、江北嘴、弹子石、嘉州、中央公园；成都的10个重点监测商圈分别为春熙路、骡马市、盐市口、太古里、交子公园、蓉北、建设路、锦华万达、万象城、大悦城。

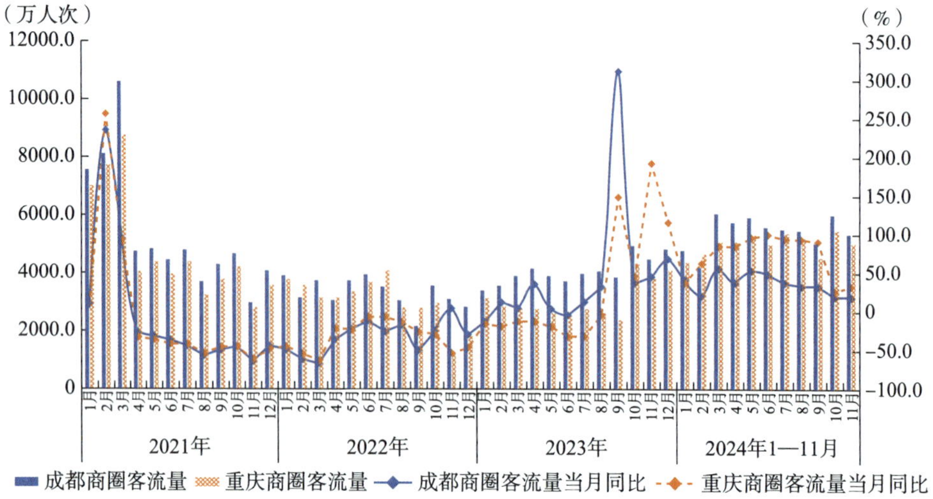

图 5-11　2021 年以来成渝线下商圈日均人流量同比增速变化情况

经济、集市经济，助力商圈消费活力加快释放。2024 年 1—11 月，成渝商圈人均驻留时长为 2.5 小时 / 天，较 2023 年同期增长 8.7%。

二、商圈访客画像

年轻群体客流增长提速。2024 年以来，成渝商圈加速业态转型、优化消费体验，根据年轻人的消费特性，以二次元经济打开消费新空间，动漫嘉年华、IP 快闪店等成为商场“流量包”，年轻人消费热情有效激发。2024 年 1—11 月成渝商圈到访客流中，19~24 岁群体占比 19%，较上年同期提高 1.1 个百分点；25~34 岁群体占比 36%，较上年同期提高 2.7 个百分点。

银发消费潜力加快释放。随着“新老人”消费观念逐步从基本保障型转向享受型、发展型、参与型消费，银发一族参与商圈消费热情持续提升。2024 年 1—11 月，成渝商圈到访客流中，60 岁以上群体比重为 6%，较上年同期继续提高 1.5 个百分点。未来随着“新老人”群体持续扩容，银发消费发展潜力将进一步扩大（见图 5-12）。

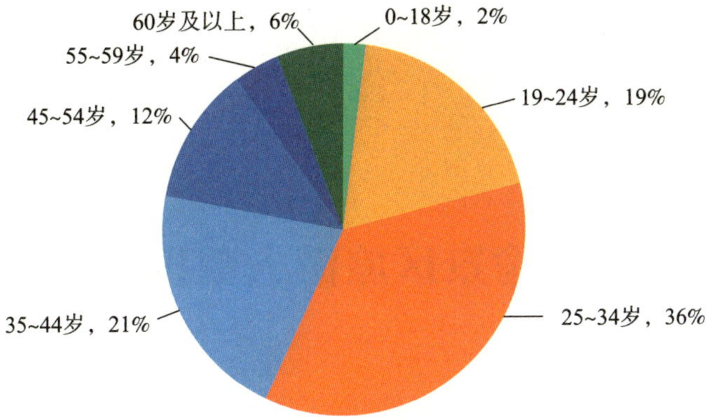

图 5-12　2024 年 1—11 月成渝商圈到访客流中各年龄段人数占比

三、成渝互访消费

成渝商圈“跨省打卡”消费热度持续提升。近年来，成渝商圈“跨省打卡”人数呈稳步恢复态势，尤其是 2024 年以来，随着成渝两地交通网络不断织密，联结联动持续加深，人员往来更加便捷，两地商圈消费双向赋能效应进一步凸显。2024 年 1—11 月，成渝商圈互访客流达到 4643.1 万人次[①]，较 2023 年同期增长 49.5%，是 2020 年同期的 1.6 倍。

江北人最爱去成都商圈“打卡”，成都人最爱来重庆商圈“串门”。从流向特征来看，重庆江北人、渝北人、沙坪坝人最爱到成都商圈玩耍，2024 年以来，跨省到成都商圈“打卡”的重庆人中，有 12.9%、11.7%、6.4% 的人分别来自江北区、渝北区和南岸区，最爱去的成都商圈是春熙路商圈、盐市口商圈和交子公园商圈。成都人、广安人、达州人来重庆商圈消费的人数最多，分别占四川来渝“串门”总人数的 30.2%、15.2%、11.2%，偏爱的重庆商圈是解放碑—朝天门商圈、观音桥商圈和大坪商圈。

① 指重庆居民到访成都商圈总人次和四川居民到访重庆商圈总人次之和。

第三部分　川渝景区旅游大数据分析报告

A 级旅游景区是区域旅游消费的核心吸引力和重要承载空间，加强川渝 5A 级旅游景区旅游特征及趋势分析，对全面提振旅游消费，助力巴蜀文化旅游走廊建设具有重要现实意义。报告基于联通手机信令数据、App 位置服务等技术手段和多源数据，采用联通大数据反推全量数据算法，对近年来重庆、四川 5A 级旅游景区的客流量、驻留时长、游客属性等情况进行分析，反映成渝地区双城经济圈旅游热度、区域客流特征、游客特征变化等情况。

一、5A 级旅游景区旅游热度

景区游客规模保持稳步增长。2024 年以来，重庆、成都“网红城市”热度不断攀升，区域旅游消费规模和品质持续提升，叠加文旅促消费政策落地落实，促进国际国内来渝旅游消费潜力进一步释放，带动区域内旅游景区访客持续走高。2024 年 1—11 月，川渝两地 5A 级旅游景区游客规模达到 10925.88 万人次，较上年同期增长 3186.81 万人次，增幅达到 41.18%（见图 5-13）。

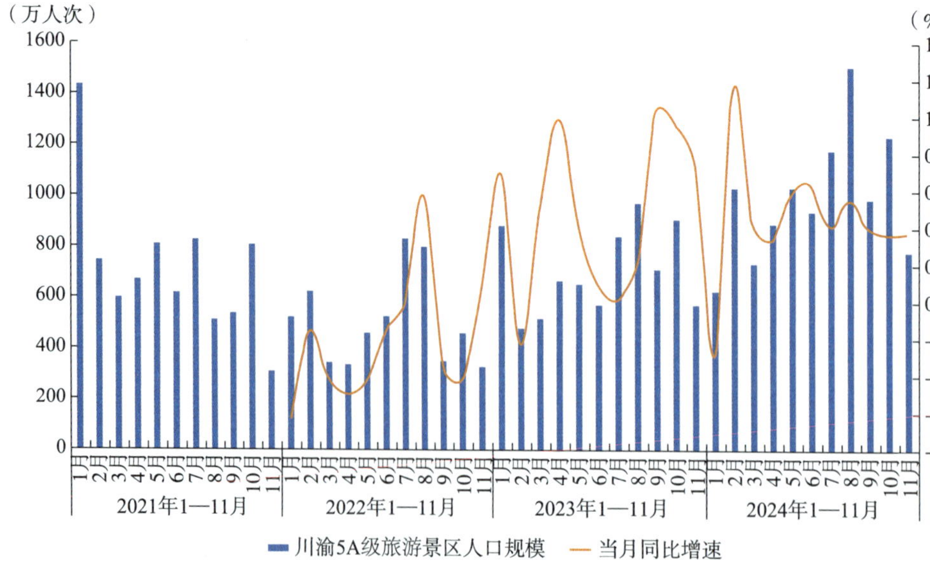

图 5-13　2021 年以来川渝 5A 级旅游景区到访人数变化情况

川渝景区游客均实现大规模增长。两地旅游市场持续升温，实现疫情转段后的连续两年稳步增长，2024 年 1—11 月，重庆景区游客规模达到 3979.05 万人次，较上年同期增长 37.16%；四川景区游客规模达到 6946.83 万人次，较上年同期增长 43.59%（见图 5-14）。

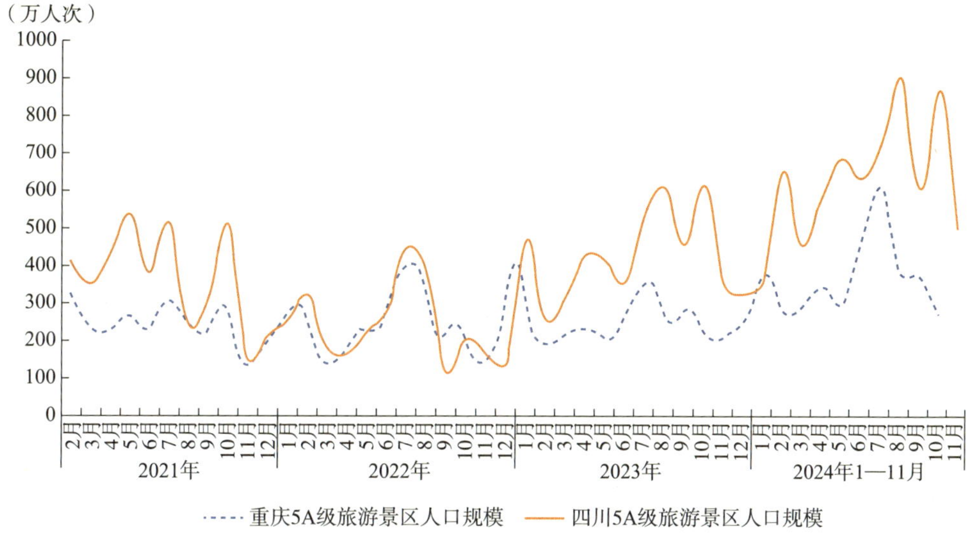

图 5-14　2021 年 2 月以来重庆、四川 5A 级旅游景区到访人数变化情况

到访重庆的游客景区目的地相对集中。重庆景区热度前五位的分别是武隆喀斯特旅游区、酉阳桃花源景区、南川金佛山景区、黔江濯水景区、大足石刻景区，2024 年 1—11 月，访客规模分别为 1952.51 万人次、961.04 万人次、349.5 万人次、285.21 万人次、130.58 万人次，占重庆 5A 级旅游景区中的 92.46%，余下景区单个接待访客量约为 60 万人次。与上年相比，武隆喀斯特旅游区、酉阳桃花源景区仍排在前两位，访客分别增加 519.95 万人次、230.34 万人次；南川金佛山景区前进一位，访客增加 139.29 万人次；黔江濯水景区后退一位，访客增加 52.22 万人次；大足石刻景区仍排在第 5 位，访客增加 34.75 万人次。

到访四川的游客景区目的地较为分散。四川景区热度前五位的分别是峨眉山风景名胜区、青城山—都江堰旅游景区、九寨沟风景名胜区、阆中古城、汶川特别旅游区，访客规模分别为 1192.07 万人次、1036.59 万人次、1000.67 万人次、893.03 万人次、547.13 万人次，占四川 5A 级旅游景区中的 67.22%，余下景区单个接待访客量约为 207 万人次。与上年相比，峨眉山风景名胜区依然居第 1 位，访客增加 274.61 万人次；青城山—都江堰旅游景区比上年前进一位，访客增加 333.01 万人次；九寨沟风景名胜区前进一位，访客增加 417.1 万人次；阆中古城后退两位，访客增加 153.55 万人次；汶川特别旅游区排名不变，访客增加 190.03 万人次（见图 5-15）。

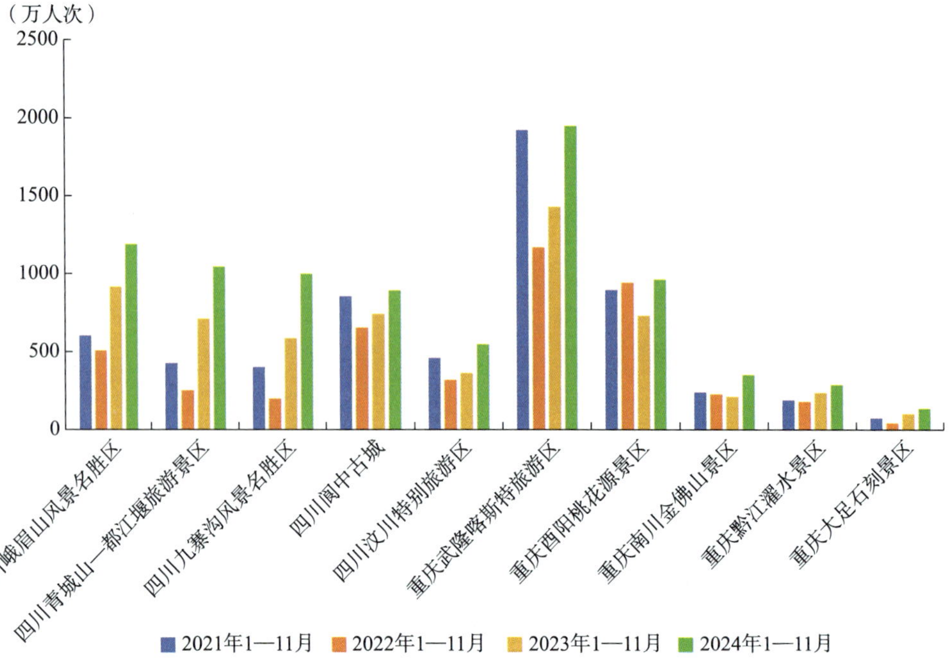

图 5-15　川渝 5A 级旅游景区到访游客数量（四川、重庆各自访客规模前五景区）

二、5A 级旅游景区游客画像

“80 后”“90 后”成为旅游市场主力军。在川渝 5A 级旅游景区访客中，“80 后”增长趋势最强，占比由 2021 年的 19.89% 连续增长，到 2024 年达到

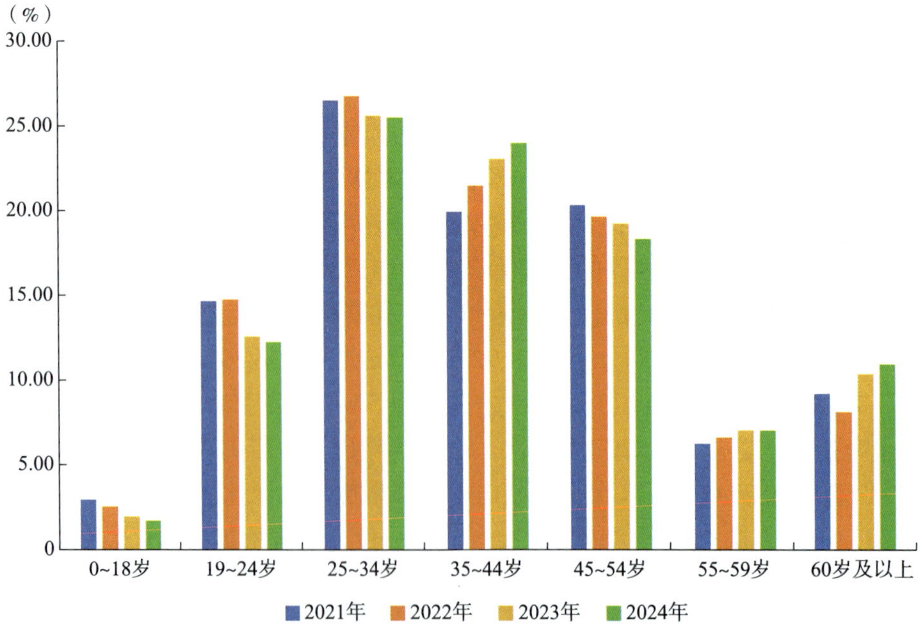

图 5-16　2021 年以来川渝景区游客年龄结构特征

24.06%；“90 后”规模最大，连续 4 年超过 25%；“70 后”群体连续小幅减少；“60 后”退休群体呈现波动增长（见图 5-16）。

川渝景区本地客源比例降低，对外省市游客吸引力有所增强。2024 年 1—11 月川渝 5A 级旅游景区仍以省市内游客为主，其中，重庆本市客源占比为 70.9%，较上年降低 12.03 个百分点；四川本省客源占比为 54.56%，较上年降低 6.95 个百分点。从川渝以外地区游客客源地来看，重庆景区的前五位为贵州、湖北、广东、湖南、山东，合计占比达到 9.54%，较上年增加 3.47 个百分点；四川景区的前五位为广东、陕西、山东、贵州、河南，合计占比达到 14.42%，较上年增加 2.84 个百分点（见图 5-17）。

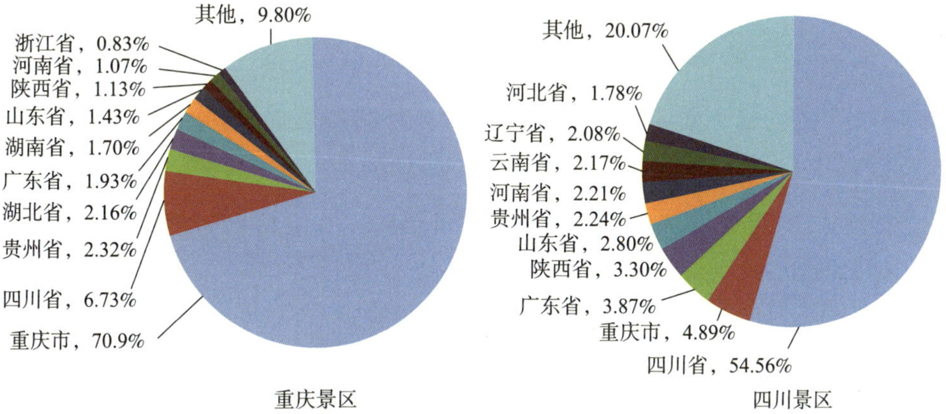

图 5-17　2024 年 1—11 月重庆、四川 5A 级旅游景区游客客源地特征

三、川渝跨省旅游

重庆和四川互为对方最大的游客客源地。随着川渝共建水平持续加强，川渝互游水平持续提升。2024 年 1—11 月，重庆游客访问四川景区规模为四川景区访客总量的 4.89%，较上年同期增加 1.66 个百分点，四川游客访问重庆景区规模为重庆景区访客总量的 6.73%，较上年同期增加 2.54 个百分点。

重庆武隆喀斯特旅游区、大足石刻景区、南川金佛山景区是四川人最热衷游玩的景点。重庆武隆喀斯特旅游区长期是最受四川人欢迎的景区，2024 年 1—11 月，四川游客规模达到 156.38 万人。大足石刻景区、重庆南川金佛山景区四川游客规模分别达到 14.72 万人、13.61 万人。2024 年 1—11 月重庆 5A 级旅游景区四川游客分布特征见图 5-18。

四川峨眉山风景名胜区、青城山—都江堰旅游景区、九寨沟风景名胜区是重庆人最爱逛的三大景点。峨眉山风景名胜区长期是最受重庆人欢迎的景区，

2024 年 1—11 月，重庆游客规模达到 62.49 万人，青城山—都江堰旅游景区、九寨沟风景名胜区重庆游客规模分别达到 43.90 万人、40.76 万人。2024 年 1—11 月四川 5A 级旅游景区重庆游客分布特征见图 5-19。

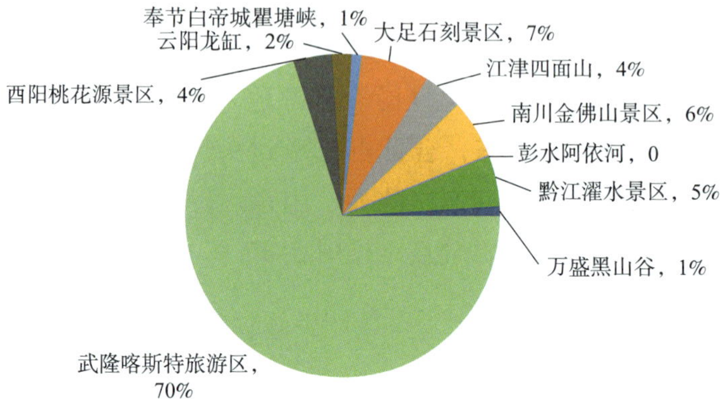

图 5-18　2024 年 1—11 月重庆 5A 级旅游景区四川游客分布特征

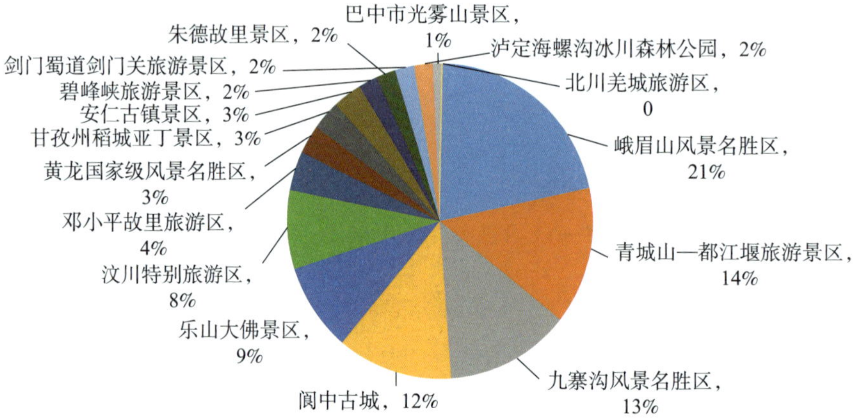

图 5-19　2024 年 1—11 月四川 5A 级旅游景区重庆游客分布特征

第四部分　川渝园区用工大数据分析报告

基于各个园区的AOI[①]（Area of Interest）和当地用户职住变动轨迹，结合用户当月日驻留信息，通过跟踪监测川渝两地 34 个国家级园区平台[②]就业人口数量[③]和园区联系紧密度[④]，分析园区用工趋势和就业水平，以及两地园区间联系紧密度等情况，反映全市工业经济活跃度、就业人员集聚度等情况。

一、园区用工规模稳步增长

园区就业容纳能力持续增强。2020 年以来，川渝两地国家级园区月均就业人次由 2020 年的 1782.6 万人次提升至 2024 年[⑤]的 1909.8 万人次，增长 7.1%。国家级园区月均就业人次占两地常住人口总人次的 16.5%，占比较 2020 年提高 0.8 个百分点。其中，两江新区、天府新区居前两位，2024 年月均就业人次分别达 595.1 万人次、393.4 万人次，成都高新区、成都经开区、重庆高新区月均就业人次均在 100 万人次以上。两江新区月均就业人次较 2020 年的 539.4 万人次增长 10.3%，成都高新区月均就业人次首次突破 200 万人次，达到 231.4 万人次。2020 年以来川渝园区月均用工人次分布见图 5-20。

重点园区就业密度稳步增长。两地月均就业密度达到 5000 人次 / 平方千米以上的园区为 11 个，数量较 2020 年增加 4 个。四川园区月均就业密度达到 5000 人次 / 平方千米以上的有 8 个，其中，成都高新技术产业开发区、成都经济技术开发区分别为 2.2 万人次 / 平方千米、1.6 万人次 / 平方千米，居川渝前两位。重庆园区月均就业密度达到 5000 人次 / 平方千米以上的有荣昌高

① 园区的地理位置边界坐标。

② 包括川渝所有国家级新区、高新区、经开区、综保区等开发开放平台，其中重庆 14 个、四川 20 个。

③ 园区就业人口数据是基于各个园区的 AOI 和当地用户职住变动轨迹识别在各园区内上班的用户人群，并通过扩样模型，按月统计汇总各园区上班人群数量。

④ 园区联系紧密度数据是基于上述识别的各园区上班用户人群，结合用户当月日驻留信息，筛选出这些上班用户中到访过其他区域（川或渝）园区的用户，统计汇总园区互访人数，计算得到联系紧密度指数。

⑤ 本部分 2024 年的数据均为 1—11 月。

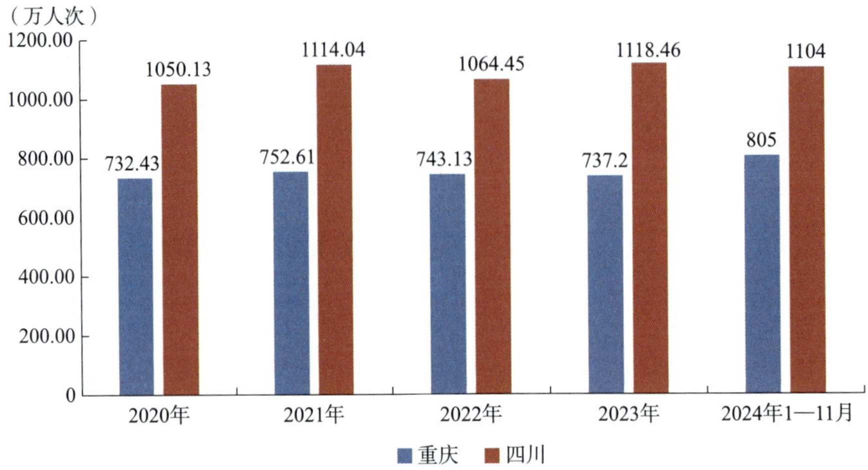

图 5-20　2020 年以来川渝园区月均用工人次分布

新技术开发区、璧山高新技术开发区、重庆两江新区 3 个，分别达 7630 人次 / 平方千米、5293 人次 / 平方千米、5074 人次 / 平方千米，分别居川渝第 3 位、第 9 位、第 11 位（见图 5-21）。

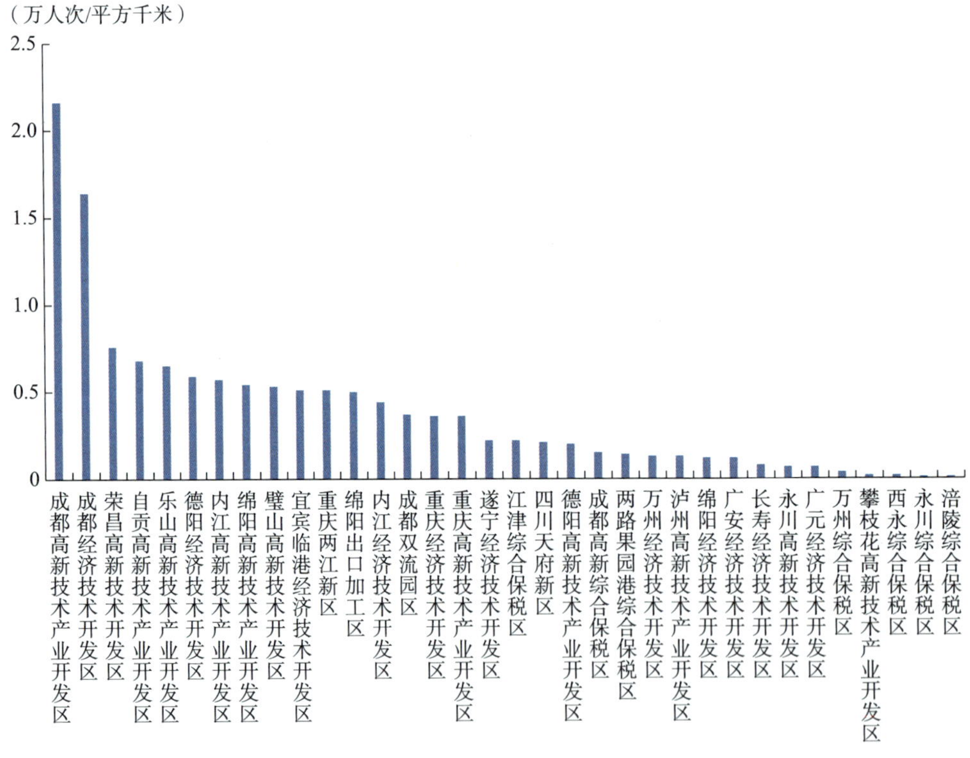

图 5-21　2024 年 1—11 月川渝园区月均就业密度分布

园区用工整体呈加快恢复态势。2020 年至 2024 年 1—11 月，川渝园区月均就业人次分别为 1782.56 万人次、1866.65 万人次、1807.58 万人次、1855.66 万人次、1909.80 万人次（见图 5-22）。2023 年疫情转段后，川渝园区用工水平加快恢复，月均就业人数快速增长。特别是随着 2023 年 4 月国家推动优化调整稳就业政策措施全力促发展惠民生，2024 年 9 月加力推出助企帮扶等“一揽子”增量政策，促进稳就业保就业效果持续显现。重庆高新区、两江新区、天府新区、重庆经开区等主要园区用工恢复较好，月均就业人数增长趋势明显，2024 年月均就业人数同比分别增长 14.5%、12.3%、11.6%、10.2%。

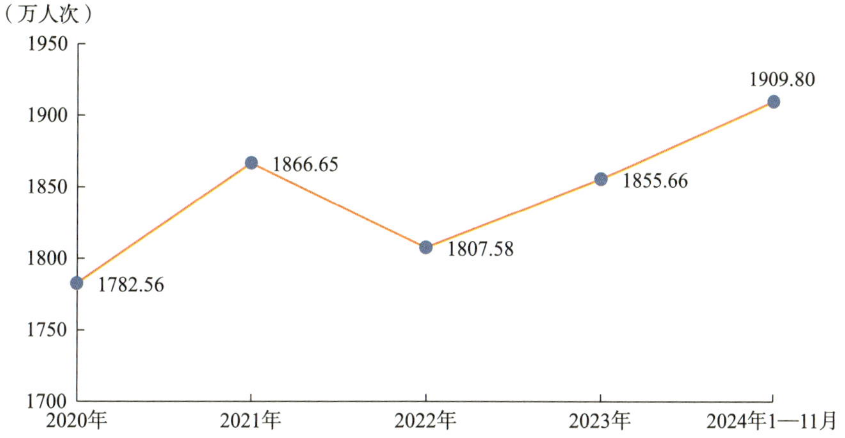

图 5-22　2020 年以来川渝园区月均就业人数分布趋势

二、园区人员往来

川渝园区联系紧密度持续提升。随着川渝两地电子信息、汽车等产业链相互配套不断加深，川渝公共服务一体化便捷行动的持续推进，强化企业用工、就业岗位信息互通，增进用工互动，产业带动就业、带动人流的态势逐步显现，园区人员交流回升上涨趋势明显。2024 年以来，川渝两地园区月均互访人数达到 332.6 万人次，较 2023 年增长 27.9%，较 2020 年增长 53.7%（见图 5-23、图 5-24）。

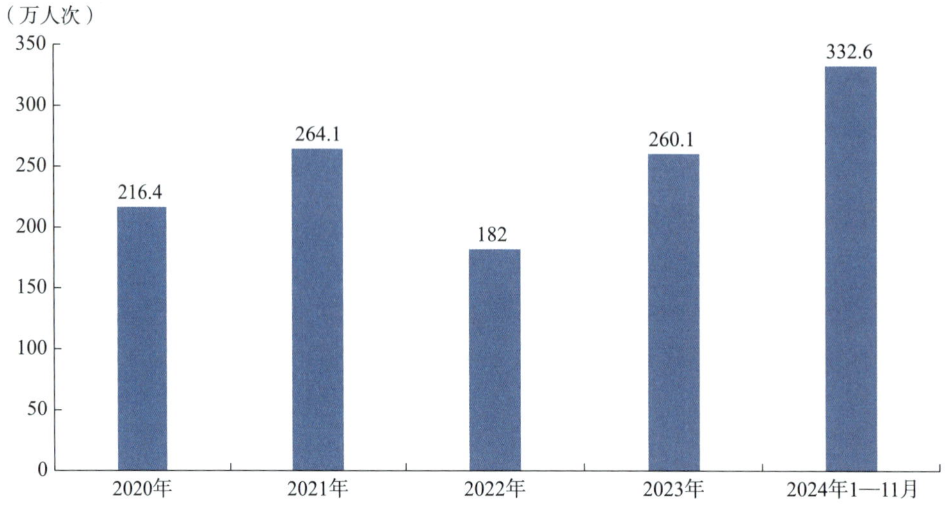

图 5-23　川渝两地园区互访人数年度分布

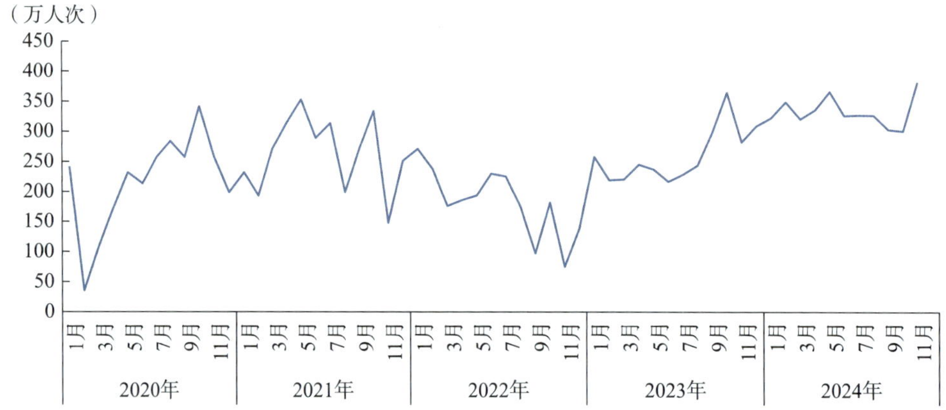

图 5-24　川渝两地园区就业人员互访人数变化趋势

重点开发开放平台联系最为紧密。2024 年以来，重庆中心城区和成都的重点开发开放平台月均互访人数达到 251 万人次，较 2023 年增长 31.9%，占川渝两地园区人员互访总数的 75.5%。其中，两江新区与天府新区、两江新区与成都经开区、两江新区与成都高新区间联系紧密度分别位列川渝前三，月均互访人数分别达到 79.3 万人次、55.9 万人次、43.9 万人次（见图 5-25）。

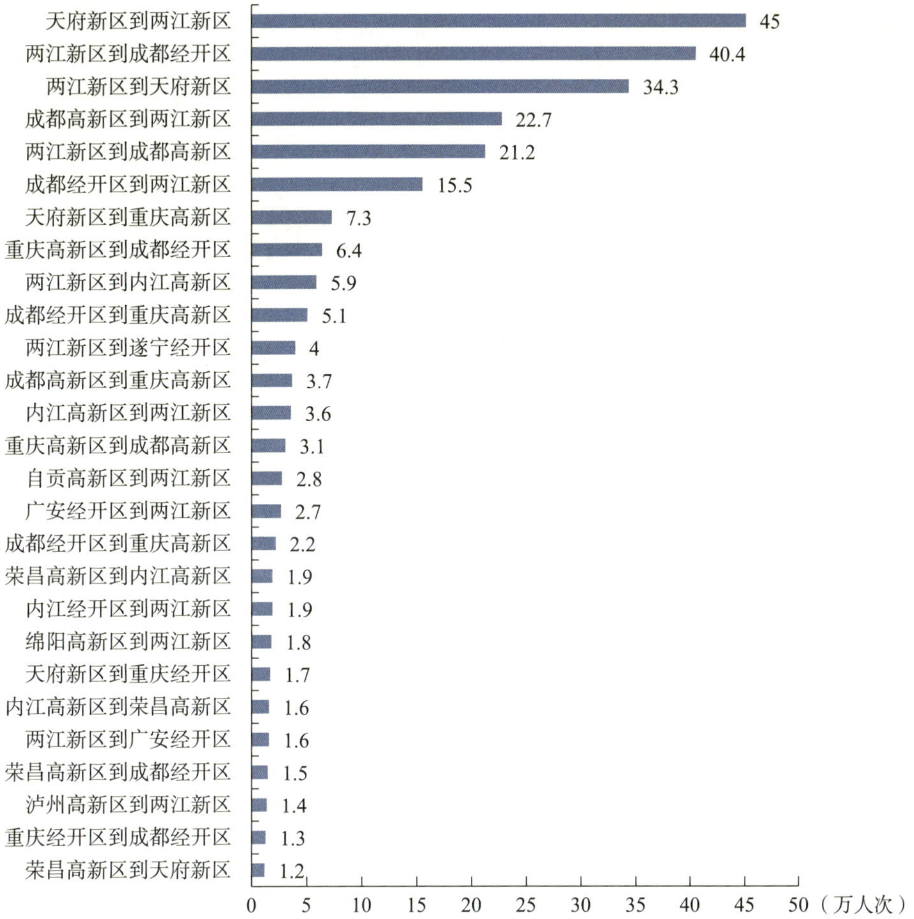

图 5-25　2024 年 1—11 月川渝主要园区就业人员互访人数比较

地缘相近成为跨区域协作的重要因素。2024 年以来，毗邻地区园区月均到访 29.1 万人次，占两地园区人员交流总数的 11.6%，是非毗邻地区的 1.7 倍。其中，广安经开区与两江新区、荣昌高新区与内江高新区月均往来分别达到 4.3 万人次、3.5 万人次，居毗邻地区园区互访量前两位。非毗邻地区园区人员月均互访人数仅为成渝双核的 7%、毗邻地区的 58%，园区之间交往合作潜力有待挖掘。

第五部分　川渝就业创业大数据分析报告

习近平总书记指出，就业是最大的民生工程、民心工程、根基工程，是社会稳定的重要保障。外卖骑手、网约车司机、快递员等新就业形态已成为吸纳就业的重要渠道。本报告主要基于国内主流招聘网站、目标群体常用 App、运营商通话等数据，对川渝地区不同区域、不同类型求职、就业人员规模进行跟踪监测，分析居民就业在时间、空间等维度的主要特征和变化趋势，并重点对外卖骑手、网约车司机、快递员等 3 类新经济、新业态从业人员规模变动情况进行监测，分析川渝两地新业态发展情况。

一、求职人数变动情况

川渝地区求职人数规模持续增多，劳动力市场竞争不断加剧。2020—2023 年，川渝求职人数分别为 2099.15 万人次、4029.48 万人次、4189.01 万人次、6231.42 万人次，年均增速高达 63.1%。2024 年 1—10 月，川渝求职人数为 7835.05 万人次，同比增长 25.7%（见图 5-26）。同时，智联招聘调查显示，超 10% 的应届大学毕业生有意在成渝地区就业。

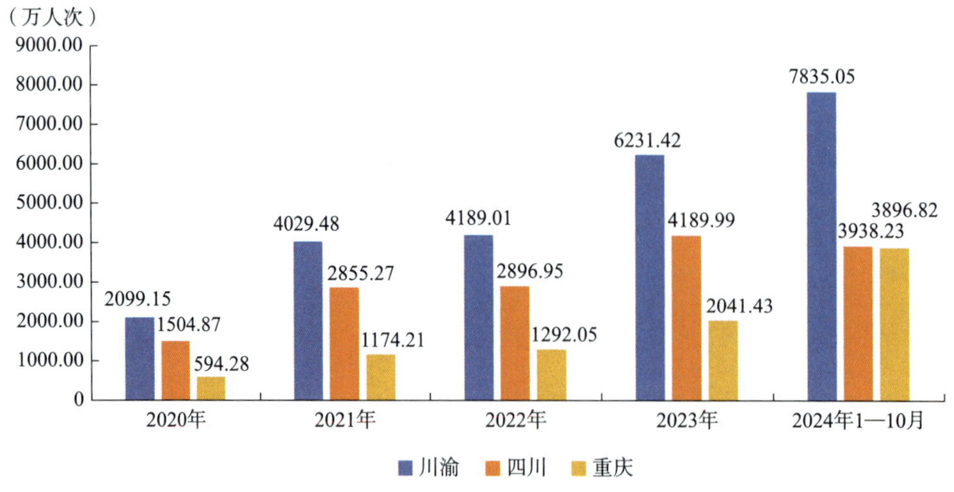

图 5-26　2020 年以来川渝求职人数年度变化情况

成渝双核成为川渝地区求职的热门地区。双核已成为青年人才就业创业的首选地、工作生活的宜居地。2020—2023 年，重庆主城都市区、成都求职人数逐年上升，由 506 万人次、621.14 万人次分别增至 1264.9 万人次、2010.58 万人次，年均分别增长 50%、74.6%。2024 年 1—10 月，重庆主城都市区、成都求职人数分别为 3298.43 万人次、1871.8 万人次，分别占重庆、四川的 84.6%、47.5%。2024 年 1—10 月重庆各区域、四川各州市求职总人数情况分别见图 5-27、图 5-28。

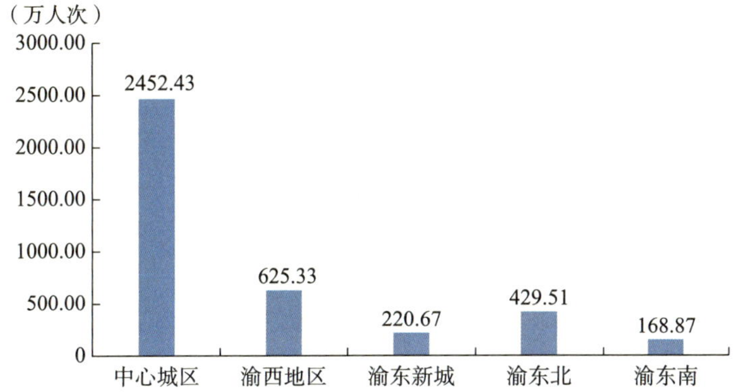

图 5-27　2024 年 1—10 月重庆各区域求职总人数情况

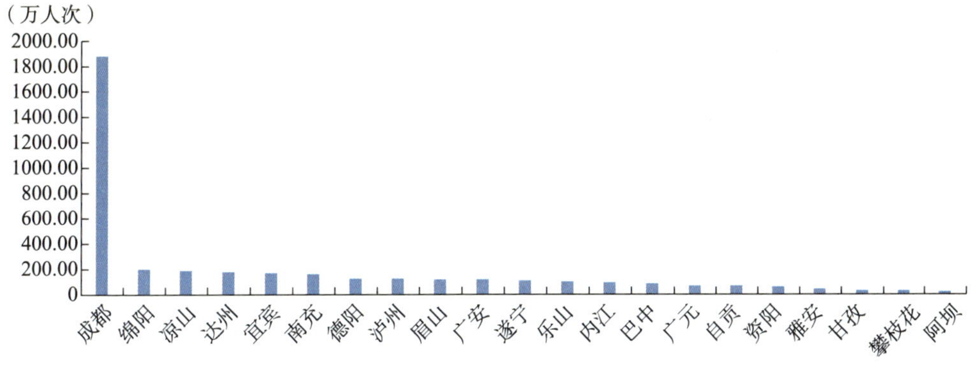

图 5-28　2024 年 1—10 月四川各州市求职总人数情况

二、3 类新就业形态从业人员情况

外卖骑手从业人员规模最大、增长最快。近年来，以在线生活服务、生鲜电商为代表的平台经济创造了大量新就业形态岗位，实现了社会富余劳动力的弹性配置。其中，外卖骑手、网约车司机、快递员 3 类新就业形态从业人员增长最快。2024 年 1—10 月，川渝两省市 3 类新就业形态从业人员就业达 867.45 万人次，同比增长 53.9%。其中，外卖骑手岗位因就业门槛和资格认证低、工作灵活，加之“城市爱心驿站”“城事通办”等服务平台日趋完善，吸引力不断扩大，川渝外卖骑手从业人员就业达 455.21 万人次，同比增长 125.7%，成为 3 类新就业形态中从业人员规模最大、增长最快的行业；网约车司机从业人员就业达 317.50 万人次，同比增长 40.4%；快递员从业人员就业达 94.74 万人次，同比下降 30.4%（见图 5-29）。

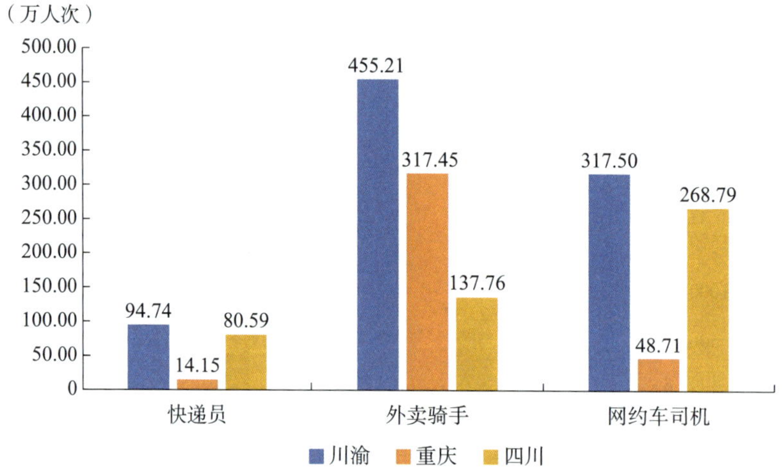

图 5-29 2024 年 1—10 月川渝、重庆、四川 3 类新就业形态从业人员情况

重庆以外卖骑手为主，四川以网约车司机为主。2024 年 1—10 月，重庆外卖骑手就业人次占 3 类新就业形态总就业人次的 83.5%，四川网约车司机就业人次占 3 类新就业形态总就业人次的 55.2%。分区域看，重庆主城都市区和成都是快递员、外卖骑手、网约车司机 3 类就业群体求职就业的主要区域。其中，重庆主城都市区快递员、外卖骑手、网约车司机就业分别达 11 万人次、288.3 万人次、44 万人次，分别占重庆的 77.7%、90.8%、90.3%。成都快递员、外卖骑手、网约车司机就业分别达 29 万人次、92.1 万人次、163.3 万人次，分别占四川的 36%、66.9%、60.7%（见图 5-30、图 5-31）。

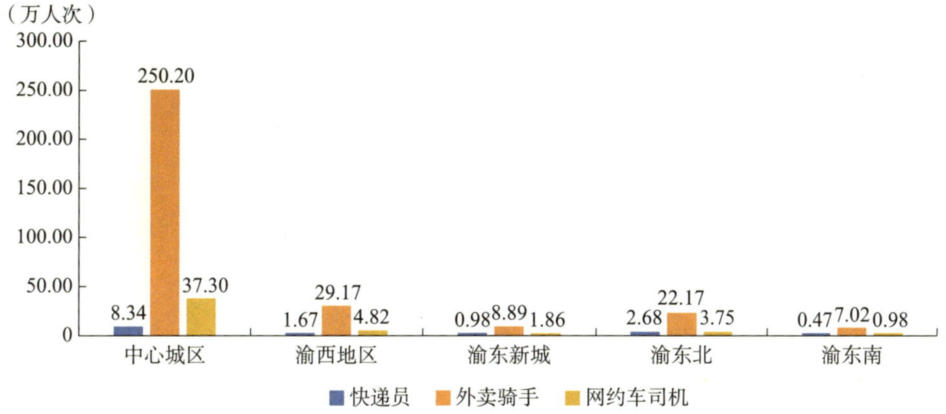

图 5-30　2024 年 1—10 月重庆各区域 3 类新就业形态从业人员情况

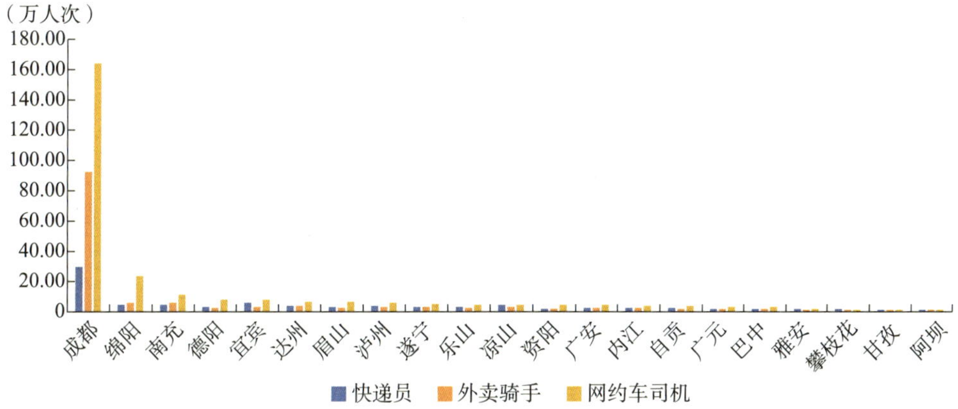

图 5-31　2024 年 1—10 月四川各州市 3 类新就业形态从业人员情况

成渝地区双城经济圈
大事记
（2023 年）

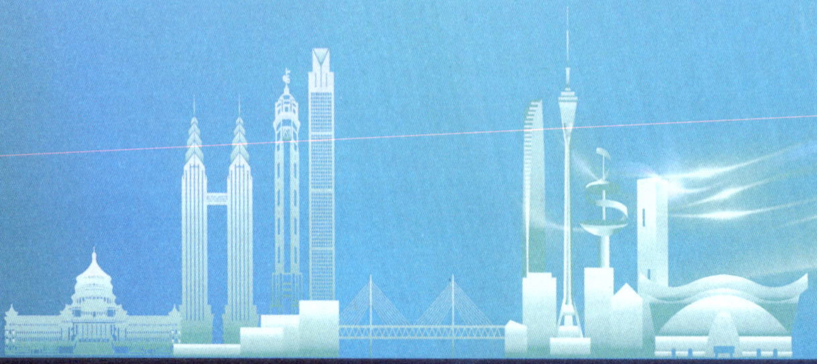

1月

1月5日

推动成渝地区双城经济圈建设四川重庆商务联席会议第三次会议在重庆召开。

1月9日

川渝两地大数据管理部门联合发布川渝地区数据领域首个地方标准《公共信息资源标识规范》。

1月11日

川渝毗邻地区首届人力资源服务产业交流会在遂宁举行，遂宁市、铜梁区等八地人力资源和社会保障局共同签订《川渝毗邻地区人力资源服务产业协同发展战略合作协议》。

1月13日

“数字赋能成渝地区双城经济圈先进产业集群建设”城市机会清单发布对接会暨产业场景共建大会在渝举行。

1月14日

国家发展改革委批复同意《推动川南渝西地区融合发展总体方案》和《推动川渝万达开地区统筹发展总体方案》。

1月16日

推动成渝地区双城经济圈建设联合办公室2023年第一次主任调度会在重庆召开。（后分别于4月、10月、11月召开第二、三、四次主任调度会）

1月27日

川渝两地检察机关联合出台《关于加强川渝检察禁毒协作的意见（试行）》。

1月28日

重庆市召开建设成渝地区双城经济圈工作推进大会。

1月30日

川渝两地经信部门联合印发《川渝铝产业链协同发展工作方案》。

1月31日

川渝两省市政府办公厅印发《推动成渝地区双城经济圈建设市场一体化行动方案》。

2月

2月2日

川渝两地正式启动在成渝地区双城经济圈建设中申请设立国家文化和旅游创新改革试验区工作。

2月7日

川渝环境损害司法鉴定蓝皮书发布。

2月9日

推动成渝地区双城经济圈建设联合办公室印发《共建成渝地区双城经济圈2023年重大项目清单》。

2月10日

税收服务成渝地区双城经济圈建设第四次联席会议在成都召开。

2月15日

科技部批复同意《成渝地区共建“一带一路”科技创新合作区实施方案》。

2月26日

两江新区、天府新区签署气候投融资试点合作备忘录。

2月27日

城镇化工作暨城乡融合发展工作部际联席会议第五次会议召开，听取《2023年成渝地区双城经济圈建设工作要点》情况汇报。

3月

3月2日

川渝两省市政府印发《推动川南渝西地区融合发展总体方案》。

3月9日

川渝两省市市场监管局发布《深化全方位全链条监管协作推动双城经济圈市场一体化发展方案》。

3月10日

重庆市政府印发《重庆市推动成渝地区双城经济圈建设行动方案（2023—2027年）》。

3月11日

川渝两省市政府印发《推动川渝万达开地区统筹发展总体方案》。

3月25日

两江新区人民法院（重庆自由贸易试验区人民法院）与天府新区人民法院

（四川自由贸易试验区人民法院）签署川渝自贸区法院服务保障西部陆海新通道建设司法协作协议。

3月31日

科技部、国家发展改革委、教育部、工业和信息化部、财政部、人力资源社会保障部、人民银行、国务院国资委、海关总署、知识产权局、中国科学院、工程院联合两省市政府印发《关于进一步支持西部科学城加快建设的意见》。

首届成渝地区双城经济圈民营经济高质量发展合作峰会在荣昌举办。

4月

4月11日

川渝两地人力社保部门签署《建设高质量充分就业先行区协议》。

4月18日

成渝高速公路改（扩）建项目工程可行性研究报告和初步设计方案获批复。

4月22日

川渝两省市政府印发《成渝地区共建"一带一路"科技创新合作区实施方案》。

4月26日

第二届成渝地区双城经济圈全球投资推介会在深圳举行。

4月26日

川渝两省市人大常委会协同助力成渝地区双城经济圈建设第四次联席会议在广安召开。

4月27日

四川省召开推动成渝地区双城经济圈建设暨推进区域协同发展领导小组第五次会议。

成渝地区双城经济圈交通执法"协作2023"专项工作启动，川渝两地交通执法首次从"合作"转向"协作"。

四川省住房和城乡建设厅与重庆市住房公积金管理中心签署了《推动川渝高竹新区住房公积金一体化创新发展合作备忘录》，川渝两省市设立了首个住房公积金跨区域服务实体专区。

4月28日

川渝两地卫生健康部门联合印发《关于加快推进川渝两地二级及以上医疗机构检查检验结果互认工作的通知》。

5月

5月4日

川渝两省市政府办公厅印发《成渝地区双城经济圈“放管服”改革 2023 年重点工作任务清单》《川渝“一件事一次办”事项清单（第一批）》《川渝“免证办”事项清单》《川渝跨区域数字化场景应用清单》。

5月5日

2023 年川渝政协协力助推成渝地区双城经济圈建设联席会议在成都召开。

5月9日

第十九届中国西部国际博览会推介会在重庆举行。

5月14日

四川省委、省政府印发《关于支持川中丘陵地区四市打造产业发展新高地加快成渝地区中部崛起的意见》。

5月19日

自贸试验区高质量发展论坛举办，发布“川渝自由贸易试验区协同开放示范区”8 个创新案例。

首届成渝金融科技合作交流大会在成都举办。

5月23日

首批成渝地区城乡义务教育一体化发展试验区评选启动。

5月24日

川渝两地自然资源主管部门联合编制完成《川渝高竹新区国土空间规划（2021—2035 年）》。

5月26日

国家开发银行印发《支持成渝地区双城经济圈建设指导意见（2023 年版）》。

5月29日

重庆市消委会、成都市消委会联合印发《关于建立重庆成都两市跨区域消费维权协作机制的通知》。

6月

6月3日

推动成渝地区双城经济圈建设重庆四川常务副省市长协调会议第七次会议在重庆召开。

6 月 12 日

重庆市召开推动成渝地区双城经济圈建设领导小组第十四次会议。

6 月 15 日

川渝两地公安经侦部门签订了《川渝公安经侦部门素质强警交流合作协议》《川渝公安经侦部门数据赋能合作协议》。

6 月 26 日

推动成渝地区双城经济圈建设重庆四川党政联席会议第七次会议在璧山召开。

6 月 28 日

川渝两省市政府办公厅联合印发《川渝自贸试验区协同开放示范区深化改革创新行动方案（2023—2025 年）》。

6 月 29 日

2023 川渝专业服务论坛在渝中区举办，发布《西部高端专业服务中心建设规划》。

6 月 30 日

重庆举行成渝地区双城经济圈千兆城市群建设推进会，正式启动实施“光耀山城　追光行动”。

7 月

7 月 10 日

首届成渝地区双城经济圈文化产业发展峰会在重庆举行。

7 月 14 日

重庆市人民政府印发《重庆市先进制造业发展“渝西跨越计划”（2023—2027 年）》。

两省市政协“推动川渝毗邻地区协同发展”联合协商会议在广安召开。

7 月 20 日

推动成渝地区双城经济圈建设联合办公室印发《关于调整推动成渝地区双城经济圈建设联合办公室组织架构》。

成渝地区嘉陵江流域与长江干线干支联动协同发展联席会议第一次会议在南充市举行。

7 月 28 日

中共重庆市委办公厅、中共四川省委办公厅印发《重庆四川推动成渝地区双城经济圈建设工作机制》。

8月

8月16日

推动成渝地区双城经济圈建设联合办公室发布《成渝地区双城经济圈建设规划（方案）明确重点项目清单》。

8月18日

成渝 RCEP 跨境贸易中心启动仪式在重庆两路果园港综保区举办。

8月21日

成渝地区双城经济圈跨区域协作 18 条经验做法，首获国家发展改革委总结推广。

9月

9月7日

推动成渝地区双城经济圈建设专题研讨班在北京大学开班。

9月19日

四川省政府办公厅对推动成渝地区双城经济圈建设成效明显的地方予以通报激励。

9月26日

成渝地区双城经济圈科技智库联盟在西部（重庆）科学城揭牌。

9月27日

重庆成都双核联动联建会议第二次会议在成都召开。

“巴化旅游走廊”主题列车正式开行。

10月

10月11日

国家发展改革委组织召开专题会议，研究推动成渝地区双城经济圈建设。

10月14日

成渝地区双城经济圈城市文旅推介活动在涪陵举办。

10月18日

成渝金融司法协同中心在渝中区人民法院正式揭牌。

10月19日

川渝两地市场监管部门联合发布《美丽巴蜀宜居乡村示范带村容村貌提升规范标准》。

10月23日

川渝两地经信、发展改革等12个部门联合印发《成渝地区双城经济圈网络安全产业高质量协同发展行动计划（2023—2025年）》。

10月27日

川渝两省市税务局联合制发《川渝非税收入缴费指引》。

10月28日

川渝两省市农业农村部门联合发布《成渝地区双城经济圈农村人居环境整治十大引领技术和十大典型案例》成果。

10月31日

国家税务总局四川省税务局、重庆市税务局联合发布《川渝地区税务行政处罚裁量权实施办法》及《川渝地区税务行政处罚裁量执行标准》。

11月

11月3日

川渝两地科技部门联合印发《川渝共建重点实验室建设与运行管理办法》。

川渝两省市交通运输综合行政执法总队共同签署《川渝水路交通运输执法合作协议》。

11月4日

两省市人民政府办公厅印发《成渝地区双城经济圈“六江”生态廊道建设规划（2022—2035年）》。

11月5日

川渝两省市药监局联合发布《川渝药品医疗器械化妆品行政处罚裁量权适用规则》以及裁量基准。

11月6日

首届“一带一路”科技交流大会在重庆举办。

11月7日

川渝两省市税务局联合发布《服务成渝地区双城经济圈跨境纳税人联合宣言》。

11月9日

川渝两地生态环境部门联合印发《新污染物川渝联合调查工作方案》，正式启动全国首个新污染物跨省际联合调查。

11月13日

两省市选派第四批100名优秀年轻干部互派挂职（顶岗）工作。

11月16日

第三届川渝住房城乡建设博览会在成都举办。

川渝两省市森林草原防灭火指挥部办公室签订《成渝地区双城经济圈森林防灭火联防联控联动合作协议书》。

11月20日

2023年度川渝河长制联席会议在重庆举行。

11月22日

2023年中国川渝地区—湄公河国家地方合作论坛在重庆举办。

11月27日

川渝首次联合开展行政执法案卷评查，实现“异地同标”。

11月28日

重庆四川常务副省市长协调会议第八次会议以视频连线形式召开。

12月

12月4日

川渝两地科技部门联合印发《川渝科研机构协同创新行动方案》。

12月5日

重庆、泸州、宜宾海事局共同签订《长江干线川渝海事监管服务一体化合作协议》。

12月9日

成渝地区双城经济圈一体化发展论坛暨成果发布会在重庆举行，首次发布《成渝地区双城经济圈一体化发展指数报告（2022—2023年）》。

12月14日

川渝两省市市场监管局联合印发《川渝线下实体店跨区域无理由退货工作指引（试行）》。

12月16日

重庆国际人才交流大会举行，发布《成渝地区双城经济圈急需紧缺人才目录》。

12月22日

《人民日报》头版刊发《成渝地区双城经济圈建设迈出新步伐》，肯定重庆、四川两省市推动双城经济圈建设取得一系列标志性成果。

全国知名商协会服务民营经济高质量发展大会在江北区举行，总规模达 100 亿元的成渝产业投资基金正式启动。

12 月 25 日

重庆市召开推动成渝地区双城经济圈建设领导小组第十五次会议。

12 月 28 日

推动成渝地区双城经济圈建设重庆四川党政联席会议第八次会议在绵阳召开。

参考文献

BALASSAB，1962. The theory of economic integration［M］. London：Alien and Unwin.

FRIEDMANNJ，1966. Regional development policy：A case study of venezuela［M］. Cambridge：M.I.T.Press.

JEAN G，1957. Megalopolis or the urbanization of the northeastern seaboard［J］. Economic Geography，33（3）：189–200.

PARSLEY D C，WEIS–J，1996. Convergence to the law of one price without trade barriers or currency fluctuations［J］. The Quarterly Journal of Economics，111（4）：1211–1236.

曹静，冉净斐，2022. 推进国际消费中心城市建设的瓶颈与经验借鉴［J］. 区域经济评论，2：74–80.

常永莲，黄英君，段正敏，等，2024. 区域协同治霾的实证分析与成效研究：基于中国 284 个地级市的面板数据［J］. 干旱区资源与环境，38（12）：33–44.

陈守强，黄金川，2015. 城市群空间发育范围识别方法综述［J］. 地理科学进展，34（3）：313–320.

重庆市农业农村委，2024–01–19. 市农业农村委撸起袖子加油干　村美民富“三农”兴［N］. 重庆政协报（9）.

戴宾，2004. 城市群及其相关概念辨析［J］. 财经科学，6：101–103.

范擎宇，杨山，2021. 长三角地区城镇化协调发展的空间特征及形成机理［J］. 地理科学进展，40（1）：124–134.

方创琳，王振波，马海涛，2018. 中国城市群形成发育规律的理论认知与地理学贡献［J］. 地理学报，73（4）：651–665.

方大春，牛黎光，2020. 长三角城市群中心性效应与一体化提升［J］. 区域经济评论，6：111–118.

冯更新，2013. 中部地区城市群一体化发展研究［J］. 城市，1：3–11.

冯晟臻，王学华，黄蘋，等，2022. 成渝农业现代化协同发展研究［J］. 中国国情国力，7：37–43.

符加林，岳娜娜，黄晓红，2024. 我国服务消费新业态发展研究［J］. 区域经济评论，2：78–86.

胡衡华，2024-01-29. 重庆市人民政府工作报告［N］. 重庆日报（1）.

黄乔，张颖，2023-04-16. "就创周"：川渝合力让就业创业更有底气［N］. 重庆日报（2）.

黄庆华，向静，周密，2022. 国际消费中心城市打造：理论机理与现实逻辑［J］. 宏观经济研究，9：5–18，32.

黄世坤，2024. 区域夜间经济发展的理论逻辑与提升路径：以成渝地区双城经济圈为例［J］. 城市观察，2：71–80，161–162.

贾晓磊，2024. 我国城市协同创新网络的测度及其空间特征研究［J］. 山西经济管理干部学院学报，32（1）：35–42.

蒋亮，陈洁，2024. 长三角城市群创新网络演化及其多维邻近分析［J］. 许昌学院学报，43（5）：25–30.

康艳青，李春荷，朱永明，2023. 黄河流域城市群高质量发展评估与空间分异研究［J］. 生态经济，39（2）：86–91.

黎勇，2023. 深化川渝合作　突出惠民有感　努力在创造高品质生活中展现人社新作为［J］. 重庆行政，24（5）：7–10.

李彬，李旭红，2023. "十三五"以来江苏省农业科技创新布局研究［J］. 江苏农业科学，51（19）：252–258.

李朝鲜，2020. 区域价格收敛视角下中国国内市场一体化的演变特征分析［J］. 北京工商大学学报（社会科学版），35（5）：11–20.

李旦，2020. 东北地区要素市场一体化视角下经济增长问题研究［D］. 长春：吉林大学.

李力可，赵宇飞，萧永航，2023-03-15. 川渝国资唱响经济"双城记"［N］. 经济参考报（6）.

李林君，王莉娜，王海南，2018. 京津冀一体化进程中公共服务不平等累积性研究：1994—2015——基于增量供给与存量调整视角［J］. 经济与管理研究，39（10）：93-110.

李琳，彭宇光，2017. 中三角城市群与长三角城市群市场一体化及影响因素比较研究［J］. 科技进步与对策，34（1）：25-30.

李培鑫，2019. 城市群的演进规律和一体化发展特征分析［J］. 上海城市管理，28（5）：15-20.

李雪松，孙博文，2013. 长江中游城市群区域一体化的测度与比较［J］. 长江流域资源与环境，22（8）：996-1003.

刘凤，黄丽萍，明翠琴，2022. 成都都市圈公共服务一体化水平测度与提升路径研究［J］. 决策咨询，5：23-29.

刘昊，祝志勇，2020. 成渝地区双城经济圈劳动力市场一体化及其影响因素研究［J］. 软科学，34（10）：90-96.

刘和东，杨丽萍，2020. 长三角城市经济一体化演变的社会网络分析［J］. 科学与管理，40（3）：68-74，111.

刘修岩，梁昌一，2021. 中国城市群一体化水平综合评价与时空演化特征分析：兼论城市群规模的影响［J］. 兰州大学学报（社会科学版），49（2）：49-61.

吕典玮，张琦，2010. 京津地区区域一体化程度分析［J］. 中国人口·资源与环境，20（3）：162-167.

陆铭，2022. 澄清关于建设统一大市场的几个认识误区［J］. 国家治理，9：28-32.

马燕坤，肖金成，2020. 都市区、都市圈与城市群的概念界定及其比较分析［J］. 经济与管理，34（1）：18-26.

梅饶兰，2021. 区域经济一体化对长三角地区进口贸易影响的分析：基于2009—2018年长三角地区数据［J］. 市场论坛，9：79-87，97.

明炬，2024. 深入实施科技创新中心建设行动　扎实推进成渝地区双城经济圈建设走深走实［J］. 重庆行政，25（1）：7-9.

潘文卿，2010. 中国区域经济差异与收敛［J］. 中国社会科学，1：72-84，222-223.

彭桥，肖尧，杨宇茜，等，2024-11-26. 中国新质生产力发展水平测度、动态演化与驱动因素研究［J/OL］. 软科学，1-17.https://link.cnki.net/urlid/51.1268.g3.20241125.1056.010.

彭文斌，邝嫦娥，李文意，等，2024. 长江中游城市群城市更新与生态韧性空间关联网络及影响研究［J］. 地理科学，44（11）：1-10.

平卫英，李文星，罗良清，2024. 要素流动对城乡融合发展的影响机理与空间分异研究［J］. 统计与信息论坛，6：1-17.

秦彪，2012. 辽宁区域经济发展差异与一体化选择研究［D］. 大连：东北财经大学.

佘振芳，2024-01-09. 成渝地区双城经济圈建设中的国企担当［N］. 重庆日报（7）.

史利江，李前锦，高杉，等，2024. 黄河中游城市群绿色技术创新能力的时空演变与影响因素［J］. 中国沙漠，44（6）：1-13.

史晓露，2024-03-06. 2023 年成渝地区双城经济圈 GDP 突破 8 万亿元［N］. 四川日报（1）.

四川省经济和信息化厅，重庆市经济和信息化委员会，2023-04-20. 关于印发 2023 年成渝地区工业互联网一体化发展示范区建设工作要点的通知［J/OL］. https://jxt.sc.gov.cn/scjxt/wjfb/2023/4/28/2936fe9c6c47445d85cc39b13f08b51d.shtml.

四川省人民政府办公厅，2022-02-23. 四川省人民政府办公厅关于印发《增强协同创新发展能力行动方案》的通知［A］. https://www.sc.gov.cn/zfgbdb/detail/3ble053e29b3407da6c764afcbc8b316.shtml.

苏剑，邵宇佳，2022. 全国统一大市场建设的内涵、现状与政策建议［J］. 新疆师范大学学报（哲学社会科学版），43（6）：98-109.

苏剑，邵宇佳，陈丽娜，2021. 中国市场一体化进程：趋势、成效与建议［J］. 社会科学辑刊，3：157-170.

孙久文，邓慧慧，叶振宇，2008. 京津冀区域经济一体化及其合作途径探讨［J］. 首都经济贸易大学学报，2：55-60.

孙久文，蒋治，2021. “十四五”时期中国区域经济发展格局展望［J］. 中共中央党校（国家行政学院）学报，25（2）：77-87.

唐承辉，豆建民，2020. 长三角城市群功能性网络结构及其一体化程度研究［J］. 经济问题探索，12：79–88.

唐琴，2024–01–03. 双城经济圈建设形成一批具有辨识度的标志性成果［N］. 重庆日报（7）.

唐琴，2023–12–28. 这一年双城经济圈建设成果丰硕［N］. 重庆日报（1）.

唐琴，宋雨嘉，2024–01–05. 成渝地区双城经济圈17条经验做法获宣传推广［N］. 重庆日报（6）.

田琴，李祖春，2023. 成渝地区城乡融合发展现状研究［J］. 现代商业研究，1：59–61.

王斌来，刘新吾，王欣悦，2023–05–08. 311项"川渝通办"事项实现同标准办理［N］. 人民日报（1）.

王成，代蕊莲，陈静，等，2022. 乡村人居环境系统韧性的演变规律及其提升路径：以国家城乡融合发展试验区重庆西部片区为例［J］. 自然资源学报，37（3）：645–661.

王大伟，梁献超，宣卫红，等，2020. 中国城乡基础设施发展差异梯度测度及时空演变规律研究［J］. 昆明理工大学学报（自然科学版），45（1）：92–99.

王栋，刘小瑜，2023. 我国中部地区经济发展质量测度及时空特征分析［J］. 统计与决策，39（4）：111–114.

王宗德，郑洁，2023. 关于推动重庆战略科技力量提质强能的建议［J］. 重庆行政，6：105–106.

魏冯，2023–05–30. 川渝卫生健康一体化发展提速［N］. 四川日报（2）.

夏元，王光平，2024–03–06. 再上一个万亿级台阶！［N］. 重庆日报（12）.

鲜果，刘军伟，2024. "反向飞地"发展经验及对成渝地区双城经济圈建设启示［J］. 决策咨询，2：37–40.

肖金成，2021. 关于新发展阶段都市圈理论与规划的思考［J］. 人民论坛·学术前沿，4：4–9，75.

颜安，苏畅，2023–04–06. 加快探索具有重庆特色的城乡融合发展新路

[N]. 重庆日报（3）.

杨传明，姚楠，2024. 长三角城市群数字经济发展水平测度及时空分异研究[J]. 统计与决策，40（14）：117–121.

杨丹丹，马红梅，杜宇晨，2019. 区域市场一体化对经济增长的影响：以长江经济带沿线 11 省市为例[J]. 商业经济研究，8：154–157.

姚柏名，杨剑，陈建设，2024. 长江中游城市群旅游经济联系的时空演变与协同模式[J]. 金陵科技学院学报（社会科学版），38（3）：55–63.

姚士谋，1992. 中国的城市群[M]. 合肥：中国科学技术大学出版社.

易醇，张爱民，2018. 城乡一体化背景下的城乡产业融合协同发展模式研究[J]. 软科学，32（4）：105–109.

易小光，丁瑶，邓兰燕，2021. 成渝地区双城经济圈要素市场一体化研究[M]. 北京：中国经济出版社.

易小光，丁瑶，苟文峰，2021. 成渝地区双城经济圈一体化发展研究[M]. 北京：中国经济出版社.

易小光，丁瑶，余贵玲，等，2019. 新时期重庆区域发展战略与路径研究[M]. 北京：中国经济出版社.

尹伟，秦珺，黄园林，等，2022. 巴蜀文化旅游走廊评价与建设研究[J]. 西部人居环境学刊，37（6）：80–86.

于洪俊，宁越敏，1983. 城市地理概论[M]. 合肥：安徽科学技术出版社.

占金刚，黄林，潘柳榕，2023. 西部陆海新通道沿线城市经济一体化测度：基于社会网络分析法的实证研究[J]. 国土资源科技管理，40（5）：87–99.

张军，2011. “珠三角”区域经济一体化发展研究[D]. 成都：西南财经大学.

张学良，2018. 以都市圈建设推动城市群的高质量发展[J]. 上海城市管理，27（5）：2–3.

张立东，2023–12–29. 坚持“川渝一盘棋”推进协同发展　不断提高双城经济圈经济辐射力和发展带动力[N]. 四川日报（5）.

张亦筑，2023–08–01. 西部科学城　川渝共筑科技创新“一座城”[N]. 重庆日报（9）.

张亦筑，2024-02-29. 科技赋能　向“新”而行　重庆加快推动四大科创高地建设［N］. 重庆日报（9）.

赵金丽，张学波，宋金平，2017. 京津冀劳动力市场一体化评价及影响因素［J］. 经济地理，37（5）：94-100.

赵三武，钱雪亚，2014. 基于价格指数法的我国劳动力市场区域一体化研究［J］. 统计与决策，21：99-101.

赵勇，白永秀，2007. 城市群国内研究文献综述［J］. 城市问题，7：6-11.

中国社会科学院京津冀协同发展智库京津冀协同发展指数课题组，2020. 京津冀协同发展指数报告（2020）［M］. 北京：中国社会科学出版社.

重庆市发展和改革委员会，2024-02-29. 关于重庆市2023年国民经济和社会发展计划执行情况及2024年计划草案的报告［A］. https://www.cq.gov.cn/zwgk/zfxxgkzl/fdzdgknr/ghxx/gmjjhshfzgh/202402/t20240229_12972925.html.

中共重庆市委办公厅，重庆市人民政府办公厅，2020-11-09. 重庆市构建现代环境治理体系实施方案［A］. https://www.gov.cn/xinwen/2020-11/09/content_5559119.htm.

周五七，2024. 长三角统一大市场发展进程评估与影响因素研究［J］. 重庆大学学报（社会科学版），7：1-18.